权威·前沿·原创

皮书系列为
“十二五”“十三五”国家重点图书出版规划项目

中国PPP蓝皮书

BLUE BOOK OF
PPP IN CHINA

中国 PPP 行业发展报告（2017~2018）

CHINA'S PPP INDUSTRY DEVELOPMENT REPORT
(2017-2018)

主　编／中央财经大学政信研究院

社会科学文献出版社
SOCIAL SCIENCES ACADEMIC PRESS (CHINA)

图书在版编目（CIP）数据

中国PPP行业发展报告. 2017－2018／中央财经大学政信研究院主编. --北京：社会科学文献出版社，2018.4（2018.6重印）
（中国PPP蓝皮书）
ISBN 978－7－5201－2500－0

Ⅰ. ①中… Ⅱ. ①中… Ⅲ. ①政府投资－合作－社会资本－研究报告－中国－2017－2018 Ⅳ. ①F832.48 ②F124.7

中国版本图书馆CIP数据核字（2018）第059719号

中国PPP蓝皮书
中国PPP行业发展报告（2017～2018）

主　　编／中央财经大学政信研究院

出 版 人／谢寿光
项目统筹／恽　薇　陈　欣
责任编辑／陈　欣　吕　颖

出　　版／社会科学文献出版社·经济与管理分社（010）59367226
　　　　地址：北京市北三环中路甲29号院华龙大厦　邮编：100029
　　　　网址：www.ssap.com.cn
发　　行／市场营销中心（010）59367081　59367018
印　　装／三河市龙林印务有限公司

规　　格／开　本：787mm×1092mm　1/16
　　　　印　张：22.25　字　数：333千字
版　　次／2018年4月第1版　2018年6月第2次印刷
书　　号／ISBN 978－7－5201－2500－0
定　　价／98.00元

皮书序列号／PSN B－2018－699－1/1

本书如有印装质量问题，请与读者服务中心（010－59367028）联系

编委会顾问

编 委 会

编著单位介绍

中央财经大学政信研究院（以下简称政信研究院）成立于2017年7月，是中央财经大学所属，由国投信达投资基金（北京）有限公司提供战略支持，旨在为我国国家治理体系和政信体系的理论研究、实践探索与制度创新提供智力支持，国内第一家以政信领域学术研究、决策咨询、学科培育、人才培养、社会服务、文化传承为主要职能的高校智库。

政信研究院坚持高站位、开放式、前瞻性的发展导向，紧紧围绕国家经济社会发展和政信服务实践中的重大理论和实践问题，开展学术和政策研究，着力打造中央财经大学政信专家智库，为政信行业发展、政府信用体系建设、政府与社会资本合作提供顶层设计、实施方案、教育培训、咨询评估，助力地方政府债务化解和系统性金融风险防范，助力“一带一路”、新型城镇化、雄安新区等重大倡议、战略的实施。目前已建立中央财经大学政府与社会资本合作（PPP）智库专家库，聘请了近百位财政部、国家发改委PPP双库专家入库；已建立PPP咨询机构库，聘请20家机构入库。

政信研究院围绕使命和愿景，紧扣研究核心，围绕研究领域，提炼研究方向，推动自身的机制建设，主要表现在以下几方面。

新兴交叉学科建设。建立和拓展政信学术研究体系和学科体系，形成独具特色的研究方向。

研究咨询机制建设。发挥智库功能，为政府、企业和相关组织提供研究、咨询和评估服务。

人才教育机制建设。公开发布研究课题，面向全校及社会招聘科研助理，培养科研人才。满足政信领域的培训需求，开展教育培训。

数据库、案例库和政策资料库建设。建设政信数据库，为政信领域的研究和实务提供支持。建立政信案例数据库、政策资料库，以政策分析、案例研讨、评优评奖、宣传推广等方式推动理论和实践创新。

成果应用机制建设。推动学术成果的应用转化，切实发挥研究院服务社会的功能。与机构合作，做好政信金融顶层设计，开发政信金融产品。

国际交流机制建设。支持政信领域跨机构、跨国界、跨行业的多方位交流，加强与高校、科研机构、各级政府、企事业单位、社会组织等机构的合作。

宣传推广机制建设。依托本院研究、咨询、培训等业务，出版研究杂志、评论刊物和信息简报，通过网站、微信公众号、媒体、论坛等形式，介绍和推广中国政信领域的理论前沿和最新实践，力争成为国内权威的中国政信宣传平台。

政信研究院主要业务包括以下内容。

1. 研究成果

（1）开展中国政信指数研究。旨在对中国地方政府和政府部门的信用水平进行监测和评估。

（2）开展中国PPP行业和项目的绩效研究。研究开发中国PPP景气指数，旨在对行业发展进行预测，帮助利益相关者科学决策。

（3）举办中国PPP投资论坛。2017年9月，政信研究院成功举办“2017中国PPP投资论坛”，该论坛以全面打造PPP经济共同体、促进中国PPP健康有序发展为己任，融合社会资源，构建政府与社会资本合作对接机制，为政府和企业提供研究和咨询服务。

（4）举办中财PPP大讲堂。2017年11月、12月，政信研究院已成功举办两期PPP大讲堂。大讲堂以中国PPP实时热点解读和实操难题解答为主，聚焦PPP法律法规、债务化解、平台转型、PPP + EPC、平台升级、资产证券化、PPP项目全流程咨询管理等。由国家发改委和财政部PPP双库专家、行业领域专家领衔主讲，中央财经大学PPP智库专家现场答疑，为政府提供顶层设计、专家咨询、金融服务、行业应用、运营管理等服务。

2. 政信服务

（1）课题研究。以研究院的三个研究中心为依托，开展政信领域学术研究，承接政信领域研究课题。根据客观实际需要，发布课题指南，以研究院名义委托课题研究。

（2）咨询服务。提供与政信相关的城市规划、产业规划、金融支撑、公共基础设施和公共服务等方面的顶层设计。提供政信领域的法律、法规、政策咨询。提供化解地方政府存量债务、央企合股平台增信评级、资产证券化、PPP + EPC、产业基金等方面的方案设计咨询服务。

（3）运营管理。以研究院研究成果、咨询服务、智库人才、机构合作为依托，为政府债务化解、投融资平台公司转型、产业发展等领域的规划和项目提供运营实施方案，提供全方位落地管理和服务。

（4）评估培训。开展城市规划、产业规划、政信金融、政府与社会资本合作项目的评估与培训，建立行业标准，推介行业经验，引导行业健康发展。

政信研究院将秉持诚信、合作、包容、共赢的宗旨，与社会各界精诚合作，共同推动中国政信事业发展，更好地服务于国家经济社会发展及国家治理现代化。

摘　要

《中国 PPP 行业发展报告》是专注于中国 PPP 行业创新发展领域研究的、具有公允性和权威性的综合研究报告，也是目前国内出版的第一部行业 PPP 全景式回顾和建议性报告。

报告以创新驱动、规范发展为理念，重点从法律、财务、税务、合同管理、实际运营等角度分析 PPP 项目运行中的风险及有效管控路径。报告聚焦行业 PPP 项目推广过程中的金融服务、运营管理和风险控制等一系列问题，反映 2017 年度中国行业 PPP 发展的现状，展望 2018 年度中国行业 PPP 发展的趋势，为政府和社会资本合作提供指引，为中国 PPP 从业人员提供理论和实践参考。

PPP 模式在我国行业领域的应用是很广泛的，报告在所有行业中选择了八个行业——交通运输、市政工程、环保、城镇综合开发、文旅、养老、教育、农业进行专门阐述，这些行业都属重要民生领域，社会关切度高，且 PPP 应用规模大或具备一定规模，后续的蓝皮书会持续关注其他行业。

报告的创新之处还体现在以下几点：第一，全面、系统地分析和跟踪国内 PPP 项目特别是主要行业 PPP 的运作进展，起到 PPP 行业投资指南和工具箱的作用；第二，追踪“一带一路”PPP 的最新发展；第三，所有问题均从政府需求和企业需求角度出发，分别提出相应的政策建议和发展策略；第四，兼顾学术性和应用性，兼顾政策性和实践性，兼顾宏观、中观和微观的结合，强调相关理论和实践研究的前沿性和时效性，确保了本书的权威性。本书特别着眼于 PPP 良好实践，注重 PPP 项目的实际落地，为 PPP 项目落地中的各方提供切实解决方案。

全书分为总报告和政策篇、行业篇、金融篇、税务篇、风控篇、专题篇，另有附录两篇。全书将专家学者们的研究成果和一线参与者的实际案例相结合，从公共财政理论、公共治理理论、战略管理理论等跨学科、多理论结合角度，采用规范分析与实证分析相结合、系统综合分析与比较分析相结合、文献研究与个案分析相结合的方式展开研究工作。

本书的主要数据、资料来源为国内权威部门、国内外智库机构、大数据平台发布的最新信息及统计数据，研究的案例来自行业 PPP 项目一线参与者的实践，堪称领域内最具权威的数据和案例。

我国学术界研究 PPP 模式的历史较短，亟须形成一个完整的体系，本书的问世，不仅填补了在学术领域系统性研究中国行业 PPP 创新发展的空白，而且是中国 PPP 参与各方进行基础理论学习、传播相关价值理念和实际操作的权威资料，具有非常重要的价值。

Abstract

"*PPP Development Report in Industries of China*" is the comprehensive research report with impartiality and authority focusing on the research in PPP innovation and development in industries of China, which is currently the first constructive monograph with a panoramic review on PPP model in industries of China.

Based on the concept of innovation - driven and normative development, "*PPP Development Report in Industries of China*" analyzes the risk and effective control path of PPP projects from the aspects of law, finance, tax, contract management and actual operation. The book focuses on the problems of financial service, operation management and risk control in the process of the promotion of PPP model, reflecting the current situation of PPP development in industries of China in the year of 2017, expecting the trend of PPP development in industries of China in 2018, providing guidance for the cooperation between government and social capital, theoretical and practical reference for PPP practitioners in China.

PPP model is widely used in industries of China, the report has selected eight in all the industries for specific presentations, including industries of transportation, municipal engineering, environmental protection, cultural tourism, comprehensive development of cities and towns, aged care, agriculture and education. These industries are important areas of people's livelihood with high social concerns, and PPP application in the eight industries is large or has a certain scale, the following Blue Book will continue to focus on other industries.

The innovative features of this report are also embodied in the following points: (1) comprehensive and systematic analysis and tracking of the progress of PPP projects operation especially in main industries of China, playing the role of guidance and toolbox in PPP industry investment; (2) tracking the latest development of PPP related to "The Belt and Road"; (3) proposing corresponding policy suggestions and development strategies for all the problems, starting from the angle of government demand and enterprise needs; (4) taking into account both academic and practical nature, policy and practice, the combination of macroscopic, meso and microcosmic, emphasizing the forefront and timeliness of relevant theories and practice research, so as to ensure the authority of the report; particularly focusing on the good practice of PPP, the actual landing of PPP projects, and the practical solution for the participants of PPP projects.

The whole book includes a general report, six parts about PPP policy, PPP in industries, financial services in PPP, taxation management in PPP, risk control in PPP, featured articles and two appendices. Combining the research results of experts and scholars and the actual cases from participants in PPP projects, the book carries on the whole research from interdisciplinary and theoretical perspectives of the theory of public finance, the theory of public governance, the theory of strategic management and so on, using the research methods of normative analysis and empirical analysis, system analysis and comparative analysis, literature research and case analysis.

The main data and sources of the book are the latest information and statistical data released by domestic authorities, domestic and foreign think tanks and large data platforms. Cases in the book come from the practice of PPP participants of China. These data and cases are the most authoritative in PPP field.

The academic study on PPP has a relatively short history in China and there is an urgent need for a complete system. The publication of the book will not only fill the blank of systematic research on PPP innovation and development in industries of China in the academic field, but also will be authoritative sources to PPP participants in China to study the basic theory, put forward ideas and to practise in PPP field.

目录

Ⅰ 总报告

B.1 中国 PPP 发展历史 …………………………… 肖光睿 袁竞峰 / 001

B.2 2017年中国 PPP 宏观分析 ……………………… 熊 伟 袁竞峰 / 013

B.3 2018年中国 PPP 发展展望 ……………………… 肖光睿 袁竞峰 / 064

Ⅱ 政策篇

B.4 现行 PPP 政策解读 ………………… 薛起堂 王 政 郭晓辉 / 070

B.5 PPP 发展中的法律问题及优化建议 …………… 魏 艳 薛起堂 / 081

Ⅲ 行业篇

B.6 交通运输 PPP 模式的发展 ……………………… 朱 玲 蓟红丹 / 092

B.7 市政工程 PPP 模式的发展 ………… 朱红梅 朱 玲 傅 晓 / 109

B.8 环保 PPP 模式的发展 ……………… 周瑞军 徐保满 曹雪姣 / 120

B.9 文旅 PPP 模式的发展 …………………… 魏鹏举 孔少华 / 135
B.10 养老 PPP 模式的发展 …………………… 龚海英 / 151
B.11 城镇综合开发 PPP 模式的发展 ………… 张志勤 郭晓辉 / 169
B.12 教育 PPP 模式的发展 …………………… 徐保满 李沁蔓 / 181
B.13 农业 PPP 模式的发展 …………………… 温来成 / 194

Ⅳ 金融篇

B.14 金融支持 PPP 发展的现状 ……………… 尹 昱 耿 帅 / 204
B.15 金融支持 PPP 发展存在的问题 ………… 尹 昱 耿 帅 / 210
B.16 加强金融服务的政策建议 ……………… 尹 昱 耿 帅 / 216

Ⅴ 税务篇

B.17 PPP 税务管理现状 …………………… 应文杰 耿卫新 / 220
B.18 PPP 税务管理工作中存在的问题 ……… 应文杰 耿卫新 / 225
B.19 完善支持 PPP 模式的税务政策建议 …… 应文杰 耿卫新 / 228
B.20 社会资本方加强税务风险管控的建议 … 应文杰 耿卫新 / 231

Ⅵ 风控篇

B.21 PPP 项目风险概述 …………………… 李成林 / 235
B.22 中国境内 PPP 项目的风险 ……………… 李成林 / 241
B.23 “一带一路”沿线国家 PPP 项目的风险 ……… 李成林 / 250
B.24 PPP 项目风险的化解 ………………… 李成林 / 255

Ⅶ 专题篇

B.25 PPP 促改革 关键是规范发展 …………………… 厉以宁 / 261
B.26 PPP 要规范发展必须抓住四条线 …………………… 史耀斌 / 266
B.27 推广 PPP 模式 增加公共产品供给 …………………… 郑新立 / 271
B.28 全面贯彻十九大精神，促进 PPP 事业可持续发展 …… 孙晓华 / 275
B.29 “一带一路”PPP 项目的政治风险管理 …………… 王守清 / 279
B.30 中国 PPP 改革实践与经验 …………………… 焦小平 / 284
B.31 坚持资本金管理、透明运作，促进 PPP 规范发展 …… 王 毅 / 290
B.32 穿透式信用监管将覆盖 PPP 项目及参与各方 ………… 陈洪宛 / 294
B.33 以共治理念推进 PPP 立法 …………………… 刘尚希 / 297
B.34 完善中国 PPP 治理体系的思考 ……………… 孟 春 王景森 / 302

Ⅷ 附 录

B.35 政策目录汇编 …………………………………… / 309
B.36 2017年 PPP 行业发展大事记 ………………………… / 326

皮书数据库阅读**使用指南**

总 报 告

General Reports

B.1
中国 PPP 发展历史

肖光睿　袁竞峰*

摘　要： 中国 PPP 的发展历程大致分为探索试行阶段（1984～2002年）、稳定推广阶段（2003～2008年）、波动发展阶段（2009～2013年）以及快速发展阶段（2014年至今）四个历史阶段。在国际经济发展和国家政策的影响下，各个发展时期呈现不同的阶段性特征。发展趋势总体向好，项目数量和投资额逐年增加，但发展过程中时有波动。总体来看，中国PPP 的发展是制度、政治、文化、经济和其他偶然因素等众多因素综合影响的结果。

* 肖光睿，北京明树数据科技有限公司总经理，亚洲开发银行前高级 PPP 官员，国家发改委PPP 专家库专家，财政部 PPP 专家库专家，国际项目融资协会亚洲区理事。袁竞峰，东南大学土木工程学院建设与房地产系副主任，东南大学 PPP 国际研究中心常务副主任，国家发改委 PPP 专家库专家，财政部 PPP 专家库专家。

关键词： 中国 PPP　发展历程　阶段性特征

纵观 PPP 模式在我国 30 余年的发展历程，从早期对西方模式的亦步亦趋，到逐步独立自主并创新开拓，发展至今，独具中国特色的 PPP 模式已经形成——我国走出了一条具有鲜明特点的 PPP 发展之路。

我国 PPP 模式发展历程大致可以划分为四个阶段：探索试行阶段（1984～2002 年）、稳定推广阶段（2003～2008 年）、波动发展阶段（2009～2013 年）以及快速发展阶段（2014 年至今）。各个发展时期在国际经济发展和国家政策的影响下，呈现不同的阶段性特征。总体来看：第一，外企逐渐丧失了竞争优势，国企和民企占据主导地位，其中国企竞争优势相对明显；第二，PPP 项目实施流程、合同文本和运作方式等逐渐成熟；第三，PPP 模式发展大环境逐步改善，发展趋势总体向好。

中国 PPP 发展存在时序上的不稳定性、空间上的非均衡性和应用上的独特性。发展趋势总体向好，项目数量和投资额逐年增加，但发展过程中时有波动。根据明树数据统计分析，项目在空间与行业分布中具有一定的差异性：市政工程与交通运输类项目较多，农业、林业与社会保障项目较少，东部、西部地区项目多而中部、东北地区相对较少。总体来看，中国 PPP 的发展是制度、政治、文化、经济和其他偶然因素等众多因素综合影响的结果。

一　中国 PPP 发展历程

（一）探索试行阶段（1984～2002年）

1. 时代背景

中国自改革开放以来，急需引用外资推动经济建设。外商直接投资（FDI）成为中国基础设施建设的重要资金来源，为 BOT（Build－Operate－Transfer）模式的引入创造了条件。1992 年，十四大提出建立社会主义市场经济体制，进行投融资体制改革。1994 年国家主管部门选择 5 个 BOT 项目作为试点，包括水厂、电厂、高速公路等项目。广西来宾 B 电厂成为我国电力行业第一个 BOT 项目，也是第一个由国家推动并成功的 PPP 项目。随后，国家出台了一系列政策推动和引导全国 PPP 项目发展，多个地方政府也积极推广 PPP 应用，试点项目有成功也有失败。

2. 典型项目

该阶段 6 个典型项目如表 1 所示。

表 1　探索试行阶段典型项目

序号	项目名称	开始年份	投资额（万元人民币）	特许经营期（年）	模式	投资人
1	深圳沙角 B 电厂	1985	520000	15	BOT	深圳经济特区电力开发公司、香港合和电力有限公司
2	成都第六自来水厂	1996	90000	18	BOT	法国通用水务与日本丸红株式会社联合体
3	大场水厂 BOT 项目	1996	60000	20	BOT	英国泰晤士水务与宝维士公司联合体
4	广深高速公路	1997	1221700	30	BOT	广东省公路建设公司与香港合和中国发展（高速公路）有限公司联合体
5	北京市第十水厂 BOT 项目	1999	160000	23	BOT	日本三菱公司、英国安格力安公司
6	大连路隧道 BOT 项目	2001	165500	28	BOT	上海隧道工程股份有限公司、金宾集团国际发展有限公司与上海市建设工程管理有限公司联合体

3. 阶段特征

明树数据收集了探索试行阶段的 91 个项目，经分析，这一阶段的主要特征有：①主要依靠外商投资，外商的参与和国际化运作模式发挥了技术引进作用，并开创了 PPP 项目的本土化进程；②项目应用领域以交通、能源、水务和垃圾处理行业为主；③项目前期策划与招商阶段具有成本高、周期长、技术壁垒强等局限性，限制了 PPP 模式在该阶段的大规模推广应用。

（二）稳定推广阶段（2003 ~ 2008年）

1. 时代背景

2002 年，十六大进一步强调市场经济体制在宏观调控中的重要作用，随后住建部陆续出台了几部促进和规范 PPP 应用的文件，鼓励国内外投资者以特许经营等方式投资污水处理、供水、供热、公共交通等公共事业。在国家强有力的推动下，PPP 在各地开始兴起。

2. 典型项目

该阶段影响较大的 PPP 项目是北京国家体育场（鸟巢）和北京地铁四号线，该阶段 6 个典型项目如表 2 所示。

表 2　稳定推广阶段典型项目

序号	项目名称	开始年份	投资额(万元人民币)	特许经营期(年)	模式	投资人
1	北京国家体育场(鸟巢)	2003	313900	30	PPP	北京城建集团、城市开发集团、天鸿集团、中信国安集团与北京控股有限公司联合体
2	南京长江二桥	2003	450000	26	TOT	西班牙 M. Q. M 公司与南京交通建设控股集团有限公司(2004 年转让给深圳中海投资有限公司)联合体
3	合肥市王小郢污水处理厂 TOT 项目	2003	48000	23	TOT	柏林水务公司、东华科技股份公司
4	杭州绕城高速公路	2004	820000	25	TOT	香港国汇有限公司与浙江国叶实业发展有限公司联合体
5	北京地铁四号线	2006	1530000	30	PPP	香港地铁、首创、京投
6	张家港生活垃圾焚烧发电厂	2007	25000	50	BOO	金州环境

3. 阶段特征

该阶段的主要特征有：①外企比重开始下降，民企和国企后来者居上，尤其是 2007 年左右出现了改革反思和争论的思潮之后，出现了国进民退的小态势；②项目应用领域以市政公用事业为主，包括供水、垃圾处理、供热等行业，尤其是污水处理项目占据主要地位；③大规模采用公开招标方式选择投资人，有效提高效率、降低费用、规范运作，避免“暗箱操作”，维护公共利益；④逐步形成相对成熟的 PPP 项目实施流程、合同文本和运作方式，使得 PPP 项目的实施推广成为可能。

（三）波动发展阶段（2009 ~ 2013年）

1. 时代背景

2008 年的一场金融危机极大地影响了中国 PPP 的发展进程，世界金融格局为之震动。为了应对危机，中国政府引导巨额财政资金和信贷资金投入基础设施领域，推出了 4 万亿元的投资计划。PPP 项目的发展受到了巨大冲击，很多当时还处于前期阶段的 PPP 项目选择退出，转为政府投资。政府的巨额投资对私人资本产生了严重的挤出效应。①

2. 典型项目

该阶段 6 个典型项目如表 3 所示。

表 3　波动发展阶段典型项目

序号	项目名称	开始年份	投资额（万元人民币）	特许经营期（年）	模式	投资人
1	门头沟垃圾焚烧发电厂	2010	216000	30	BOT	北京首钢生物能源、北京市政府合资
2	兰州七里河安宁污水处理厂 TOT 项目	2010	49600	30	TOT	成都市排水有限责任公司
3	株洲市清水塘工业废水综合利用项目	2010	17980	30	BOT	株洲市城市排水有限公司

① 程哲等：《中国城镇化进程中基础设施投融资时空格局与发展特征》，《地理科学进展》2016 年第 4 期。

续表

序号	项目名称	开始时间	投资额（万元人民币）	特许经营期（年）	模式	投资人
4	太原市生活垃圾焚烧发电厂 BOT 项目	2011	80000	27	BOT	晋西工业集团、上海环境集团
5	西安市第二污水处理厂二期工程 BOT 项目	2011	69700	30	BOT	成都市排水有限责任公司
6	贵州省道真至瓮安高速公路	2012	2380000	30	BOT	中交路桥、中交四航局、中交二公院

3. 阶段特征

该阶段的主要特征有三。①国企占据市场的主导地位，国企优势开始凸显：实力强、信用高、以政府资源作为支撑，备受地方政府和银行业的青睐，政府和国企合作成为中国特色 PPP 模式特征。②随着 PPP 项目资金需求的剧增，以及国内金融市场的成熟化，在该阶段逐渐出现了上市（IPO）、企业债、信托等多元化的 PPP 项目融资渠道。③BT 模式退出历史舞台。BT 模式具有短、平、快的特征，迎合了政府急需项目成交增加投资的需求，得到了广泛的应用；但也导致了政府债务剧增，成为后续地方政府债务的主要原因，中央因此于 2012 年出台 463 号文禁止了 BT 模式的应用。

（四）快速发展阶段（2014年至今）

1. 时代背景

从 2013 年年底开始，为了进一步推进市场化进程，解决地方政府债务问题，规范 PPP 模式的应用与 PPP 项目的实施，财政部和国家发改委等出台了一系列政策大力推进和规范 PPP 模式。

2. 典型项目

该阶段 10 个典型项目如表 4 所示。

3. 阶段特征

在该阶段，全国对 PPP 的推广与应用的力度之大、范围之广、政策出台之密集都是前所未有的。主要特征有：①PPP 项目的成交得到最大程度的鼓励和

表 4　快速发展阶段典型项目

序号	项目名称	开始年份	投资额(万元人民币)	特许经营期(年)	模式	投资人
1	北京新机场轨道线社会化引资项目	2014	2930000	33	PPP	北京市轨道交通建设管理有限公司、北京市轨道交通运营管理有限公司、中国铁建股份有限公司、北京市基础设施投资有限公司等
2	池州市主城区污水处理及市政排水 PPP 项目	2014	71000	26	PPP	深圳市水务(集团)有限公司
3	安庆外环北路工程 PPP 项目	2015	197600	13	PPP	北京城建设计发展集团股份有限公司、安庆市城市建设投资发展(集团)有限公司
4	南京市溧水区产业新城 PPP 项目	2015	1000000	20	PPP	九通基业投资有限公司
5	六盘水市地下综合管廊 PPP 项目	2015	299400	30	PPP	中国建筑股份有限公司、六盘水市保障性住房开发投资有限责任公司
6	迁安市海绵城市建设 PPP 项目	2015	122800	25	PPP	同方股份有限公司、深圳华控赛格股份有限公司等
7	开封市体育中心 PPP 项目	2015	130000	20	PPP	广州市住宅建设发展有限公司、广州珠江体育文化发展股份有限公司
8	荥阳市人民医院整体建设 PPP 项目	2016	64248.54	12	PPP	中国建筑第七工程局有限公司、荥阳市城投公司
9	芜湖市轨道交通 1 号线、2 号线一期 PPP 项目	2016	1463300	30	PPP	中国中车及中国中铁等联合体
10	徐州市城北汽车客运站(一期)等城市客运交通功能性综合体 PPP 项目	2016	127226.41	30	PPP	南京三宝科技股份有限公司、南京建工集团有限公司与江苏智运科技发展有限公司联合体

推动；②PPP 相关政策不断完善，一系列政策文件为 PPP 行业的规范化提供了制度保障，助力 PPP 模式稳健发展；③此阶段“一刀切”地推广 PPP，

项目数量过多，出现了变相融资、虚假 PPP 项目等问题，并没有很好地实现政府减债、提高效率的目标。

二　中国 PPP 发展特征①

（一）PPP 发展趋势

通过对明树数据搜集的中国 PPP 项目数据信息的分析，可以看出，近年来中国 PPP 项目数量和投资额总体呈现增长趋势。尤其是 2000 年以来，增长势头显著加快，但其发展过程具有明显的波动性。根据明树数据的统计，截至 2017 年年底，全国 PPP 项目成交情况如图 1 所示。

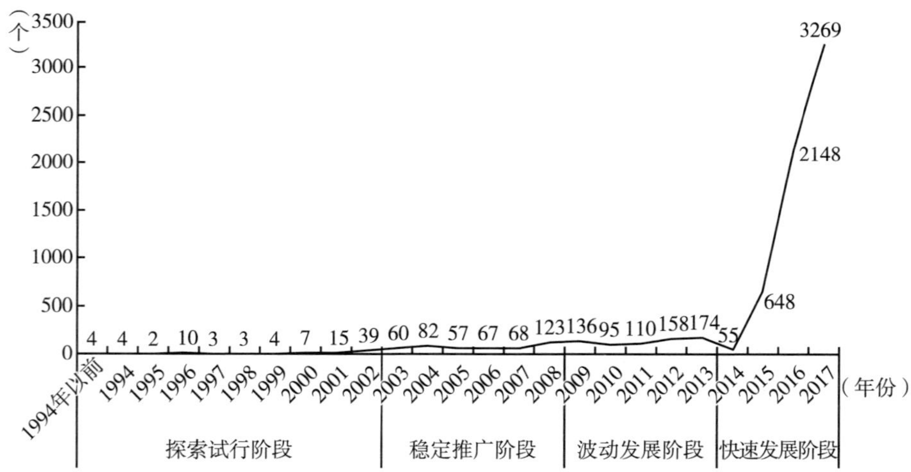

图 1　中国 PPP 项目成交情况时序分布图

（二）PPP 核心要素

PPP 核心要素包括特许经营期、参与方（社会资本方、政府、金融机

① 数据来源：统计年鉴，明树数据库，以及明树数据报告《中国 PPP 发展历程及特征分析（1984—2017）》。

构、咨询机构等）、运作模式或商业模式、回报机制、退出机制等。下文主要根据统计数据，对特许经营期、社会资本方和回报机制进行分析。

2014 年以前，剔除特许经营期不详和有误的 PPP 项目，中国 PPP 项目的特许经营期大部分在 21 ~30 年，以 30 年居多。很重要的一个原因是受到政策规定的限制，2004 年建设部颁布的《市政公用事业特许经营管理办法》明确规定“特许经营期限应当根据行业特点、规模、经营方式等因素确定，最长不得超过 30 年”。尽管如此，仍然有些项目的特许经营期长达 40 年甚至 50 年。2014 年以来，中国 PPP 项目特许经营期大部分在 10 ~30 年。特许经营期也具有行业差异性，例如交通运输业项目特许经营期大部分在 10 ~20 年，市政公用事业项目特许经营期大部分为 30 年，综合开发项目特许经营期大部分为 10 年。

中国 PPP 项目社会资本方具有鲜明的阶段性。2014 年以前，PPP 项目社会资本方主要为国企、外企、民企、混合所有制企业等。2000 年之前，国企作为投资人的项目仅 9 个，而同期外企作为投资人的项目为 17 个，占案例全部的 56.6%。进入 21 世纪之后，国企和民企作为投资人的比重急剧上升，外企则下滑态势显著：以 2013 年为例，全部 174 个统计案例中，国企 78 家，占 44.8%，民企 93 家，占 53.4%，外企仅有 3 家，占 1.7%。从 2014 年以来，中国 PPP 项目社会资本方主要为国企、民企以及极少数外资企业等。与国外 PPP 不同，现阶段中国国企在 PPP 的投资人中占据主导地位。

2014 年以前，BOT 模式占据绝对主流地位，共有 1024 个，占总数的 83%，包括 20 个 BOT + TOT 项目。BOT 模式是在中国影响最大、知名度最高、应用最广泛的 PPP 具体模式。2014 年以来，中国 PPP 项目主要采用的运作模式基本统一为 PPP 模式，其中 BOT 依然是最主要的具体模式。

（三）PPP 发展影响因素

总体上中国 PPP 发展存在时序上的不稳定性、空间上的非均衡性和应用上的独特性，并且三者密切关联、相互影响。从中国的 PPP 应用历程来看，波动发展的特征十分明显，尤其是 2003～2012 年，受国家政策和宏观环境的影响，波动性较强。中国的 PPP 项目分布具有显著的空间差异特征，通过对各省份 PPP 项目数量进行分析，发现各省份之间存在较大差异。2014 年以前，PPP 项目最多的省份是福建，共 122 个，最少的省份是西藏，只有 2 个，平均值为 39，极差为 120，中位数 31，标准差 32，表明离散程度较大。从 2014 年至 2017 年 6 月底的统计数据来看，PPP 项目最多的省份是山东，共 393 个，最少的省份是天津，只有 2 个，平均值为 121.7，极差为 391，中位数 99，标准差 97.8，表明 2014 年以来各省份 PPP 项目数量分布离散程度较之前更大。

无论国内还是国外，PPP 都是由政府主导的。政府的需求、偏好和意愿决定了 PPP 的应用与推广程度。具体来讲，中国 PPP 发展主要受到以下几个方面的影响。

1. 国家经济与政策环境

国家经济发展形势及发展策略是中国 PPP 发展中的最大影响因素。例如，1992 年中共十四大提出要建立社会主义市场经济，同年开始正式试点推广 PPP 模式，PPP 迎来了第一次发展。2002 年，中国政府为了进一步推动市场经济改革，促进经济发展，开始鼓励和引导民间资本进入基础设施领域，住建部出台了一些更加具体的规范文件，PPP 模式在政府的推动下形成了又一次发展高潮。2008 年的全球金融危机对中国经济产生巨大影响，在金融危机的影响下，中国政府用四万亿元的投资计划刺激经济，引导大量资本投入交通运输、道路桥梁等基础设施项目。巨额资金大量涌入国有企业，对民间资本带来了巨大的冲击，大量 PPP 项目改由地方政府投资建设，但这种政府主导的投资建设模式效率低、浪费多，导致地方政府负债急剧增加。过度投资弊端的不断显现，特别是近几年地方政府债务风险与金融风险急剧增加，引起了中央政府的关注，自 2014 年以来政府连续出台政策限制融资平台无序举债，扩大社会资本准入范围，降低准入门槛，不断鼓励社会资本通过 PPP 模式进入公共产品和服务领域。

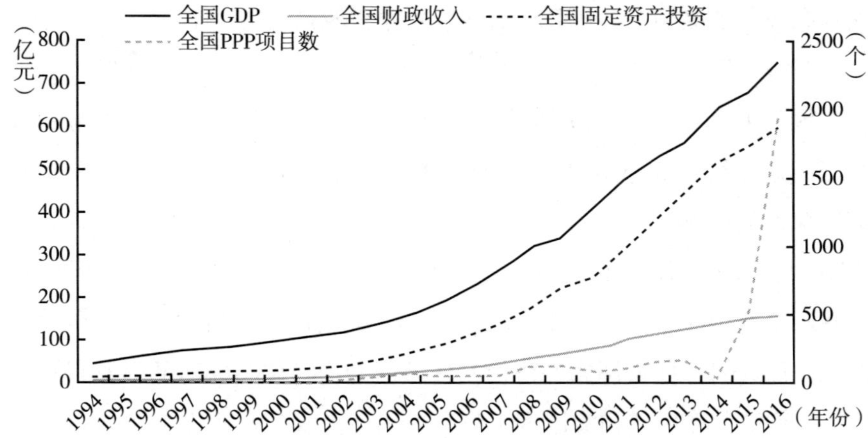

图 2　中国 PPP 项目数、GDP、财政收入与固定资产投资对比（1994 ~ 2016 年）

2. 地方政府偏好及企业发展

在 PPP 模式下，中国政府在选取社会资本方时往往显示出明显的偏好，这一偏好在不同的地区和社会发展阶段存在显著的差异。例如，在探索试行阶段，当时的中国企业在资金、技术以及管理经验等方面都缺乏竞争力，在与外企的竞争中处于弱势地位，再加上当时需要吸引外商投资加强基础设施建设进而促进经济增长，因此外企在 PPP 发展中起主导作用。到了波动发展阶段，随着国内企业相关经验的逐步丰富，企业资金、技术水平、企业管理能力已经得到不断提高。此时国企优势开始凸显——熟悉国情，技术实力雄厚，在某些领域具有垄断优势——因此备受地方政府和金融机构的青睐。国企在这一阶段中取代了国外直接投资，开始发挥主导作用。

3. 地方政府实力和信用

PPP 从本质而言是一种基于契约的政府与社会资本的长期合作，政府在选择社会资本投资人的同时，投资人也会选择地方政府。显然，契约精神强、法律执行力强、工作规范、管理流程明晰、信息公开程度较高的地方政府，更容易吸引投资人。具有较好法制思维、较强市场意识和信用意识的地方政府往往注重合作、注重保障社会资本方利益，在 PPP 实践过程中对投资人具有较大的吸引力，PPP 项目的成功率也较高。

4. 路径依赖性

中国 PPP 的发展可以看作基于经济、政治、文化习惯和其他偶然因素等路径依赖互相影响的结果。原始经验的总结和传播对中国 PPP 模式的应用也有深远的影响。

20 世纪 90 年代末期，随着电力产能不断提升，PPP 电厂项目开始衰退，此时恰逢国家水务行业资金缺口较大，且项目收益相对稳定，风险相对可控。与此同时，随着国家经济体制改革的全面开展，住建部门发布了若干 PPP 扶持政策，提供了相关制度保障，这也使得水务行业逐步发展成为应用 PPP 模式最多且最为成熟的行业。例如，成都第六水厂作为第三个经国家计委批准的 BOT 试点项目和全国第一个成功移交的 PPP 项目，不仅为 PPP 在我国的发展提供了最佳实践案例，也给政府鼓励、推广、发展 PPP 带来了信心。当然，由于缺乏 PPP 项目实践经验，我国 PPP 应用早期阶段中项目开发成本较高，周期较长。比如长沙电厂 PPP 项目的前期招商时间长达 3 年，过长的项目周期严重阻碍了 PPP 模式的推广。因此，通过试点项目的不断实践，在第一阶段逐步形成了符合当代中国实际需要的、具有一定中国特色的运作模式和流程。这种易于操作的简易 PPP 模式摒弃了 VfM（Value for Money，物有所值评价）等一些合理而复杂的过程，从而使得 PPP 模式前期工作时间被大大压缩了。在我国 PPP 发展的第一阶段和第二阶段，为了鼓励、推广 PPP 模式，加快基础设施建设与提高公共服务水平，这种对 PPP 模式的简化是合理的。然而，随着我国经济的快速发展和基础设施的建设逐步完善，社会公众的诉求开始由数量向质量与效率转变，这种模式在第三阶段和第四阶段得到了一定程度的改进和完善，但仍有很大提升空间。

B.2
2017年中国 PPP 宏观分析

熊 伟　袁竞峰*

摘　要： 2017 年中国 PPP 市场的火热程度不及 2016 年，发起项目规模相比 2016 年大幅下降，但总体成交项目规模有所增长。2017 年的 PPP 市场仍然表现出行业、区域发展不均衡的特点。从政策和法律角度来看，2017 年是 PPP 理性规范之年，是监管深化的一年。党中央、国务院要求将防风险放在突出重要位置，鼓励通过盘活存量资产化解地方政府债务。从管理机制角度来看，2017 年政府加强了 PPP 模式的合规性管理。从央地关系角度来看，央地关系的核心，是中央与地方财权事权的分配。

关键词： 中国 PPP 市场　PPP 法律　PPP 配套政策　PPP 管理机制

一　2017年 PPP 市场分析

（一）入库项目情况分析①

本报告主要基于明树数据搜集的截至 2017 年 12 月 31 日的入库项目数

* 熊伟，同济大学经济管理学院助理教授，国家发展改革委 PPP 专家。袁竞峰，东南大学土木工程学院建设与房地产系副主任，东南大学 PPP 国际研究中心常务副主任，国家发改委 PPP 专家库专家，财政部 PPP 专家库专家。

① 数据来源：明树数据基于全国 PPP 综合信息平台统计。数据统计截止时间：2017 年 12 月 31 日。

据，通过官方数据分析我国 PPP 市场的一般性运作趋势，帮助全面掌握 PPP 项目整体需求情况。

1. 入库项目整体规模

截至 2017 年 12 月 31 日，全国入库项目数量累计达到 14059 个，总投资合计 17.74 万亿元。其中 2015 年发起的项目规模最大，2016 年其次。经过两年的热潮，PPP 市场需求减少，2017 年发起项目规模大幅下降，但仍旧大于 2015 年之前的任一年份（见图 1）。

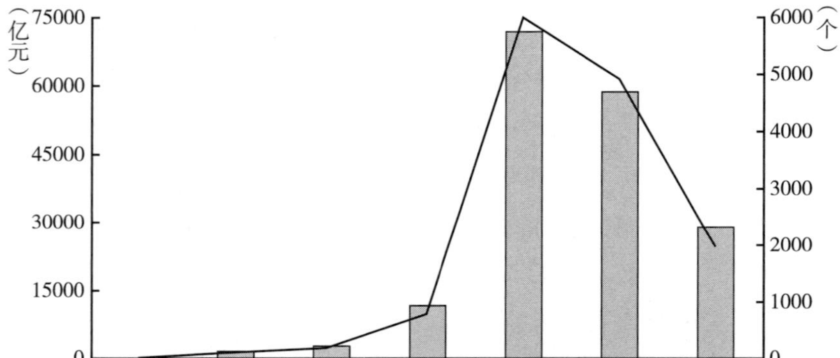

	2002~2011年	2012年	2013年	2014年	2015年	2016年	2017年
项目规模	613.24	1916.00	3138.92	11977.24	71764.20	58663.63	29364.70
项目数量	43	118	244	769	5992	4912	1981

图 1　入库项目发起时间分布图

2. 行业分布情况

按照财政部 PPP 综合信息平台项目库的分类方法，本报告将 PPP 项目分为 19 类行业，分别为保障性安居工程、交通运输、教育、科技、林业、旅游、能源、农业、城镇综合开发、其他、社会保障、生态建设和环境保护、市政工程、水利建设、体育、文化、养老、医疗卫生、政府基础设施。笔者按照上述类别对 14059 个项目进行了分类统计，结果如图 2 所示。

从项目数量角度来看，市政工程和交通运输两大行业数量最多。市政工程项目数量为 4957 个，其次是交通运输，项目数量为 1867 个，这

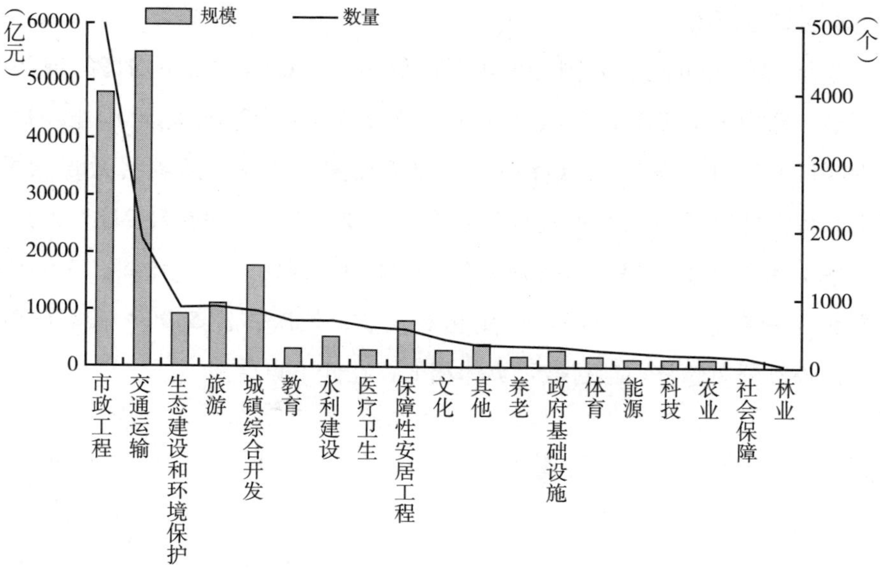

图2　入库项目行业分布图

两大行业项目数量遥遥领先。其余行业项目数量按照降序依次来看，生态建设和环境保护、旅游、城镇综合开发项目数量相近，均在800个和900个之间。教育、水利建设、医疗卫生、保障性安居工程的项目数量均在500个和700个之间。其他行业PPP项目数量较少，均在500个以下。

从投资额角度来看，交通运输和市政工程行业PPP项目投资额远远高于其他行业，分别为5.50万亿元和4.79万亿元。各行业PPP项目投资额排序与数量排序大体相近，但部分行业存在排名异位的情况，较为突出的是交通运输、城镇综合开发和保障性安居工程。交通运输和市政工程总投资额相近，但交通运输项目数量远小于市政工程，可见交通运输项目的单体规模较大。与此类似的还包括城镇综合开发和保障性安居工程。近年来火热的特色小镇PPP项目，投资门槛就近百亿元；而保障性住房的开发不仅包含住房的建造，还包括配套设施的建设。相对其他行业，这两个行业的单体项目体量也较大。

3. 区域分布情况

截至 2017 年年底，我国 PPP 项目区域间和区域内分布不均衡的现象十分明显。除中央本级项目（共计 4 个，总投资合计 22.27 亿元）外，我国七大区域 PPP 项目数量与投资额分布情况如图 3 所示。从项目数量来看，西南、华东地区采用 PPP 模式项目较多，分别占比 25.59% 和 21.37%，西北、华中和华北地区 PPP 项目数量依次占比 16.68%、14.14% 和 13.11%，而东北、华南地区 PPP 模式的应用相对较少，依次占比 5.06% 和 4.06%。项目投资额分布趋势与项目数量大体相似，在此不再赘述。

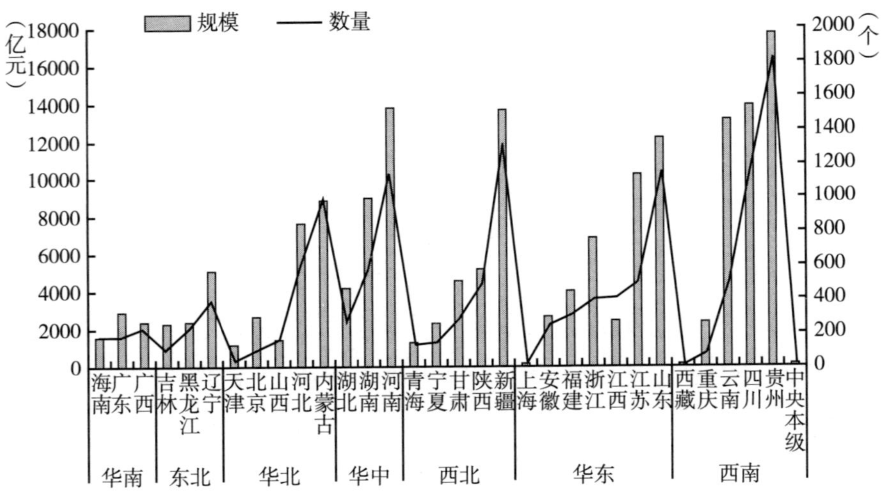

图 3　入库项目区域分布图

西南地区基础设施建设相对滞后，财力较为薄弱；华东地区经济规模较大，现代化程度较高，政府公共服务观念相对深入，因此该两个区域对 PPP 模式需求较大。除此之外的其他区域中，西北的新疆、华中的河南、华北的内蒙古表现也较为突出。东北地区的宏观经济与投资环境较差，社会资本不足以承担大规模的基础设施建设。华南地区的广东和华北地区的北京、天津等政府财政资金相对充裕，普遍对社会资本需求不高，对 PPP 模式的需求也相应较低。

（二）2017年成交情况分析[①]

1. PPP 成交整体分析

2017 年中国 PPP 市场的火热程度虽不及 2016 年，但项目总体成交规模仍有所增长。根据明树数据的统计，2017 年在各个领域共成交了 3269 个项目，总金额达到 4.7 万亿元。2017 年项目月度成交情况如图 4 所示。

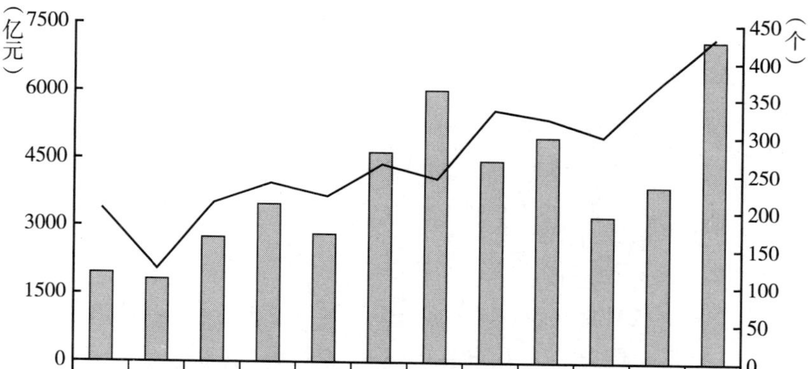

	2017年1月	2017年2月	2017年3月	2017年4月	2017年5月	2017年6月	2017年7月	2017年8月	2017年9月	2017年10月	2017年11月	2017年12月
项目规模	1980.33	1812.44	2746.95	3485.11	2826.22	4660.79	6029.67	4484.33	4975.14	3230.68	3892.37	7132.09
项目数量	204	125	213	238	222	263	245	334	323	301	370	431

图 4　2017 年项目月度成交情况

2. 分行业成交情况

从各行业项目成交情况来看，交通运输类项目和市政工程类项目成交金额和数量依旧保持领先，分别有约 1.6 万亿元和约 1.3 万亿元的项目成交，共占据总成交金额的 61%。城镇综合开发类项目成交规模也超过 5000 亿元，截止到 2017 年 12 月共有 6509.31 亿元的项目成交，详见图 5。

① 数据来源：明树数据库。数据统计截止时间：2017 年 12 月 31 日。

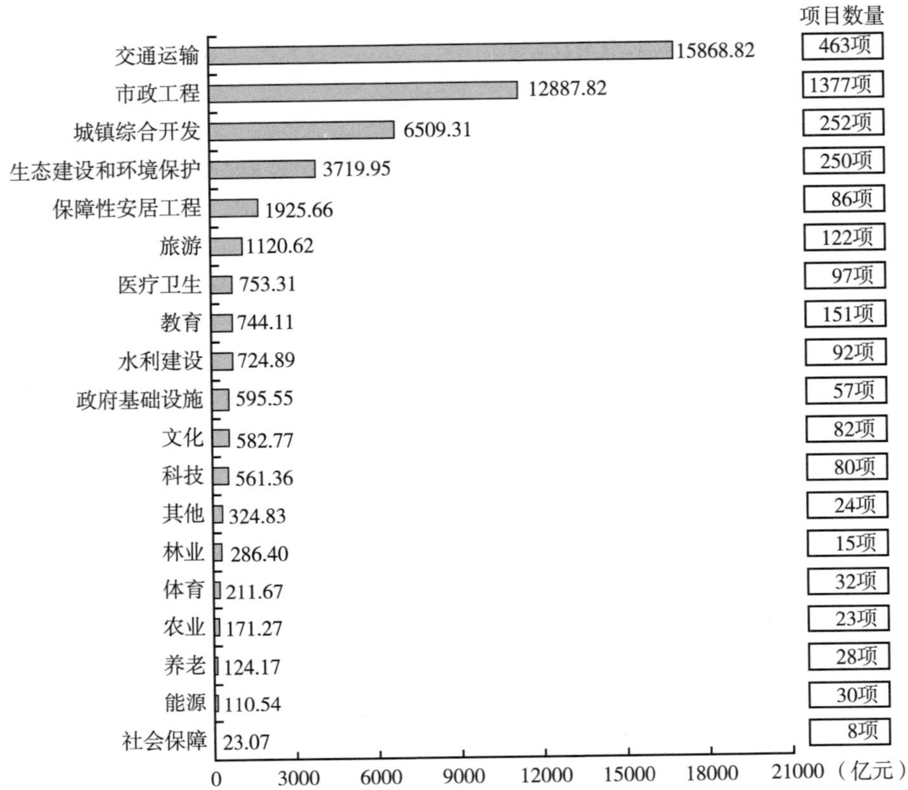

图 5　2017 年各行业总体成交项目情况

二　PPP 政策和法律环境

（一）2017年国家层面 PPP 政策概要

2017 年国务院继续推广 PPP 模式在多领域的应用，在“十三五”规划中多个领域均鼓励社会资本参与，引导社会资本投入。鼓励加快运用 PPP 模式盘活基础设施存量资产。财政部对于政府参与的污水、垃圾处理项目全面启动实施 PPP 模式。各行业部委进一步落实 PPP 配套政策，在农业、小城镇建设、养老、能源、文化、交通运输与旅游融合、“互联网 +”等领域推广 PPP 模式应用。

多部门继续推动PPP项目融资方式创新，鼓励和引导PPP项目企业及相关中介机构依法积极开展PPP项目资产证券化业务。支持符合条件的节能环保、可持续发展以及应对气候变化等绿色企业通过发行公司债券及资产支持证券（ABS）筹集资金。保监会支持保险资金投资政府和社会资本合作项目。2017年以来，中央高规格会议多次强调“防范化解系统性金融风险”。一行三会等监管机构持续出台文件，监管趋严，持续推动金融去杠杆化，改善资金“脱实向虚”态势。

财政部积极配合国家宏观经济调整与发展的需要，深化经济体制改革。大力实施减税降费，助力供给侧结构性改革。进一步规范增值税管理，简并增值税税率，下调社保缴费率。国家发改委全面深化价格机制改革，完善政府和社会资本合作项目价格调整机制。进一步加强垄断行业价格监管。财政部进一步规范中央专项资金管理，完善国有资本经营预算管理制度、投资管理制度。

4月，财政部强化地方债务管理，出台政策规范地方政府融资管理。“堵后门、开前门”：全面组织开展地方政府融资担保清理整改工作，加强融资平台公司融资管理，严格规范政府购买服务预算管理、列举政府购买服务的负面清单，严禁利用或虚构政府购买服务合同违法违规融资。7月，全国金融工作会议首提地方债务终身问责制，强化地方政府责任。同时，推出土地储备专项债、收费公路专项债券，纳入地方政府专项债务限额管理。鼓励地方试点发展项目收益专项债券，优先选择土地储备、政府收费公路两个领域试点发行。

7月，国务院启动PPP立法，研究起草了《基础设施和公共服务领域政府和社会资本合作条例（征求意见稿）》，并向社会广泛征求意见。征求意见稿规定了各职能部门及地方政府的监管范围，规定由国务院建立PPP项目工作协调机制，协调解决PPP项目合作中的重大问题，避免政出多门的现象，为今后PPP项目的开展奠定了良好的基础，透露出政策制定者破解PPP模式监管主体双重构建的现实困境的良善动机。

9月，国务院进一步激发民间有效投资活力促进经济持续健康发展，鼓励民间资本参与 PPP 项目。11 月，国资委发布 192 号文规范国企参与 PPP 的行为，对央企在本轮 PPP 热潮中过热投资、非规范投资进行约束，强调防风险、控负债。时隔不久，国家发改委发文鼓励民间资本参与 PPP 项目，从政策层面创造民间资本参与 PPP 项目的良好环境，鼓励民营企业运用 PPP 模式盘活存量资产。

11 月，财政部发布 92 号文，以 PPP 综合信息平台项目库的管理为抓手，进一步规范 PPP 项目运作，推动 PPP 回归创新公共服务供给机制的本源，促进 PPP 事业可持续发展。

从政策方面总体来看，2017 年是 PPP 理性规范之年，是监管深化的一年。整顿 PPP 市场的“乱象”，引领中国 PPP 项目由量到质的转变。国务院将 PPP 立法提上日程。然而从条例征求意见稿的社会反馈情况看，大家对条例内容存在诸多疑问和建议，大幅度的修订在所难免。加上立法需要的基本程序和时间，短期内看 PPP 法律的出台尚需时日，暂时无法解决目前政出多门的现象。从法律效力角度看，目前的 PPP 条例即使获得通过，也仅仅属于行政法规，位阶较低，无法彻底解决现实中 PPP 操作遇到的法律冲突问题。政府和社会资本平等合作的法律环境尚未完全建立。2017 年以来，党中央、国务院要求将防风险放在突出重要位置，鼓励通过盘活存量资产化解地方政府债务。规范国有资本投资，鼓励民间投资。

（二）政策窗口

1. 窗口1：加快转变政府职能，完善政府管理机制，推进信息公开

全国深化简政放权放管结合优化服务改革，大幅度减少政府对资源的直接配置，创新配置方式，有效降低企业制度性交易成本；取消 40 项国务院部门实施的行政许可事项和 12 项中央指定地方实施的行政许可事项。交通领域作为深化投资项目审批改革的重点，对能用规划实行有效管理的项目最大程度下放审批，同时加强规划管理和事中事后监管。

鼓励社会资本以市场化方式设立标准化专项基金，探索建立标准创新融

资增信制度，形成市场化、多元化投入机制，支持标准化创新发展。全面公开 PPP 相关信息，加大对社会资本参与方式、项目合同和回报机制等内容的公开力度；加强社会信用体系建设，建立守信联合激励对象和失信联合惩戒对象名单制度；加快推动社会诚信体系建设，对诚信记录良好的企业免收保证金或降低缴纳比例，适度扩大银行保函应用范围，减少对企业资金的占用。见表 1。

表 1　政策窗口 1

成文日期	文号	文件名称
2017 年 1 月 11 日		中共中央办公厅　国务院办公厅印发《关于创新政府配置资源方式的指导意见》
2017 年 1 月 13 日	国办发〔2017〕4 号	国务院办公厅关于创新管理优化服务培育壮大经济发展新动能加快新旧动能接续转换的意见
2017 年 1 月 25 日	发改基础〔2017〕189 号	关于进一步下放政府投资交通项目审批权的通知
2017 年 2 月 20 日		中共中央办公厅　国务院办公厅印发《关于加强乡镇政府服务能力建设的意见》
2017 年 3 月 9 日	国办发〔2017〕24 号	国务院办公厅关于印发 2017 年政务公开工作要点的通知
2017 年 3 月 21 日	国办发〔2017〕27 号	国务院办公厅关于印发贯彻实施深化标准化工作改革方案重点任务分工(2017～2018 年)的通知
2017 年 8 月 2 日	国能综通法改〔2017〕64 号	国家能源局综合司关于印发贯彻落实全国深化简政放权放管结合优化服务改革电视电话会议重点任务分工方案的通知
2017 年 9 月 21 日	工信部联运行〔2017〕236 号	工业和信息化部　财政部关于公布国务院部门涉企保证金目录清单的通知
2017 年 9 月 22 日	国发〔2017〕45 号	国务院关于在更大范围推进"证照分离"改革试点工作的意见
2017 年 9 月 22 日	国发〔2017〕46 号	国务院关于取消一批行政许可事项的决定
2017 年 10 月 30 日	发改财金规〔2017〕1798 号	关于加强和规范守信联合激励和失信联合惩戒对象名单管理工作的指导意见

2. 窗口2：国务院发布 PPP 立法征求意见稿

2016 年 7 月 7 日，国务院常务会议明确要求加快政府和社会资本合作立法工作进度，国务院 2017 年立法工作计划将 PPP 立法列为全面深化改革急需的项目。征求意见稿规定由国务院建立 PPP 项目工作协调机制，规定各职能部门及地方政府的监管范围，为 PPP 项目的开展奠定了良好的基础。从社会反馈情况看，大幅度修订在所难免，短期内 PPP 法律的出台尚需时日，暂时无法解决目前政出多门的现象。见表 2。

表 2　政策窗口 2

成文日期	文号	文件名称
2017 年 2 月 27 日	国办发〔2017〕23 号	国务院办公厅关于印发国务院 2017 年立法工作计划的通知
2017 年 7 月 21 日		基础设施和公共服务领域政府和社会资本合作条例（征求意见稿）

3. 窗口3：国务院、财政部、国家发改委发文鼓励部分领域推广 PPP 模式

切实转变政府职能，大力推进投融资体制改革，在部分重点领域积极推广政府和社会资本合作模式。国务院在国家教育事业发展、节水型社会建设、商务物流发展、基本公共服务、现代综合交通运输体系、国家老龄事业发展、文化发展改革、国家政务信息化工程建设的“十三五”规划中均鼓励社会资本参与，引导社会资本投入。国家发改委鼓励以 PPP 模式进行资源型城市转型发展、特色小（城）镇、教育、农业、重大市政工程领域、生活垃圾分类、“飞地经济”、医疗、养老、乡村旅游发展、北方地区清洁供暖、微电网等领域的建设。财政部在北方地区冬季清洁取暖、田园综合体建设领域提出积极探索 PPP 模式，并且深入推进了 PPP 模式在农业和养老服务领域的应用，对于政府参与的污水、垃圾处理项目全面启动实施 PPP 模式。见表 3。

4. 窗口4：各行业主管部门发文进一步落实 PPP 配套政策

各行业部委在农业、小城镇建设、养老、能源、文化、交通运输与旅游

表3 政策窗口3

成文日期	文号	文件名称
2017年1月6日	发改振兴〔2017〕52号	关于加强分类引导培育资源型城市转型发展新动能的指导意见
2017年1月10日	国发〔2017〕4号	国务院关于印发国家教育事业发展“十三五”规划的通知
2017年1月13日	发改规划〔2017〕102号	国家发展改革委 国家开发银行关于开发性金融支持特色小(城)镇建设促进脱贫攻坚的意见
2017年1月17日	发改环资〔2017〕128号	关于印发《节水型社会建设“十三五”规划》的通知
2017年1月19日	国办发〔2017〕7号	国务院办公厅关于促进开发区改革和创新发展的若干意见
2017年1月19日	商流通发〔2017〕29号	商务部等5部门关于印发《商贸物流发展“十三五”规划》的通知
2017年1月20日	发改农经〔2017〕140号	关于进一步利用开发性和政策性金融推进林业生态建设的通知
2017年1月23日	国发〔2017〕9号	国务院关于印发“十三五”推进基本公共服务均等化规划的通知
2017年1月24日	建办城函〔2017〕43号	住房城乡建设部办公厅 国家发展改革委办公厅关于做好城市排水防涝补短板建设的通知
2017年2月3日	国发〔2017〕11号	国务院关于印发“十三五”现代综合交通运输体系发展规划的通知
2017年2月3日	发改社会〔2017〕245号	关于印发《“十三五”时期文化旅游提升工程实施方案》的通知
2017年2月6日	国办发〔2017〕17号	国务院办公厅关于创新农村基础设施投融资体制机制的指导意见
2017年2月13日	发改社会〔2017〕285号	关于印发《教育现代化推进工程实施方案》《教育现代化推进工程中央预算内投资项目管理办法》的通知
2017年2月17日	发改农经〔2017〕331号	关于扎实推进高标准农田建设的意见
2017年2月20日	发改投资〔2017〕328号	国家发展改革委 住房城乡建设部关于进一步做好重大市政工程领域政府和社会资本合作(PPP)创新工作的通知
2017年2月23日	发改法规〔2017〕357号	关于印发《“互联网+”招标采购行动方案(2017~2019年)》的通知
2017年2月28日	国发〔2017〕13号	国务院关于印发“十三五”国家老龄事业发展和养老体系建设规划的通知
2017年3月8日	发改农经〔2017〕452号	国家发展改革委印发关于深入推进农业供给侧结构性改革实施意见的通知

续表

成文日期	文号	文件名称
2017 年 3 月 18 日	国办发〔2017〕26 号	国务院办公厅关于转发国家发展改革委住房城乡建设部生活垃圾分类制度实施方案的通知
2017 年 5 月 7 日		中共中央办公厅　国务院办公厅印发《国家“十三五”时期文化发展改革规划纲要》
2017 年 5 月 12 日	发改地区〔2017〕922 号	关于支持“飞地经济”发展的指导意见
2017 年 5 月 16 日	国办发〔2017〕44 号	国务院办公厅关于支持社会力量提供多层次多样化医疗服务的意见
2017 年 5 月 16 日	财建〔2017〕238 号	关于开展中央财政支持北方地区冬季清洁取暖试点工作的通知
2017 年 5 月 24 日	财办〔2017〕29 号	关于开展田园综合体建设试点工作的通知
2017 年 5 月 31 日	国办发〔2017〕48 号	国务院办公厅关于加快推进畜禽养殖废弃物资源化利用的意见
2017 年 5 月 31 日		中共中央办公厅　国务院办公厅印发《关于加快构建政策体系培育新型农业经营主体的意见》
2017 年 5 月 31 日	财金〔2017〕50 号	关于深入推进农业领域政府和社会资本合作的实施意见
2017 年 6 月 5 日	财农〔2017〕53 号	关于印发《开展农村综合性改革试点试验实施方案》的通知
2017 年 6 月 6 日	国办发〔2017〕52 号	国务院办公厅关于制定和实施老年人照顾服务项目的意见
2017 年 6 月 20 日	发改基础〔2017〕1173 号	关于促进市域(郊)铁路发展的指导意见
2017 年 6 月 30 日	国函〔2017〕93 号	国务院关于“十三五”国家政务信息化工程建设规划的批复
2017 年 7 月 1 日	财建〔2017〕455 号	关于政府参与的污水、垃圾处理项目全面实施 PPP 模式的通知
2017 年 7 月 3 日	发改投资〔2017〕1266 号	关于加快运用 PPP 模式盘活基础设施存量资产有关工作的通知
2017 年 7 月 11 日	发改社会〔2017〕1292 号	关于印发《促进乡村旅游发展提质升级行动方案(2017 年)》的通知
2017 年 7 月 14 日	国办发〔2017〕67 号	国务院办公厅关于建立现代医院管理制度的指导意见
2017 年 7 月 17 日	发改能源〔2017〕1339 号	国家发展改革委　国家能源局关于印发《推进并网型微电网建设试行办法》的通知

续表

成文日期	文号	文件名称
2017年8月14日	财金〔2017〕86号	关于运用政府和社会资本合作模式支持养老服务业发展的实施意见
2017年9月1日	国办发〔2017〕78号	国务院办公厅关于加快推进农业供给侧结构性改革大力发展粮食产业经济的意见
2017年9月19日	发改价格〔2017〕1684号	国家发展改革委关于印发北方地区清洁供暖价格政策意见的通知
2017年9月22日	发改能源〔2017〕1701号	关于促进储能技术与产业发展的指导意见
2017年9月30日		关于创新体制机制推进农业绿色发展的意见
2017年10月29日	发改办环资〔2017〕1778号	关于推进资源循环利用基地建设的指导意见
2017年12月7日	发改农经〔2017〕2119号	国家发展改革委　水利部关于印发《政府和社会资本合作建设重大水利工程操作指南(试行)》的通知

融合、智慧城市等领域推广PPP模式应用，强化各领域PPP政策的支持。完善各行业的管理规划，尤其在特色小镇建设方面出台了一些重要的规范性文件。交通运输部办公厅印发了《收费公路政府和社会资本合作操作指南》，规范了收费公路PPP模式的操作流程。见表4。

表4　政策窗口4

成文日期	文号	文件名称
2017年1月16日	交公便字〔2017〕12号	关于征求《政府和社会资本合作(PPP)公路建设项目投资人招标投标管理办法》(征求意见稿)意见的函
2017年1月23日	民发〔2017〕25号	民政部等部门加快推进养老服务放管服改革
2017年1月24日	建村〔2017〕27号	关于推进开发性金融支持小城镇建设的通知
2017年2月6日	工信部联电子〔2017〕25号	三部委关于印发《智慧健康养老产业发展行动计划(2017—2020年)》的通知
2017年2月13日	发改基础〔2017〕290号	国家发展改革委　民航局关于印发全国民用运输机场布局规划的通知
2017年3月6日	建规〔2017〕59号	住房城乡建设部关于加强生态修复城市修补工作的指导意见
2017年3月27日	国能法改〔2017〕88号	国家能源局关于深化能源行业投融资体制改革的实施意见

续表

成文日期	文号	文件名称
2017 年 3 月 29 日	农计发〔2017〕40 号	农业部　财政部关于开展国家现代农业产业园创建工作的通知
2017 年 4 月 12 日		文化部关于印发《文化部“十三五”时期文化产业发展规划》的通知
2017 年 5 月 9 日	建村〔2017〕109 号	住房城乡建设部等部门关于公布 2017 年列入中央财政支持范围和 2018 年拟列入中央财政支持范围中国传统村落名单的通知
2017 年 5 月 15 日	农财发〔2017〕11 号	农业部　财政部关于做好 2017 年中央财政农业生产发展等项目实施工作的通知
2017 年 5 月 25 日	农办加〔2017〕15 号	农业部办公厅关于推动落实休闲农业和乡村旅游发展政策的通知
2017 年 6 月 14 日	建办科函〔2017〕409 号	住房城乡建设部办公厅　银监会办公厅关于深化公共建筑能效提升重点城市建设有关工作的通知
2017 年 6 月 15 日	农办计〔2017〕29 号	农业部办公厅　国家农业综合开发办公室关于推进农业全产业链开发创新示范工作的通知
2017 年 7 月 6 日	建城〔2017〕143 号	住房城乡建设部关于印发《城镇污水处理工作考核暂行办法》的通知
2017 年 7 月 7 日	建村〔2017〕144 号	住房城乡建设部关于保持和彰显特色小镇特色若干问题的通知
2017 年 7 月 7 日	建市〔2017〕145 号	住房城乡建设部关于促进工程监理行业转型升级创新发展的意见
2017 年 7 月 18 日	交规划发〔2017〕24 号	关于促进交通运输与旅游融合发展的若干意见
2017 年 7 月 19 日	国能发新能〔2017〕31 号	国家能源局关于可再生能源发展“十三五”规划实施的指导意见
2017 年 8 月 3 日	农牧发〔2017〕12 号	农业部关于加快东北粮食主产区现代畜牧业发展的指导意见
2017 年 8 月 17 日	建科〔2017〕166 号	住房城乡建设部关于印发住房城乡建设科技创新“十三五”专项规划的通知
2017 年 8 月 22 日	建村〔2017〕178 号	住房城乡建设部关于公布第二批全国特色小镇名单的通知
2017 年 9 月 6 日	建城〔2017〕196 号	住房城乡建设部　国家发展改革委　财政部　能源局关于推进北方采暖地区城镇清洁供暖的指导意见
2017 年 9 月 14 日	交办科技〔2017〕134 号	交通运输部办公厅关于印发《智慧交通让出行更便捷行动方案（2017—2020 年）》的通知

续表

成文日期	文号	文件名称
2017年9月22日	工信厅联原〔2017〕98号	关于开发性金融支持特色产业精准扶贫项目试点和推进矿物功能材料产业示范基地建设的通知
2017年11月29日	交办财审〔2017〕173号	交通运输部办公厅关于印发《收费公路政府和社会资本合作操作指南》的通知
2017年12月4日		关于规范推进特色小镇和特色小城镇建设的若干意见
2017年12月12日	发改环资规〔2017〕2166号	关于进一步做好生活垃圾焚烧发电厂规划选址工作的通知
2017年12月20日	建城〔2017〕251号	住房城乡建设部印发《园林绿化工程建设管理规定》的通知

5. 窗口5：财政部进一步完善PPP管理机制

财政部进一步完善PPP综合信息平台的管理，从信息公开的内容、信息公开的方式、监督管理等方面进行规范，加强咨询机构库管理，促进PPP咨询服务信息公开，推动PPP咨询服务市场规范有序发展。见表5。

表5　政策窗口5

成文日期	文号	文件名称
2017年1月23日	财金〔2017〕1号	关于印发《政府和社会资本合作（PPP）综合信息平台信息公开管理暂行办法》的通知
2017年3月22日	财金〔2017〕8号	关于印发《政府和社会资本合作（PPP）咨询机构库管理暂行办法》的通知
2017年4月25日	财库〔2017〕86号	关于进一步做好政府采购信息公开工作有关事项的通知
2017年10月26日	财综〔2017〕57号	关于政府购买服务信息平台运行管理有关问题的通知

6. 窗口6：开辟PPP项目融资新途径

自2016年12月21日国家发改委和证监会推出《关于推进传统基础设施领域政府和社会资本合作（PPP）项目资产证券化相关工作的通知》以来，2017年多部门推动PPP项目融资方式创新，鼓励支持PPP项目企业及相关中介机构依法积极开展 PPP 项目资产证券化业务。银监会加强银行业风险防控工作，加强信用风险管控，维护资产质量总体稳定；证监会针对 PPP 项目资产证券化产品实施专人专岗备案管理；保监会支持保险资金投资政府和社会资本合作项目，推动政府和社会资本合作项目融资方式创新。国家发改委针对 PPP 项目印发了《政府和社会资本合作（PPP）项目专项债券发行指引》，积极发挥企业债券融资对 PPP 项目建设的支持作用。财政部提出为规范推进 PPP 项目资产证券化工作，应该分类稳妥地推动 PPP 项目资产证券化、严格筛选开展资产证券化的 PPP 项目、完善 PPP 项目资产证券化工作程序、着力加强 PPP 项目资产证券化监督管理。见表 6。

表 6　政策窗口 6

成文日期	文号	文件名称
2017 年 2 月 17 日	深证会〔2017〕46 号	深圳证券交易所关于推进传统基础设施领域政府和社会资本合作（PPP）项目资产证券化业务的通知
2017 年 2 月 17 日		关于 PPP 项目资产证券化产品实施专人专岗备案的通知
2017 年 2 月 17 日		上海证券交易所关于推进传统基础设施领域政府和社会资本合作（PPP）项目资产证券化业务的通知
2017 年 3 月 2 日	证监会公告〔2017〕6 号	证监会发布《中国证监会关于支持绿色债券发展的指导意见》
2017 年 4 月 7 日	银监发〔2017〕6 号	中国银监会关于银行业风险防控工作的指导意见
2017 年 4 月 25 日	发改办财金〔2017〕730 号	国家发展改革委办公厅关于印发《政府和社会资本合作项目专项债券发行指引》的通知
2017 年 5 月 4 日	保监发〔2017〕41 号	中国保监会关于保险资金投资政府和社会资本合作项目有关事项的通知
2017 年 5 月 4 日	保监发〔2017〕42 号	中国保监会关于保险业支持实体经济发展的指导意见
2017 年 5 月 16 日	保监资金〔2017〕135 号	中国保监会关于债权投资计划投资重大工程有关事项的通知
2017 年 6 月 7 日	财金〔2017〕55 号	关于规范开展政府和社会资本合作项目资产证券化有关事宜的通知
2017 年 7 月 15 日	发改办财金〔2017〕1238 号	关于发挥政府出资产业投资基金引导作用推进市场化银行债权转股权相关工作的通知

续表

成文日期	文号	文件名称
2017 年 7 月 21 日	上证函〔2017〕783 号	上海证券交易所关于进一步推进政府和社会资本合作(PPP)项目资产证券化业务的通知
2017 年 7 月 21 日	深证会〔2017〕215 号	深圳证券交易所关于进一步推进政府和社会资本合作(PPP)项目资产证券化业务的通知
2017 年 8 月 1 日	发改办财金规〔2017〕1340 号	国家发展改革委办公厅关于印发《农村产业融合发展专项债券发行指引》的通知
2017 年 8 月 1 日	发改办财金规〔2017〕1341 号	国家发展改革委办公厅关于印发《社会领域产业专项债券发行指引》的通知
2017 年 10 月 19 日	深证会〔2017〕340 号	关于发布《深圳证券交易所政府和社会资本合作(PPP)项目资产支持证券挂牌条件确认指南》《深圳证券交易所政府和社会资本合作(PPP)项目资产支持证券信息披露指南》的通知

7. 窗口7：国务院引导激发社会领域投资活力，鼓励民间资本参与

3 月 7 日国务院发文进一步激发社会领域投资活力，深化社会领域供给侧结构性改革，适度扩大总需求。引导社会资本以政府和社会资本合作模式参与医疗机构、养老服务机构、教育机构、文化设施、体育设施建设运营，开展 PPP 项目示范。贯彻落实促进民间投资“26 条”政策措施，进一步激发民间有效投资活力，促进经济持续健康发展。国家发改委发文鼓励民间资本参与政府和社会资本合作项目，从政策层面创造民间资本参与 PPP 项目的良好环境，鼓励民营企业运用 PPP 模式盘活存量资产。见表 7。

表 7　政策窗口 7

成文日期	文号	文件名称
2017 年 3 月 7 日	国办发〔2017〕21 号	国务院办公厅关于进一步激发社会领域投资活力的意见
2017 年 4 月 24 日	国办发〔2017〕34 号	国务院办公厅关于对 2016 年落实有关重大政策措施真抓实干成效明显地方予以表扬激励的通报
2017 年 5 月 30 日	国发明电〔2017〕1 号	国务院关于开展第四次大督查的通知

续表

成文日期	文号	文件名称
2017 年 9 月 1 日	国办发〔2017〕79 号	国务院办公厅关于进一步激发民间有效投资活力促进经济持续健康发展的指导意见
2017 年 11 月 28 日	发改投资〔2017〕2059 号	国家发展改革委关于鼓励民间资本参与政府和社会资本合作（PPP）项目的指导意见

8. 窗口8：深化财税体制改革，完善国有资本管理制度，规范专项资金管理

党的十八届三中全会明确提出要深化财税体制改革、建立现代财政制度。2017 年财税部门积极配合国家宏观经济调整与发展的需求，大力实施减税降费，全面清理了政府性基金、取消 35 项事业性收费，将享受企业所得税减半征收的小微企业的起征点由 30 万元调高到 50 万元、科技型中小企业研发费用加计扣除的比例由 50% 提高到 75%，助力供给侧结构性改革，进一步规范增值税管理，简并增值税税率，下调社保缴费率。推进“一带一路”建设，深化国际产能合作，带动国内优势产能、优质装备、先进技术输出，提升我国技术研发和生产制造能力，弥补我国能源资源短缺，推动我国相关产业提质升级。国务院关于促进外资增长若干措施的通知进一步推进简政放权、放管结合、优化服务改革，提升我国外商投资环境法治化、国际化、便利化水平，促进外资增长，提高利用外资质量。

完善国有资本经营预算管理制度、投资管理制度。规范中央国有资本经营预算支出管理，规范中央财政城镇保障性安居工程、水污染防治、专项扶贫、农业生产发展等专项资金管理，从资金分配、资金申报和审核、资金下达、使用管理、绩效评价、法律责任等方面对其做出了规定。《国有企业境外投资财务管理办法》对国有企业境外投资财务管理进行了规定，以防范境外投资财务风险，提高投资效益。见表 8。

9. 窗口9：强化地方债务管理，制止地方政府违规举债

健全地方政府债务限额管理机制，规范新增地方政府债务限额分配管理，从管理权限和程序、新增限额分配等方面进行了规定。进一步规范了地方政府举债融资行为——“规范政府与社会资本方的合作行为”，“严禁地

表8 政策窗口8

成文日期	文号	文件名称
2017年1月20日	财综〔2017〕2号	关于印发《中央财政城镇保障性安居工程专项资金管理办法》的通知
2017年3月3日	财建〔2017〕32号	关于印发《水污染防治专项资金绩效评价办法》的通知
2017年3月13日	财农〔2017〕8号	关于印发《中央财政专项扶贫资金管理办法》的通知
2017年3月13日	财预〔2017〕32号	关于印发《中央国有资本经营预算支出管理暂行办法》的通知
2017年3月15日	财税〔2017〕18号	财政部关于取消、调整部分政府性基金有关政策的通知
2017年3月31日	财税〔2017〕29号	关于承租集体土地城镇土地使用税有关政策的通知
2017年4月13日	国发〔2017〕27号	国务院批转国家发展改革委关于2017年深化经济体制改革重点工作意见的通知
2017年4月17日	财会〔2017〕11号	关于印发《政府会计准则第5号——公共基础设施》的通知
2017年4月18日	财农〔2017〕30号	关于印发《中央财政水利发展资金绩效管理暂行办法》的通知
2017年4月26日	财税〔2017〕33号	关于继续实施物流企业大宗商品仓储设施用地城镇土地使用税优惠政策的通知
2017年4月28日	财农〔2017〕41号	关于印发《农业生产发展资金管理办法》的通知
2017年4月28日	财农〔2017〕42号	关于修订《农业资源及生态保护补助资金管理办法》的通知
2017年6月12日	财资〔2017〕24号	关于印发《国有企业境外投资财务管理办法》的通知
2017年7月11日	财税〔2017〕58号	关于建筑服务等营改增试点政策的通知
2017年8月4日	国办发〔2017〕74号	国务院办公厅转发国家发展改革委商务部人民银行外交部关于进一步引导和规范境外投资方向指导意见的通知
2017年8月8日	国发〔2017〕39号	国务院关于促进外资增长若干措施的通知
2017年9月6日	财税〔2017〕71号	关于印发节能节水和环境保护专用设备企业所得税优惠目录(2017年版)的通知
2017年11月2日	财税〔2017〕79号	关于将技术先进型服务企业所得税政策推广至全国实施的通知
2017年11月9日	财资〔2017〕72号	关于印发《中央部门所属高校国有资产处置管理补充规定》的通知
2017年11月24日	财税〔2017〕80号	关于印发《扩大水资源税改革试点实施办法》的通知
2017年12月9日	发改地区规〔2017〕2136号	国家发展改革委关于印发重点流域水环境综合治理中央预算内投资计划管理办法的通知
2017年12月22日	国发〔2017〕56号	国务院关于环境保护税收入归属问题的通知
2017年12月25日	财税〔2017〕90号	关于租入固定资产进项税额抵扣等增值税政策的通知

方政府利用 PPP、政府出资的各类投资基金等方式违法违规变相举债”。严格规范政府购买服务预算管理、严禁利用或虚构政府购买服务合同违法违规融资、切实做好政府购买服务信息公开。对“一带一路”建设、京津冀协同发展、长江经济带发展三大战略涉及的重点领域、重点项目，省级发展改革部门应加大债券支持力度，创新债券支持方式，在债券申报程序、发行条件上给予优先支持。见表 9。

表 9　政策窗口 9

成文日期	文号	文件名称
2017 年 3 月 23 日	财预〔2017〕35 号	关于印发《新增地方政府债务限额分配管理暂行办法》的通知
2017 年 4 月 26 日	财预〔2017〕50 号	关于进一步规范地方政府举债融资行为的通知
2017 年 5 月 16 日	财预〔2017〕62 号	关于印发《地方政府土地储备专项债券管理办法（试行）》的通知
2017 年 5 月 28 日	财预〔2017〕87 号	关于坚决制止地方以政府购买服务名义违法违规融资的通知
2017 年 6 月 26 日	财预〔2017〕97 号	关于印发《地方政府收费公路专项债券管理办法（试行）》的通知
2017 年 8 月 7 日	发改办财金〔2017〕1358 号	国家发展改革委办公厅关于在企业债券领域进一步防范风险加强监管和服务实体经济有关工作的通知
2017 年 9 月 20 日	财库〔2017〕161 号	关于印发《地方预算执行动态监控工作督导考核办法》的通知

10. 窗口10：财政部、国家发改委继续加强示范推广

为深入推进公共服务领域工作，加强示范引领和样板推广，带动更多 PPP 项目成交实施，充分发挥 PPP 在稳增长、促改革、调结构、惠民生等方面的积极作用，财政部会同行业部委联合启动第四批 PPP 示范项目申报筛选工作。另外，国家发改委在林业生态和农业领域也推出了第一批试点名单。见表 10。

表10　政策窗口10

成文日期	文号	文件名称
2017年7月14日	财金〔2017〕76号	关于组织开展第四批政府和社会资本合作示范项目申报筛选工作的通知
2017年7月17日	发改办农经〔2017〕1243号	国家发展改革委办公厅　国家林业局办公室关于印发社会资本参与林业生态建设第一批试点项目的通知
2017年7月28日	发改办农经〔2017〕1322号	国家发展改革委办公厅　农业部办公厅关于印发农业领域政府和社会资本合作第一批试点项目的通知

11. 窗口11：全面深化价格机制改革

国家发展改革委全面深化价格机制改革，以供给侧结构性改革为主线，推动经济发展质量变革、效率变革、动力变革，着力构建市场机制有效、微观主体有活力、宏观调控有度的经济体制，建设现代化经济体系。完善政府和社会资本合作项目价格调整机制，促进政府和社会资本合作模式推广。进一步加强垄断行业价格监管，主要包括输配电、天然气管道运输、铁路运输等基础性行业以及居民供水供气供热等公用事业。见表11。

表11　政策窗口11

成文日期	文号	文件名称
2017年6月6日	发改价格〔2017〕1080号	关于扎实推进农业水价综合改革的通知
2017年8月23日	发改价格规〔2017〕1554号	国家发展改革委关于进一步加强垄断行业价格监管的意见
2017年11月8日	发改价格〔2017〕1941号	国家发展改革委关于全面深化价格机制改革的意见
2017年12月14日	发改价格〔2017〕2163号	国家发展改革委关于深化铁路货运价格市场化改革等有关问题的通知
2017年12月19日	发改价格规〔2017〕2196号	国家发展改革委关于2018年光伏发电项目价格政策的通知

12. 窗口12：财政部从严规范PPP管理，正本清源

财政部进一步规范项目库管理，按项目所处阶段将项目库分为项目储备清单和项目管理库。严格新项目入库标准、集中清理已入库项目。加强对项

目库的管理，收集、管理和发布 PPP 项目信息，保证项目实施公开透明。加强对中央企业 PPP 业务风险的管控。见表 12。

表 12　政策窗口 12

成文日期	文号	文件名称
2017 年 11 月 10 日	财办金〔2017〕92 号	关于规范政府和社会资本合作（PPP）综合信息平台项目库管理的通知
2017 年 11 月 17 日	国资发财管〔2017〕192 号	关于加强中央企业 PPP 业务风险管控的通知

三　PPP 管理机制

（一）PPP 流程管理

1. 财政部 PPP 管理流程

2014 年 11 月 29 日，财政部正式印发《政府和社会资本合作模式操作指南（试行）》（财金〔2014〕113 号，简称“113 号文”），标志着 PPP 流程规范在理论研究与政策分析层面的基础上，进入了项目实操阶段。文件将 PPP 项目从全生命周期角度划分为 5 个阶段，并分别给出了具体操作的指导意见，具体到 PPP 项目的运作方式、交易结构、合同结构、监管架构等共计 19 项操作步骤。故财政部 PPP 操作流程又被称为“519”流程，其中 5 大阶段分别为项目识别阶段、项目准备阶段、项目采购阶段、项目执行阶段以及项目移交阶段。具体操作流程如图 6 所示。

2. 国家发改委 PPP 管理流程

2014 年国家发改委发布《关于开展政府和社会资本合作的指导意见》（发改投资〔2014〕2724 号，简称“2724 号文”），提出加强政府和社会资本合作项目的规范管理，并明确要求建立项目储备、项目遴选、伙伴选择、合同管理、绩效评价以及退出机制等多阶段、多层次的 PPP

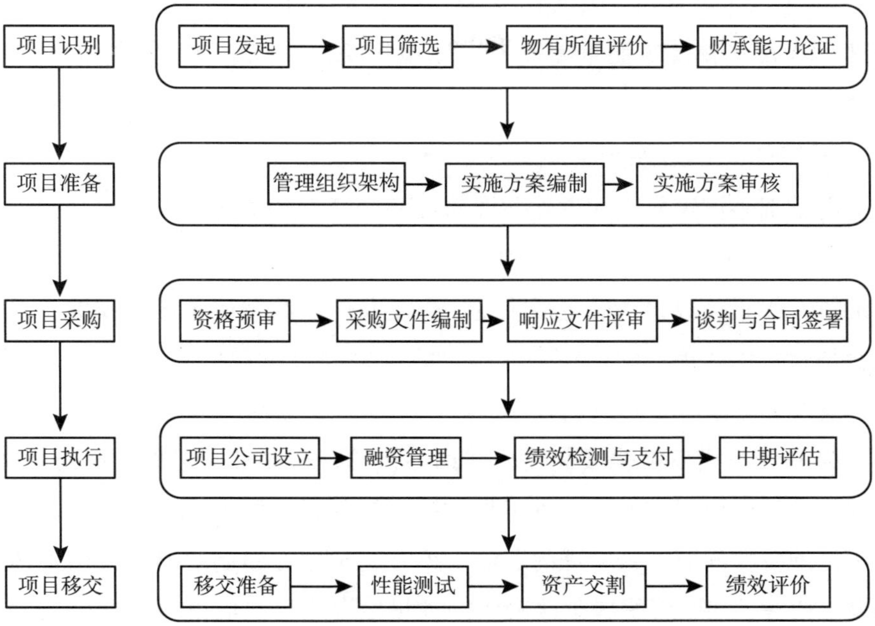

图 6　财政部 PPP 操作流程

管理机制。

国家发改委于2016年发布《传统基础设施领域实施政府和社会资本合作项目工作导则》（发改投资〔2016〕2231号，简称“2231号文”），进一步规范了传统基础设施领域政府和社会资本合作项目操作流程，并明确了政府和社会资本合作的五种模式，并分4大阶段对PPP模式操作流程进行逐步规范：项目储备、项目论证、社会资本方选择、项目执行。

（二）PPP 流程管理矛盾分析

我国城镇化的快速发展使得基础设施的需求快速增加，然而传统模式下政府投资基础设施存在很大的资金缺口，PPP的发展也就应运而生，随着政策文件的不断出台，具有中国特色的PPP管理流程、政策体系逐渐建立起来。然而，在PPP快速发展过程中，也产生了很多问题：首先，各部委对 PPP 内涵理解不同，导致政策文件之间存在矛盾；其次，PPP 模式作为市场化改革的重要途径，与现行法律法规之间也存在很多不适应之处。

1. PPP 部委规定的矛盾①

财政部和国家发改委主导并推动规范 PPP 操作流程的相关工作。国家发改委认为 PPP 模式是推动基础设施建设的重要模式，有利于提升公共服务的供给水平，改善人民生活质量，也是我国供给侧改革的重要抓手，更是稳增长、促改革、调结构、惠民生的重要改革手段。从这一角度出发，PPP 模式更侧重于基础设施建设，应由国家发改委牵头并推广。而财政部则认为 PPP 模式不仅能够优化公共产品供给，还能够减轻地方政府债务；不仅有利于政府简政放权，进一步发挥市场配置资源的决定性作用，有利于更好地发挥政府监督管理的职能，还有利于地方遏制政府隐性债务风险增量。因此，PPP 模式属于政府的一种投融资手段，应由财政部牵头并推广。

由于两部委对 PPP 模式的定位不同，推广的出发点不同，对 PPP 模式的属性和监管主体的认识也存在较大的差距，因此在规范中 PPP 流程存在一些不同甚至冲突之处。

（1）社会资本范围的不同

国家发改委发布的 2724 号文规定，社会资本包括国有企业、民营企业、外资企业、混合所有制企业和其他投资经营主体。而财政部发布的 113 号文中，社会资本包括建立现代企业制度的境内外企业法人，但其中并不包含本级政府所属的地方融资平台公司及其他控股国有企业。因此，从社会资本概念来看，国家发改委规定的范围要大于财政部的规定。

（2）项目操作阶段划分的不同

对于 PPP 项目操作的阶段与环节，国家发改委发布的 2724 号文只是将 PPP 项目划分为经营性项目、准经营性项目和非经营性项目，并对其操作模

① 中国政府采购网，http：//www. ccgp. gov. cn/ppp/llyj/201704/t20170427_ 8168061. htm。

式进行了简要规范，并没有针对具体操作环节做出详细指导。而财政部发布的 113 号文则将 PPP 项目从项目识别、项目准备、项目采购、项目执行、项目移交五个方面进行了详细划分，并针对各个阶段相关实务操作给出了具体的指导意见。

（3）前期论证程序的不同

在项目前期论证过程中，财政部主导的《基础设施和公共服务领域政府和社会资本合作条例（征求意见稿）》明确规定，纳入政府和社会资本合作目录的项目应当通过财政承受能力论证及物有所值评价，也就是说只有通过“两评”的项目，才能够采用 PPP 模式。实质上，财政部是从政府采购的角度出发，强调政府对社会资本的选择，从而通过物有所值评价和财政可承受能力对项目进行识别。

而发改委则更加关注通过招投标方式选择项目合作伙伴即选择合适的社会资本参与方，在项目评估方面，《基础设施和公用事业特许经营管理办法》（2015 年第 25 号令）中只是提出可以委托具有相关经验的第三方机构，开展可行性评估。当然，这并不是说发改委相关规定不重视前期论证工作，而是在规定中隐含了将可行性评价代替物有所值评价和可承受能力评价。

（4）项目招标方式的不同

发改委在项目中更加关注以招投标的方式选择恰当的社会资本方，因而 2231 号文规定通过招投标方式选定的社会资本，在实施过程中采购工程和设备时不需要再招标。财政部则更关注政府采购这一角度，在《关于在公共服务领域深入推进政府和社会资本合作工作的通知》（财金〔2016〕90 号）中规定：对于涉及工程建设、设备采购或服务外包的 PPP 项目，已经依据政府采购法选定社会资本合作方的，合作方依法能够自行建设、生产或者提供服务的，按照《招标投标法实施条例》第九条的规定，合作方可以不再进行招标。

2. 与现行法律的矛盾[①]

（1）土地获取方面

根据现行《招标拍卖挂牌出让国有土地使用权规定》与《招标拍卖挂牌出让国有土地使用权规范》有关规定，经营性土地的使用权的只能通过招拍挂的方式获取。这就意味着项目公司即使获得了特许经营权，也不能保证获得土地的使用权。

一方面，对于 PPP 项目，尤其是经营性 PPP 项目，就不得不面临政府一方面通过招标、竞争性谈判、直接授予等方式选择 PPP 项目社会投资人；另一方面，又不得不通过招拍挂的方式出让 PPP 项目的经营性用地的窘境。而目前的 PPP 项目采购实践中，也往往是将 PPP 新建项目与土地的获取分为两个阶段进行，即社会资本中标后，由政府或社会资本再解决项目的土地。那么一旦土地问题得不到解决，PPP 项目将无法开工，项目合同也无法履行。另外在 PPP 项目实践中，还存在许多土地使用不规范的、不合规的问题，如有些实施方案和特许经营协议规定土地零租金或租赁期 30 年，这些都直接违背了现行的租赁有偿和合同法关于租赁期的规定。

（2）税收与价格制度方面

地方政府在一些 PPP 项目招标文件中承诺某些税收优惠政策，但由于税务优惠承诺缺乏税收制度法律层面的支持，在实践中税收优惠政策常常不被税务主管部门接受。相对于项目建设期，PPP 项目运营期历时较长，收益较为稳定，运营环节的收益往往是社会投资人的核心收入来源，因此项目运营价格的制定与调节将直接影响社会投资人的投资回报。但 PPP 项目大多直接关系社会公共利益，比如高速公路等道路基础设施、燃气等能源供应项目以及污水处理等项目，现行法律规定其定价和调整必须经物价部门批准，

① 北京市盈科律师事务所合伙人刘永斌，http：//blog. sina. com. cn/s/blog_ 590e8ae00102wflv. html。PPP 大讲堂，原标题《现阶段 PPP 立法的十大法律冲突》。中国 PPP 百人论坛首席经济学家管清友，http：//finance. sina. com. cn/china/gncj/2016 － 06 － 13/doc － ifxszkzy5213693. shtml。

在决定收费标准时，社会资本方缺乏自主定价权，无法根据项目内外部条件变化自行调整产品价格。不仅如此，收费标准调整的期限间隔较长，也就意味着一旦价格确定，便在一个相对较长的时期内无法进行调整，这也会极大地影响社会投资人的收入。

（3）项目程序方面

PPP项目如采用招标方式，那么按照项目招投标的一般原则，项目的基本条件、规划条件、配套设施应由招标人在招标文件中加以明确，通常项目招标人为政府城市建设主管部门。而项目潜在投资人也就是投标人也应根据招标文件编制标书。随后，招标人在对标书经过技术、经济、环保等多方面审查评选后，根据竞争力对投标人进行排序并选择符合项目要求的投标人中标。但按现行工程基本建设程序，在项目中标后，项目还需得到计划、规划、土地、环保等部门的审批，而这些部门有时并不完全认可城市建设部门的意见。那么就可能产生对项目进行二次甚至多次审查的情况，拖延了项目推进的时间，更为重要的是，政府各部门意见的不一致可能与项目特许经营权协议存在冲突，该协议对政府缺乏足够的约束力，政府部门间的不协调使得投资人的利益难以得到保证。

（4）竣工验收与固定资产化方面

PPP项目竣工验收一般依据住建部发布的《房屋建筑和市政基础设施工程竣工验收规定》（建质〔2013〕171号）与《房屋建筑和市政基础设施工程竣工验收备案管理办法》（建设部第78号令）等，然而上述规定大多针对市政工程与房屋建筑，并没有涵盖所有PPP项目的范围。同时，相关规定仅针对一般性项目，没有考虑并体现PPP项目的特殊性。

财政部发布的《关于印发企业会计准则解释第2号的通知》要求："BOT业务所建造基础设施不应作为项目公司的固定资产……项目公司的收入应确认金融资产或无形资产……"这一规定变相削弱了社会资本方对项目资产的占有权，在长达20年甚至30年的特许经营期内，缺乏固定资产的PPP项目也难以获得金融机构的青睐与支持。

（三）PPP 合规管理机制

1. PPP 项目融资规范

PPP 项目融资相关规范关注的主要是政府举债行为，《地方政府一般债务预算管理办法》（财预〔2016〕154 号）和《地方政府专项债务预算管理办法》（财预〔2016〕155 号），将政府债务分类纳入一般公共预算和政府性基金预算管理范围。

2017 年 4 月 26 日财政部牵头联合国家发改委、司法部、人民银行、银监会与证监会六部委共同下发《关于进一步规范地方政府举债融资行为的通知》（财预〔2017〕50 号），其目的在于“牢牢守住不发生区域性系统性风险的底线”。如此一来，一方面，可以规范融资平台公司融资行为管理，推动融资平台公司尽快转型为市场化运营的国有企业；另一方面，对地方政府通过 PPP 项目变相举债行为做出规范，严禁地方政府利用 PPP、政府出资的各类投资基金等方式违法违规变相举债。所有违规举债问题均会造成地方政府未来潜在的实际支出责任，对 PPP 项目中的社会资本方给予担保或承诺，有形成隐性债务增量的风险。

《财预〔2017〕50 号文》（以下简称 50 号文）明确指出，除发行地方政府债券方式外，地方政府及其所属部门不得以任何方式举借债务。财政部、国土资源部发布关于印发《地方政府土地储备专项债券管理办法（试行）》的通知（财预〔2017〕62 号），在额度管理、预算编制、预算执行和决算、监督管理、职责分工等方面，对允许地方政府发行土地储备专项债券提出具体要求。同时，地方各级政府不得以土地储备名义为非土地储备机构举借政府债务，不得通过地方政府债券以外的任何方式举借土地储备债务，不得以储备土地为任何单位和个人的债务以任何方式提供担保。

《财政部关于坚决制止地方以政府购买服务名义违法违规融资的通知》（财预〔2017〕87 号）则主要关注政府购买服务，以明确政府购买服务的目标与改革方向为主要目标，列举了政府购买服务的负面清单，并特别指出加强重点督查和审计。研究出台终身问责、倒查责任制度办法，坚决遏制隐性债务增量，鼓励地方政府规范使用 PPP 模式。

2. PPP 项目入库规范

2017 年 11 月 10 日，财政部发布《关于规范政府和社会资本合作（PPP）综合信息平台项目库管理的通知》（财办金〔2017〕92 号），提出将项目库进行分类管理。对已入库的存量项目进行集中清理，对流程不规范，推进无进展，结构不合规，采购流程不合理，公布信息不合规、不完整的项目予以清退；对新入库项目严格把关，针对近年来项目类别、项目性质、项目内容、项目前期工作、项目结构设计、项目绩效考核等方面出现的问题进行详细的审核，并表明了“不宜采用 PPP 模式的态度”。

虽然 92 号文是以规范项目库的名义发布，但 92 号文实际重点还是防控地方政府隐性债务风险，纠正 PPP 中的不规范行为。其主要手段有两个：绩效管理和融资管理。对于未建立与项目产出绩效相挂钩的付费机制的项目要予以清退，并进一步要求，政府付费或可行性缺口补助在项目合作期内应连续、平滑支付。明确项目建设成本参与绩效考核 30% 红线，即实际与绩效考核结果挂钩部分不得低于建设成本的 30% 。而未按合同约定落实项目债权融资、违反相关法律和政策规定、未按时足额缴纳项目资本金或以债务性资金充当资本金的违规融资项目此次也成为重点清退对象。

3. PPP 项目采购规范

对于 PPP 项目采购，财政部与国家发改委从两个不同的角度分别做出了规范。根据《国务院办公厅关于政府向社会力量购买服务的指导意见》（国办发〔2013〕96 号）相关规定，财政部在《关于推广运用政府和社会资本合作模式有关问题的通知》（财金〔2014〕76 号）中进一步明确指出政府和社会资本合作模式的实质是政府购买服务。因此，财政部 113 号文在明确 PPP 模式管理流程的同时，提出进一步加强政府采购环节的规范与监督管理。财政部以实现项目“物有所值”为价值导向，积极探索适合 PPP 模式的政府采购方式。项目实施机构按照《中华人民共和国政府采购法》及有关规定，依法选择项目合作伙伴。《政府和社会资本合作项目政府采购管理办法》（财库〔2014〕215 号）在传统采购模式的基础上，根据 PPP 模式特点创造性地提出了竞争性磋商的方法。

发改委《关于开展政府和社会资本合作的指导意见》（发改投资〔2014〕2724 号）将 PPP 项目划分为经营性项目、准经营性项目与非经营性项目。对于经营性项目、准经营性项目通过政府授予特许经营权，采用建设—运营—移交（BOT）、建设—拥有—运营—移交（BOOT）（经营性项目）、建设—拥有—运营（BOO）（准经营性项目）等模式，依据中央层面的《基础设施和公用事业特许经营管理办法》（2015 年第 25 号令）以及地方层面的特许经营条例进行。就非经营性项目，可通过政府购买服务，采用建设—拥有—运营、委托运营等市场化模式推进，依据《政府采购法》等政府采购方面的法律、法规和政策进行。

4. PPP 运营管理规范

PPP 项目的一个重要核心是通过考核社会资本的项目运营，推动社会资本提高公共服务的供给效率。但是在当前的 PPP 项目中，社会资本更多以施工单位为主，其“运营”能力有限，或直接将“运营”职责转移。

《国家发展改革委关于切实做好传统基础设施领域政府和社会资本合作有关工作的通知》（发改投资〔2016〕1744 号），要求依法签订合同，在运营过程中建立合理的投资回报机制，探索多种回报机制。《发改投资〔2016〕2231 号文》中提出在运营过程中应进行全过程的运营绩效监督，并明确指出绩效评价结果应作为项目公司或社会资本方取得项目回报的依据。

财政部在《财金〔2014〕76 号文》中提出加强运营监管、以运营绩效确定补贴，而 113 号文则指出在选择社会资本时，应当考虑到运营需求，综合考察各方面因素合理设置的资格条件。92 号文在强调绩效考核的同时，指出另一个关键入库标准是运营，明确提出不具有运营内容的项目将无法入库，并标明政府承担的项目建设成本与运营成本均应根据绩效考核结果进行支付，从绩效考核的角度对社会资本加以约束，提高 PPP 项目的运营水平。随后，国资委印发《关于加强中央企业 PPP 业务风险管控的通知》（国资发财管〔2017〕192 号）文件，明确指出在 PPP 项目识别过程中，“严厉杜绝盲目决策，坚决遏制短期行为”，“结合企业发展需要，不断提高 PPP 项目专业化运营管理能力，对于尚不具备专业化运营管理能力的项目，通过合资合作、引入专业化管理机构等措施，确保项目安全高效运营”。

（四）PPP 市场管理机制

1. 对央企的规范

当前 PPP 市场中，无论项目数量还是投资总量，央企依旧占据着绝对优势地位。根据明树数据相关统计，截至 2017 年 12 月底，全年新成交的项目规模达到 4.7 万亿元，其中，仅八大建筑央企（中国铁建、中国中铁、中国交建、中国建筑、中国电建、中国能建、中国中冶与中国化学）牵头中标 PPP 项目总投资额就已超 1.5 万亿元。而目前央企的负债率普遍高企，央企参与 PPP 项目的资金大部分来源于金融机构，存在一定风险。

自今年金融工作会议以来，防控风险成为金融工作的主基调，纠正当前金融乱象，对监管层落实“严格问责”成为主旋律。192 号文的发布也从这一目标出发，从强化集团管控、严格准入条件、严格规模控制、优化合作安排、规范会计核算、严肃责任追究六方面来防范央企参与 PPP 的经营风险。通过“累计对 PPP 项目的净投资原则上不得超过上一年度集团合并净资产的 50%”以及“资产负债率高于 85% 或近 2 年连续亏损的子企业不得单独投资 PPP 项目”等相关规定，明确财务承受能力边界，对央企参与 PPP 业务实行总量管控，从定量化的角度为央企参与 PPP 项目戴上了“紧箍咒”。

2. 对国企的推动

113 号文中规定 PPP 中社会资本“不包括本级政府所属融资平台公司及其他控股国有企业”，对地方国企参与 PPP 项目做出了一定限制。但 2015 年 5 月国务院办公厅下发的《国务院办公厅转发财政部发展改革委人民银行关于在公共服务领域推广政府和社会资本合作模式指导意见的通知》（国办发〔2015〕42 号文）消除了这一制度障碍，文中明确提出“对已经建立现代企业制度、实现市场化运营的，在其承担的地方政府债务已纳入政府财政预算、得到妥善处置并明确公告今后不再承担地方政府举债融资职能的前提下，可作为社会资本参与当地政府和社会资本合作项目”。50 号文中对地方城投和地方政府举债做出了严格规定，严禁地方政府利用 PPP、政府出资的各类投资基金等方式违法违规变相举债。

地方国企通过跨层级投资和跨区域投资等多种路径突破其参与当地 PPP 项目的限制，斩获了巨大的市场份额，根据明树数据相关统计，2017 年地方国企 PPP 项目中标数已经达到 1596 个，占市场总成交数的 26.01%，中标规模累计 23959.23 亿元，占市场总规模的 26.09%。

3. 对民企的鼓励

2017 年 9 月，国务院办公厅发布《关于进一步激发民间有效投资活力促进经济持续健康发展的指导意见》（国办发〔2017〕79 号），深入推进“放管服”改革，不断优化营商环境。明确提出鼓励民间资本参与政府和社会资本合作项目，加大基础设施和公用事业领域的开放力度，禁止排斥、限制或歧视民间资本的行为，为民营企业创造平等竞争机会。支持民间资本股权占比高的社会资本方参与 PPP 项目，调动民间资本积极性。

11 月 28 日，国家发改委发布的《关于鼓励民间资本参与政府和社会资本合作（PPP）项目的指导意见》则进一步明确了创造民间资本参与 PPP 项目的良好环境基本方略。首先，不断加大基础设施领域开放力度，不得以任何名义、任何形式限制民间资本参与 PPP 项目；其次，降低民企参与 PPP 项目门槛，针对不同 PPP 项目特点，采取多种方式支持民间资本参与，充分发挥民营企业创新、运营等方面的优势；最后，增加对参与 PPP 民企的资金补助，严格兑现政府承诺，履行合同，最终创造公平有序的营商环境，提高民营企业参与度。

四　央地关系情况分析

（一）背景介绍

中央与地方的关系是世界上绝大部分国家在治理国家、行使政权过程中都会面临的一个重大问题。中央与地方间责权划分方式会对国家的经济发展、政策实施以及长治久安产生十分重要的影响。对于我国这样的经济大国更是如此，特别是我国经济增长长期依赖投资拉动，而地方政府作为越来越重要的投资主体，它的行为变化和对政策的执行会对投资的效果产生重要的影响。有专家甚至认为，央地关系可能是未来我国社会出现风险或危机的很大一个根源。

央地关系的核心，就是央地的财权事权的分配。目前财权和事权的划分中存在的问题，是地方政府违规举债的最大原因。在其他方式的举债受到严格限制的情况下，地方政府就会把 PPP 作为最后的救命稻草，丢掉“公共服务效率和质量”这个大方向，而是单纯地为了融资而推进 PPP 工作。错误的出发点，自然带来非规范操作的层出不穷。各部委连续出台诸多补丁文件，试图堵住 PPP 的不规范操作问题，但毕竟属于治标不治本。

1. 目前存在的问题

（1）中央与地方事权划分不清晰

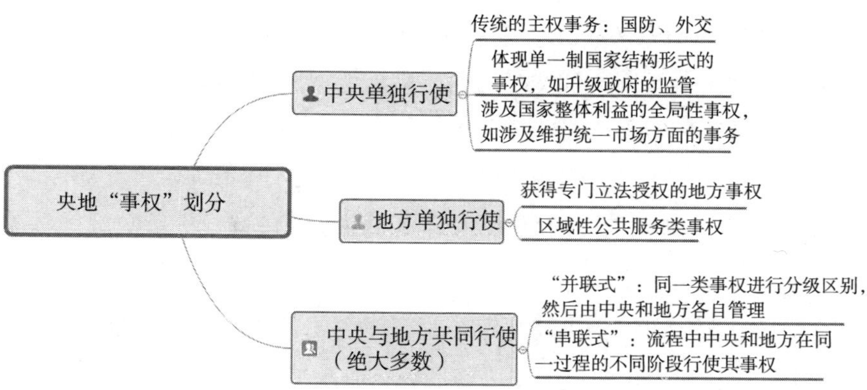

图 7　目前央地“事权”（政府的职能）划分方式

现有的事权中大部分事权，如产业发展、市场监管、环境保护等都需要中央与地方共同行使，由中央或地方单独一方行使的较少。对于我国中央和地方政府共同行使、相互间交叉的事权，现阶段还难以判断事权的准确归属。另外，现行事权关系更多的是由各部门主导，源自多年来不同领域内的实践磨合。基于这样的现状，我国现行事权关系呈现多元化、无规则、碎片化的特征，在事权关系的总体层面缺乏一个责权明晰的布局。[①]

（2）中央与地方财权与事权划分不统一

事权是财权划分的依据，财权是事权实现的保障，只有两者协调统一时才能保证政府职能最高效率地执行，才能实现经济的良性运转。近几年我国有财权上收、事权下放的趋势。财权上收与事权下放的逆向运动形成了中国式分权的一种典型特征，即非对称性财政分权。“财权上收”使得地方财政收入下降，财政收入越来越多地集中到中央手里；“事权下放”使得地方政府在城镇化建设、公共产品供应与地方治理中扮演更重要的角色，肩负着重要的行政职能，负担着教育、卫生、养老、医疗等公共服务的供给。1995年，地方政府财政支出占全国财政支出的比重为 70.8%，而 2012 年已经增加到 85.1%，可见非对称性财政分权导致地方财政压力逐年上升。[②] 地方政府在提供公共服务方面便显得力不从心，最终使地方政府负担过重，远远无法实现财权与事权的匹配。由此也使得地方政府的自主性、积极性受到打击。

（3）法律层面的缺失（非法制化）

从其他国家的制度实践来看，宪法已经成为中央与地方财权事权匹配的终极保障。在我国目前的宪法中，涉及财权事权匹配的相应规定存在缺失。目前财权与事权由不同部门负责，能否协调统一有其不确定性。根据规划，2020 年会形成清晰框架。根据 2016 年 8 月颁发的国发 49 号文《国务院关于推进中央与地方财政事权和支出责任划分改革的指导意见》（本文以下简称《意见》），财政部、中央编办等有关部门主要负责组织、协调、指导、督促推进中央与地方财政事权和支出责任划分改革工作。从 2016 年开始，一些省份相继出台了省一级的事权与支出责任改革方案等，财权与事权的划分改

---

① 韩旭：《调整事权划分：央地关系思辨及其改善路径》，《探索》2016 年第 6 期。

② 数据来源：地方财政研究网，http：//www.dfczyj.com/Article/ShowArticle.asp？ArticleID = 968。

革算是有了实质性的进展，后面将需要最顶层设计将权责范围真正划分清楚。这将需要财政部与负责各级政府之间责权配置的中编办等各部门通力合作。

按照《意见》规划，2017～2018 年的主要任务是总结教育、交通运输、环保、医疗卫生等基本公共服务领域中，中央与地方财权事权划分的改革经验，结合实际、循序渐进，争取在相关领域取得突破性进展。参照中央改革进程，加快推进省级以下相关领域财政事权和支出责任划分改革。2019～2020 年要基本完成主要领域改革，形成中央与地方财政事权和支出责任划分的清晰框架。

（4）转移支付与目标偏离

我国从 1994 年开始了分税制改革，希望借此来加强中央的财政能力扭转包干制财政体制下中央式微、地方主义盛行的局面，增强中央对地方政府的管控能力，改变中央政府的被动局面。分税制改革将税权大量集中到中央手上，虽然扭转了曾经“弱中央”的困局，但由于一直以来缺乏制度性的事权机制，对地方的管制始终没有跳出“一放就乱，一收就死”的怪圈，并导致了区域间的财政失衡现象。财政转移支付制度旨在通过中央政府对财政资金的再分配，弥补这种财政失衡，促进整体经济的均衡发展，实现公共服务水平的均等化。尤其在“营改增”之后，中央的转移支付成为地方收入的重要来源，弥补地方政府财政能力之不足。我国财政性转移支付主要有一般性转移支付、专项转移支付和税收返还等。财政转移支付制度的初衷，理论上是实现公共服务的均等化，但是我国的财政转移支付制度，还牵扯到部分政治博弈因素。分税制改革将财权向中央的集中，触动地方政府的利益，不免引起地方政府的不满和抵触。中央需要争取地方的支持，通过谈判，财政转移支付制度被提出。作为双方博弈的产物，相关的制度设计在公平合理性上不免有所欠缺，如税收返还的方法采取了基数法，并以 1993 年的税收为基数，按同一比例对所有地区实施税收返还。作为谈判的结果，该制度会向谈判能力强的地方倾斜。另外，我国的财政转移支付，尤其是一般性转移支付，对转移支付的条件缺乏明确的法律依据。这种情况下可能的结果就是对财政资金的浪费，对部分地区的不公平，以及造成“会哭的孩子有奶吃”的现象。[①]

2. 地方债风险加剧

地方政府债务在促进区域经济发展和基础设施建设等方面起到了积极作用，但随着地方财政收支差距拉大，部分地方政府偿债能力下降，违法违规担保融资等潜在风险逐步暴露。对地方政府债务及隐性债务的范围，理论和实践中都存在分歧。一般认为，地方债务分为两个层面：一是符合中央规范并被纳入地方财政预算的各类融资属于直接负债；二是隐性负债，指不被现行法规和政府合同承认为地方政府债务，但公众、市场或交易对象认为地方政府应当承担偿付的责任。

（1）直接负债

依据 2014 年《中华人民共和国预算法》（本文以下简称《预算法》）的规定，发行地方政府债券是合法的举债形式，除此以外，地方政府及其所属部门不得以任何方式举借债务。从零星公布的官方数据上，地方政府负有直接偿还责任的债务余额在 2010 年年末、2014 年年末和 2016 年年末分别为 10.72 万亿元、15.4 万亿元和 15.32 万亿元。2010 年年末和 2016 年年末的地方政府债务率（债务余额/综合财力）分别为 70.45% 和 80.5%，2015 年以来基本保持稳定。

（2）隐形负债

隐形负债又称“影子债务”，一般指没有记录在资产负债表内，但是随着时间的推移或者某种因素的改变而显性化的债务。包括地方政府担保债务、地方金融机构的呆坏账、拖欠工程款的债务等，隐形负债不仅是对维护政府信用的挑战，而且在出现金融机构清算等情况时地方政府将承担资产损失。这些债务缺少有效、统一的监测、管理制度，隐蔽性强，已成为中国地方债务风险的重灾区。面对已有的政策约束，部分金融机构和政府共同谋划，在融资模式上进行了诸多自主“创新”的违规操作，以实现监管套利。

---

① 韩兴华：《财政转移支付公平与央地关系法治化辨析》，《郑州大学学报》（哲学社会科学版）2015 年第 3 期。

地方政府实现隐性债务扩张的途径很多，从近几年的实践经验来看，最值得关注的是PPP模式和政府产业引导基金的异化。从PPP方面来看，中央本意是希望通过PPP模式的推广，来减轻地方政府的融资负担，化解地方政府债务风险；地方需要利用PPP模式来实现投资建设和稳增长。2014年国务院出台43号文之后，地方政府融资平台的“旁门”被堵，地方发债的正门对较低层级的地方政府而言门槛较高，所以许多地方政府有动力通过PPP来进行融资。① 但是部分地方政府利用PPP模式变相违规举债、违法违规异化政府购买服务，导致地方隐形债务的增长。

过去几年，地方政府负债的增加速度远超中央政府，是政府债务增加的主力军。根据官方数据计算：地方政府债务从2012年年底的9.62万亿增加到了2015年年末的16万亿，3年时间增加了约6.38万亿，同期中央政府债务只增加了约1.23万亿。② 2016年12月23日，审计署审计长胡泽君在全国人大常务会所做的报告中明确表示，坚决打消地方政府中央会埋单的“幻觉”，坚决打消金融机构地方兜底的“幻觉”。截至2017年12月底，全国地方政府债务余额164706亿元，与十二届全国人大五次会议审批批准的2017年全国地方政府债务限额188174.3亿元相比，全国地方政府债务余额控制在限额之内，但已经接近限额。③

地方政府债务主要是由于个别地方政府通过融资平台公司、PPP、政府投资基金、政府购买服务等方式违法违规或变相举债形成，其可能会引起的系统性金融性风险已不容忽视。为此，财政部表示，除适度增加地方政府债务限额外，督察地方政府规范运用PPP、政府投资基金等方式成为重中之重。

3. 土地财政转型

分税制改革将土地收益划给了地方政府，虽然当时规模很小，却将地方

① 曾刚：《地方债务新趋势与应对》，《中国金融》2017年第12期。

② 《各省地方债务揭秘：江苏负债万亿贵州破红线》，新浪财经，http：//cj. sina. com. cn/article/detail/3182600947/105086？column = china&ch =9。

③ 《2017年年末地方政府债务余额逾16万亿元》，经济日报，http：//paper. ce. cn/jjrb/html/2018 -01/18/content_ 354021. htm。

政府推向了“土地财政”的道路。1998 年的住房制度改革和 2003 年的土地招（标）拍（卖）挂（牌）让“土地财政”制度不断完善。分税制改革之后，尽管税收分成大减，但依靠急剧膨胀的“土地财政”，地方政府迅速致富，并以前所未有的速度积累起原始资本和信用基础。以前在城市基础设施上的欠账不仅还清，甚至还有一些超前。中国众多城市，排山倒海般崛起①，速度令世界叹为观止。

但是，地方政府不仅在土地转让中获得了大量收入，还通过财政担保、土地抵押等方式在银行获取巨额贷款，产生的潜在财政和金融风险引起了普遍关注。“土地财政”已经成为影响我国宏观经济运行的突出问题之一。

社会资金、逐利资本集中涌入房地产业，造成房地产业的“一支独大”。国民产业间的收益结构遭到扭曲，实体经济资源被大量挤占，个人住房贷款增长速度迅猛，消费信贷违约风险提高。“土地财政”导致开发商拿地价格上涨，并将高昂的土地成本转嫁给购房者，房价节节攀升。社会贫富差距进一步拉大。土地财政支持下的地方融资平台加大了信贷风险隐患。地方政府以土地经营来为其投融资平台提供担保，从金融机构获得大量信贷资本，同时将大量信贷资本又用于基础设施建设，以支撑土地开发，形成投资规模大、回收期长、具有明显结构性风险的“土地滚动开发”项目。金融机构多头授信，政府信用额度膨胀，共同造成了地方政府资金偿还难度增大的风险。②

事权、财权不对称的政府利益博弈，也影响国家宏观调控政策的实施。营业税曾经是地方主体税种，但随着“营改增”的全面推广，营业税已经消失，是否重新确立新的主体税种成为目前亟待解决的问题。而卖地俨然成了地方财政的主要收入来源；为遏制房价上涨，近年来中央政府出台了严厉的调控措施，习近平总书记在党的十九大报告中再次强调“房子是用来住的，不是用来炒的”。然而，土地财政已经与房地产行业形成了很强的依赖关系，严控房价势必会影响到地方政府的财政收入。

① 赵燕菁：《土地财政：历史、逻辑与抉择》，《城市发展研究》2014 年第 1 期。

② 乔天锋、任亚娟、李保东：《地方土地财政与金融风险》2017 年第 16 期。

寻求一种可持续、规范化的融资方式是地方政府在新一轮城镇化推进时期内亟待解决的问题。后土地财政时代，土地财政难以为继，PPP 模式成为地方政府拓宽融资渠道的新手段。在这样的大背景下，PPP 模式为应对地方政府财政资金缺口大和土地财政转型提供了可能。①

（二）2017财税体制发展

深化财税体制改革、建立现代财政制度是党的十八届三中全会上明确提出的要求和目标。2014 年中央政治局会议审议通过了《深化财税体制改革总体方案》（以下简称《方案》），明确了我国财政税收体制改革的总体思路、任务改革重点以及时间安排。现代财政制度在体系上应建立统一完整、法制规范、公开透明、运行高效的预算制度，社会公平、市场统一、调节有力的税收制度，中央和地方事权与支出责任相适应的制度。深化财税体制改革的重点工作和任务在 2016 年基本完成，现代财政制度在 2020 年基本建立。

1. 调整中央和地方政府间财政关系

调整中央和地方政府间财政关系是财税体制改革的重要任务之一，保持中央和地方收入格局大体稳定，是解决央地关系的前提，对中央和地方收入划分进一步理顺，合理划分政府间事权和支出责任，促进权力和责任相统一、事权和财权相统一，建立事权和支出责任相适应的制度。目前，中央和地方事权划分存在事权划分缺乏法律规范、不清晰、不合理、执行不规范等问题，但国务院自 2013 年以来推动的行政审批制度改革令各级政府在基本公共服务方面已经形成了“权力清单”、“责任清单”和“收费清单”，在此基础上，稍加整理，即可形成一个相对清晰的事权体系。

在“营改增”之后，应当同步构建新的地方收入体系。研究表明，中央的稳定给付、能体现地方努力的地方税体系、作为合理补充的费用和基

① 朱新现：《新型城镇化融资方式的转变——从土地财政到 PPP 模式》，《福建商业高等专科学校学报》2015 年第 3 期。

金、受到严格规制的地方债和 PPP 是组成合理的地方收入体系的四大部分。需要在综合考虑保证地方政府正常履职的前提下，逐步加大中央转移支付力度，规范转移支付支出标准，进而与地方自主收入共同形成相关财力保障。另外，应完善财政转移支付监督机制等具体的制度设计。从长远来看，应促进转移支付的制度化、法制化。

2. 深化税收制度改革

目前我国已实现营改增、资源税、环保税方面的改革，但个税、消费税、房地产税仍在路上，可以说十八届三中全会提出的“从间接税为主转向直接税为主”、重点改革“六税一法”的蓝图仅实现了一半。

2017 年财税部门积极配合国家宏观经济调整与发展的需要，大力实施减税降费，助力供给侧结构性改革。推出了《国家税务总局关于增值税发票开具有关问题的公告》（2017 年第 16 号）、《关于简并增值税税率有关政策的通知》（财税〔2017〕37 号）、《关于扩大小型微利企业所得税优惠政策范围的通知》（财税〔2017〕43 号）；进一步规范增值税管理，简并增值税税率，还全面清理了政府性基金、取消 35 项事业性收费、将享受企业所得税减半征收的小微企业的起征点由 30 万元调高到 50 万元、将科技型中小企业研发费用加计扣除的比例由 50% 提高到 75%、下调社保缴费率等。简化增值税税率结构，由四档税率简并至三档。深化资源税改革，扩大水资源税改革试点范围。2017 年 12 月 22 日《国务院关于环境保护税收入归属问题的通知》中将直接向环境排放应税污染物的企事业单位和其他生产经营者规定为环境保护税的纳税人，将环境保护税全部作为地方收入。

3. 改进预算管理制度

预算管理方面的改革进步尤为显著。

（1）实施了全口径预算

现在政府预算由一变为四，原来政府预算只有一般性公共预算，现在有了政府性基金预算、公共财政预算、社会保障预算、国有资本经营预算，形成了与现代财政管理制度相符合的复式预算体系。特别是 2014 年《预算法》的出台，更是规范了政府收支行为、大大提高了政府财务管理系统的科学性和法治化程度。在政府购买服务方面，财预〔2017〕87号文明确要求先预算后购买，不得把政府购买服务作为增加预算支出的依据。

（2）预算公开机制形成

围绕着预算公开，现在已经形成了一套比较合理的体制机制。近两年，各地政府预算公开的时间统一，内容非常详细，进步明显。

（3）预算规划更加长远

政府各部门的工作计划和资金安排，不再只考虑一年，从原先的“预算一年，一年预算”到现在实行了中期预算制度。未来会考虑3～5年更加长远的总体安排。

（4）政府会计制度方面改革进步很大

从收付实现制改为权责发生制，这是政府预算当中一个基础性制度改变，虽不动声色，却影响极大。① 为了适应权责发生制政府综合财务报告制度改革需要，2017年财政部专门印发了《政府会计制度——行政事业单位会计科目和报表》，规范行政事业单位的会计核算。

2017年国务院同意国家发改委《关于2017年深化经济体制改革重点工作的意见》，指出加大财政支出优化整合力度，清理一般公共预算中以收定支事项；深入推进政府预决算公开；制定中央部门购买服务指导性目录；建立健全各类公共资源出让收益管理和监督制度体系；加快制定出台政府会计准则制度，开展政府财务报告编制试点。

（三）中央政府改革决心的变化

（1）更加注重经济增长的质量

2017年12月6日，中共中央召开党外人士座谈会，征求对经济工作的意见和建议；12月8日，中共中央政治局召开会议，分析研究2018年经济工作。这两次会议都由习近平主持。两次会议反复强调中国经济发展的基本特征已由高速增长阶段转向高质量发展阶段，高质量发展是我们当前和今后

① 冯俏彬：《央地关系改革亟待深化》，《新理财（政府理财）》2017年第10期。

一个时期确定发展思路、制定经济政策、实施宏观调控的根本要求，必须深刻认识、全面领会、真正落实。

（2）更加注重长期的经济增长前景和可持续发展

中国的政策制定者过往总是表现出一种对于增长数字的迷恋和执着。而从本届领导人的态度看，增长数字的魔力开始减弱，习近平表示，“全面建成小康社会，不是‘数字游戏’或‘速度游戏’”，因此未来中国领导人可能更加注重长期的经济增长前景，而对于短期经济增速的略微下滑抱有更大的容忍度。除了 GDP，从今年官员的任免情况也可以看出，经济增长质量相关的因素已经开始被纳入考核指标体系，如环境保护。“宁要绿水青山，不要金山银山”，表明中国在关注经济增长的质量和可持续发展。

（3）注重实施区域协调发展战略

中央经济工作会议于 2017 年 12 月 18 日至 20 日在北京举行。习近平在会上发表重要讲话，总结党的十八大以来我国经济发展历程，分析当前经济形势，部署 2018 年经济工作。

这次会议对于区域协调发展有新的认识、新的政策导向、新的工作部署，具有前所未有的高度、广度、深度。从区域协调发展的战略重要性、涵盖内容、影响的深刻程度等多个维度，都可以说区域协调发展进入一个新时代。

区域协调发展的重点格局已经较为清晰。这就是以高质量发展为主线，“3 +4 +4”（三大战略/倡议、四大板块、四类需要扶持的地区）重点发展、城市群网络化协同、雄安新区与粤港澳大湾区南北呼应，区域协调性不断提升。

（4）更强的执行力和更坚定的决心

“十九大”后已经不断有关于深化改革和开放的政策成交。种种迹象表明，中国高层进行一轮新的国内改革与对外开放的决心坚定，预计未来还将不断有政策成交。如今的政府对政策的执行力也更强，改革的推行更加迅速、有力。2017 年 3 月，重庆依法处理个别区县违法违规举债担保行为，开了问责处分的先河，截至目前，已有重庆、山东、河南、湖北、贵州、江苏多个省份陆续对相关责任人进行问责处分。12月22日，财政部对外通报，江苏、贵州两省近期查实多起地方政府违法违规举债担保问题，除责令限期整改外，还对71名相关责任人进行了不同程度的处分。这个名单后续可能会更长。财政部表示，对涉嫌违法违规举债担保的其他地区和金融机构，待相关省级政府和监管部门依法依规处理后，财政部将及时通报处理结果，发挥典型案例警示作用。① 2017年，地方债监管更加严格，连续颁布多个文件对地方政府举债行为进行规范。2017年7月，全国金融工作会议更是明确提出，地方党委和政府官员要树立正确的政绩观，严控地方政府债务增量，贯彻终身问责和责任倒查制度。

五　PPP与宏观经济的发展关联性

从宏观角度看，PPP模式是社会和经济发展的新工具。本部分利用地理探测器的因子探测②，度量PPP模式和宏观经济之间的发展关联性。因子探测从统计学角度，分析某一区域两个属性（用因变量 Y 和自变量 X 表示）之间的紧密程度，并用 q 值进行度量，q 值表达式如下所示：

$$q = 1 - \frac{\sum_{i=1}^{n} N_i \sigma_i^2}{N\sigma^2}$$

式中 $i=1, 2, \cdots, n$ 表示自变量 X 的类别数；N 和 N_i 分别表示自变量 X 的总数量与第 i 类 X 的数量；σ^2 和 σ_i^2 表示所有 Y 的方差与第 i 类 X 所对应 Y 的方差。其基本原理是若两者关联度越大，则空间分布越相似，即对于自变量 X 来说，类别内的 Y 方差之和应小于类别间的 Y 方差之和，最终 q 值越大；反之，两者关联度越小，q 值越小。q 值在0到1之间。

① 《财政部：两省严肃处理违法违规举债担保问题》，人民网，http://finance.people.com.cn/n1/2017/1225/c1004-29726383.html。

② 王劲峰、徐成东：《地理探测器：原理与展望》，《地理学报》2017年第1期。

遵循数据的客观、真实与可获得原则，本报告选取 PPP 项目规模为自变量，表示 PPP 模式发展程度；选取 GDP 为因变量，表示宏观经济发展程度。基于明树数据的统计，本报告对 2014～2016 年我国 31 个省、自治区、直辖市的数据进行计算，并对自变量利用 SPSS 进行聚类，最终选取表 13 所示变量。

表 13　变量选取表

属性	变量	单位
PPP 模式发展程度	PPP 项目数量	K－均值聚类,无单位
	PPP 项目投资额	K－均值聚类,无单位
	PPP 项目数量增长率	K－均值聚类,无单位
	PPP 项目投资额增长率	K－均值聚类,无单位
宏观经济发展程度	GDP	亿元
	GDP 增长率	%

本部分从项目数量和投资额的角度，依次度量 PPP 项目规模和 GDP、项目规模增长率和 GDP 增长率之间的紧密程度，最终因子探测结果如图 8 和图 9 所示。由结果可知，无论是项目数量还是投资额，PPP 项目规模和 GDP、项目规模增长率和 GDP 增长率之间的 4 组 q 值均逐年递减，表明上述变量间的关联性逐渐减弱。

由此可见，2014～2016 年，PPP 模式与宏观经济的发展关联性越来越弱，PPP 模式的发展逐渐偏离宏观经济的发展要求。这几年逐渐浮现的变相融资、不合理风险分担等违规行为导致 PPP 模式对经济增长产生负面效应。而 2017 年，PPP 项目规模增长势头大幅放缓，“规范”成为发展的主旨。这一年，中央和地方出台多项政策，对 PPP 项目信息公开、政府举债等内容进行严格把控，规范项目运作，保证 PPP 模式发挥积极的正向效应，促进经济健康增长。总体来看，PPP 模式对宏观经济发展的意义，可以体现在以下三个方面：加快供给侧结构性改革，促进市场在资源配置中发挥作用；规范政府举债；助力“一带一路”。

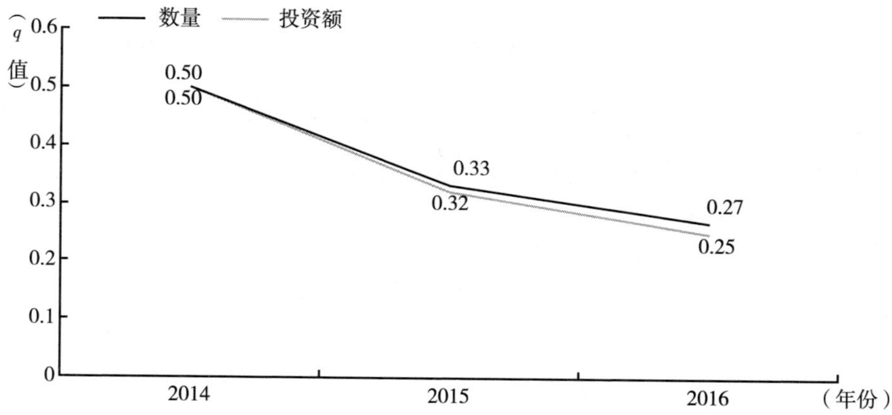

图 8　项目规模 q 值

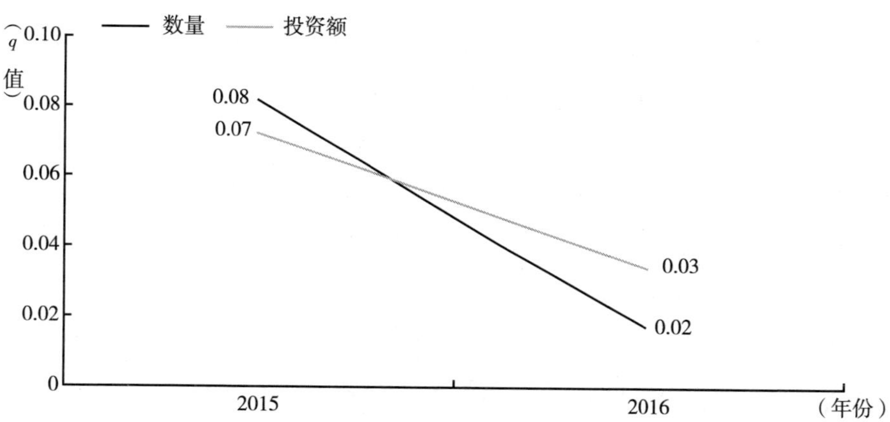

图 9　规模增长率 q 值

（一）加快供给侧结构性改革，促进市场在资源配置中发挥作用

一方面，PPP 模式通过在公共产品和服务领域引入社会资本，发挥其资金优势，由社会资本承担设计、建设、运营、维护基础设施的大部分工作，从而减少政府的财政负担，提高公共产品和服务的供给效率，并进一步发挥社会资本的技术优势、管理优势，提高公共产品和服务的供给质量。目前来看，PPP 模式是促进基础设施均等化、加快供给侧结构性改革

进程的重要工具。

另一方面，PPP 模式重构了政府和社会资本的关系。政府重新回归监管者的角色，不再承担担保等其他与监管角色无关的责任。政府信用在项目融资中的作用减弱，放贷标准逐渐回归社会资本实力和项目品质。政企边界不再模糊，按效付费具有了实施可能性，风险分担也逐渐遵循市场规律。[①] 就公共产品和服务领域来说，PPP 模式促进了市场在资源配置中发挥更大的作用。

（二）规范政府举债

1. PPP 模式是规范政府举债的有效工具

近年来，为缓解地方政府债务压力，中央出台的经济政策包括土地财政、政府融资平台、政府购买服务以及 PPP 模式等。其他三项政策虽然解决了融资问题，但都不可避免地带来了政府债务风险。

土地财政通过对政府手中土地资源的利用，成就了中国城市化的高速发展，但一线、二线城市土地短缺，三线、四线城市土地冗余的矛盾现状反映出土地财政的不可持续。政府融资平台公司对政府的高度依赖及其在行业内的垄断地位，导致平台公司很难有足够的内在动力提升投资建设运营水平。部分平台公司虽然表面上不再承担政府融资职能，但其法人治理机构并没有改变，党政领导依然参与公司经营，仅仅实现了债务风险在显性和隐性之间的转换，并没有从根本上缓解政府债务压力。[②] 政府购买服务作为一种市场化行为，对购买服务承接主体的要求相比于 PPP 项目中社会资本的要求更为宽松，再加上购买服务支出不作为政府债务，不受“PPP 项目不超过一般公共预算支出 10%”的限制，采购流程简单，导致一些地方政府借政府购买服务之名进行变相融资。这

---

① 金永祥、赵克进、宋雅琴：【重磅】《中国式 PPP 的使命和出路》，搜狐财经网，http://www.sohu.com/a/211442175_480400。

② 王东红、刘金林：《开发性金融视角的我国地方政府投融资平台产生机理研究》，《宏观经济研究》2017 年第 1 期。

些规避 PPP 监管的伪政府购买服务项目无疑会加大政府的债务负担和财政风险。

反观 PPP 模式，项目前期的物有所值评价和财政承受能力论证能够有效控制政府支出，加强公共预算管理。PPP 模式中的竞争性采购方式，可以避免不合格的平台公司成为 PPP 项目中的合作伙伴，从而规避政府隐性债务风险。其他经济政策的一个共同假设是政府是无风险的，但实际上政府替企业承担了大部分风险，这实质上是制造和放大了风险。PPP 模式正视了这一问题，在合作伙伴关系中强调风险共担。综合来看，虽然当前的 PPP 模式发展不够完善，但相对而言，其仍然是一种规范政府举债的有效工具。

2. 强力监管促使 PPP 模式的作用更加有效

自 2014 年 PPP 模式得到大力推广以来，以国务院、财政部和国家发改委为主的中央部委在 PPP 项目监管层面做出了巨大努力。目前，财政部 PPP 综合信息平台在推动 PPP 项目信息公开方面成效显著。信息公开使得 PPP 模式的各种问题暴露出来，增加了政府违规举债的成本，迫使政府合法合规地采用 PPP 模式进行融资。另外，项目库和机构库的相关信息为政府和社会资本提供辅助决策功能，有利于双向选择合适的合作伙伴，进一步促使项目成功，达到减少政府支出的目的。

（三）助力“一带一路”

1. PPP 模式契合“一带一路”的发展需求

“一带一路”中最具战略优势的是基础设施建设投资。国家发改委、外交部、商务部 2015 年联合发布的《推动共建丝绸之路经济带和 21 世纪海上丝绸之路的愿景与行动》一文中明确提出，基础设施互联互通是“一带一路”建设的优先领域，在尊重相关国家主权和安全关切的基础上，沿线国家宜加强基础设施建设规划、技术标准体系的对接，共同推进国际骨干通道建设，逐步形成连接亚洲各次区域以及亚欧非的基础设施网络。

一方面，“一带一路”必将产生大量的基础设施建设，但单纯的财政体系并不能满足基础设施建设的资金需求；另一方面，基础设施的公益性也决定了其不可能全部由社会资本承担。PPP 模式作为一种市场化的公共产品和服务供给方式，能够在基础设施领域发挥社会资本的资金、技术、管理和运营优势，并因此得以缓解政府财政压力，弥补投资不足，提高基础设施供给效率和质量，克服传统“公建公营”模式的弊端。毫无疑问，PPP 模式将成为沿线国共建“一带一路”，特别是促进基础设施互联互通的重要推动力。

2. “一带一路”沿线国 PPP 模式应用现状

目前来看，“一带一路”沿线国家的基础设施现状并不理想，主要分为三种类型：基础设施发展落后、基础设施需要更新和基础设施亟待重修。沿线的蒙古国、缅甸、老挝等国家经济基础较差，城镇化程度与基础设施水平均较差，这一类国家对基础设施的诉求较高；而以俄罗斯、捷克、匈牙利等为代表的发达国家，基础设施建成较早，目前普遍面临着更新换代。以俄罗斯为例，其交通运输、能源等领域的基础设施，主要是在苏联时期建成，已经难以满足当前日益增长的发展需求。[①] 最后一种类型包括叙利亚、伊拉克、阿富汗、乌克兰等国家，这些国家经过常年战乱，基础设施破坏严重，亟待重建和整修。因此，“一带一路”沿线国对基础设施建设的需求普遍较大。

PPP 模式在“一带一路”沿线国已有应用先例。根据 PPP 知乎数据统计[②]，截至 2017 年 4 月底，“一带一路”沿线 64 个国家 PPP 项目总计 865 个，总投资约 5029 亿美元，各区域 PPP 项目规模如图 10 所示。其中，东盟 10 国包括新加坡、马来西亚、印度尼西亚、缅甸、泰国、老挝、柬埔寨、越南、文莱和菲律宾，西亚 18 国包括伊朗、伊拉克、土耳其、叙利亚、约旦、黎巴嫩、以色列、巴勒斯坦、沙特阿拉伯、也门、阿曼、阿联酋、卡塔尔、科威特、巴林、希腊、塞浦路斯和埃及的西奈半岛，南亚 8 国包括印

① 张一鸣：透视 PPP ｜孟春：《对接“一带一路”PPP 模式具天然优势》，新浪财经，http：//finance. sina. com. cn/roll/2017 –01 –05/doc – ifxzkhfx4673646. shtml。

② 肖光睿、王忆南：【独家】《“数”说一带一路 PPP 机会》（上），微信公众号“PPP 知乎”2017 年 5 月 13 日，https：//mp. weixin. qq. com/s? _ _ biz = MjM5NzUxNTgwOA = = &mid = 2652506781&idx = 1&sn = 25cd3ef3dda43c77140f0cc585fc112e&chksm = bd366dd28a41e4c4855a1ab179823c46b97864943f6e23d5cc83b953803cc6bdb012ec188ada#rd。

度、巴基斯坦、孟加拉、阿富汗、斯里兰卡、马尔代夫、尼泊尔和不丹，中亚 5 国包括哈萨克斯坦、乌兹别克斯坦、土库曼斯坦、塔吉克斯坦和吉尔吉斯斯坦，独联体 7 国包括俄罗斯、乌克兰、白俄罗斯、格鲁吉亚、阿塞拜疆、亚美尼亚和摩尔多瓦，中东欧 16 国包括波兰、立陶宛、爱沙尼亚、拉脱维亚、捷克、斯洛伐克、匈牙利、斯洛文尼亚、克罗地亚、波黑、黑山、塞尔维亚、阿尔巴尼亚、罗马尼亚、保加利亚和马其顿。

数据显示，南亚 8 国的 PPP 项目总规模较大，独联体 7 国的单体项目规模较大。从单个国家来看，印度、希腊、土耳其、菲律宾和俄罗斯的项目数量较多，分别为 376 个、72 个、54 个、42 个和 41 个，总计 585 个，约占“一带一路”沿线国家 PPP 项目总数量的 68%。其中仅印度一国的 PPP 项目数量就超过“一带一路”沿线国家 PPP 项目总数量的三分之一。

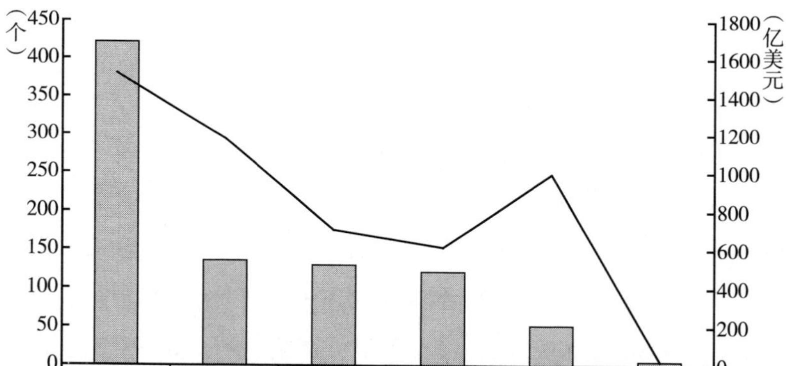

	南亚8国	东盟10国	西亚18国	中东欧16国	独联体7国	中亚5国
项目数量	420	135	131	122	51	6
—— 项目规模	1526	1175	707	607	992	21

图 10　“一带一路”沿线国 PPP 项目规模统计

从行业分布来看，“一带一路”沿线 64 个国家的 PPP 项目大致分布在油气、电力、安居工程、通信、交通运输、水利和采矿领域，行业分布情况如图 11 所示。除存量项目外，项目数量占比位居前三位的行业为：交通运输行业、电力行业和油气行业。交通运输和电力是地区发展的基本保障，沿线国家中科威特、阿联酋、俄罗斯等国家油气储备丰富，因此该三个行业 PPP 项目数量较多。

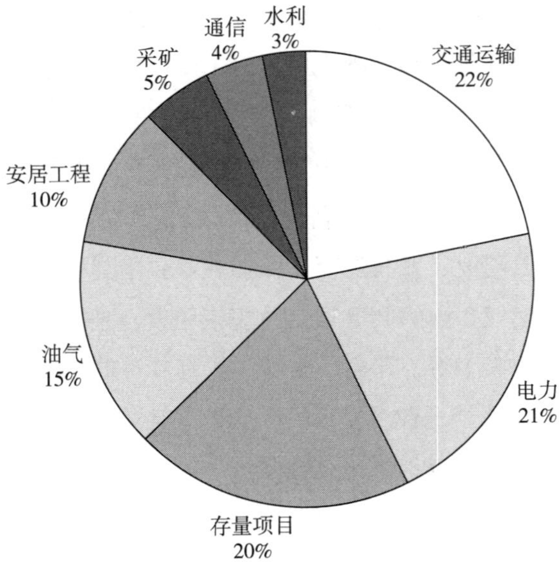

图 11　"一带一路"沿线国 PPP 项目数量行业分布情况

总体来看，"一带一路"沿线国家的基础设施建设蕴藏着巨大商业机会，中国企业"走出去"的速度将越来越快。例如，2017 年中国铁建参与的以色列特拉维夫"红线轻轨"运营维护项目，在中国企业海外承包项目中具有较大影响力。该项目合同额约 3.4 亿美元，合约期为 14 年（4 年动员期和 10 年运营期），之后设有 6 年可选期，计划于 2021 年正式开通运营，采用"运营 + 维护"模式对"红线轻轨"进行管理。这是中国企业首次参与发达国家城市轨道交通运营维护，一举打破了西方国家运营商对发达国家城市轨道交通系统的运营垄断，实现了中国企业"设计 + 施工 + 运营维护"全产业的"走出去"。①

3. 中国企业面临的挑战与应对策略

国内 PPP 的快速发展也仅仅自 2014 年开始，经验仍旧不足。中国企业参与"一带一路"沿线国 PPP 项目将面临诸多挑战，主要包括各国 PPP 法

① 《中国铁建签约以色列轻轨项目系中企首次参与发达国家城轨交通运营》，国务院国有资产监督管理委员会官网，http：//www. sasac. gov. cn/n2588025/n2588124/c8208809/content. html。

律制度差异较大，企业国际化不足导致的对东道国风土人情、技术标准等投资环境的不熟悉，以及政治风险、经济风险、社会风险在内的多种风险。针对以上投资环境特点，对中国企业参与“一带一路”沿线国 PPP 项目提出如下建议。

首先，要充分了解东道国的 PPP 政策。由于现阶段发展中国家的 PPP 模式主要是自上而下由政府主导的，无论是宏观层面的推广型政策还是项目层面的规范和指导型政策，都对项目的成败产生决定性的影响。政策分析有助于中国企业全面把握东道国的 PPP 市场需求，紧跟发展导向，规避项目风险。

其次，注重分析当地国情。做好东道国的产业结构、经济发展特点、自然资源储备、风俗文化、技术标准、项目审批流程等方面的前期调查，因地制宜地运用 PPP 模式。结合区域和项目特点，合理设计项目交易结构、合同体系、运作方式、回报机制、退出机制等内容。迅速适应东道国的投资环境，加快本土化进程。

最后，做好风险防控工作。走出国门之后，中国企业的身份转变为纯粹的“外资企业”。在国内易识别、易控制、易转移的风险在国外影响程度将会陡增，乃至关乎项目成败和企业生死。例如政权更迭导致的政治风险、地方政府财政承受能力不足导致的经济风险、宗教信仰差异导致的社会风险等。中国企业在充分掌握东道国 PPP 政策和国情的基础上，应重视项目前期论证、合同签订与履约过程中的风险控制，并进一步发挥多边金融合作机制，广泛分担风险。[①]

① 罗煜、王芳、陈熙：《制度质量和国际金融机构如何影响 PPP 项目的成效——基于“一带一路”46 国经验数据的研究》，《金融研究》2017 年第 4 期。

B.3
2018年中国 PPP 发展展望

肖光睿　袁竞峰*

摘　要： 总体来看，2018 年会是 PPP 模式的规范发展关键年、可持续发展关键年，规范、完善是主旋律。发展增速放缓，质量逐步提升；政策法律层面的顶层设计会加速推进，央企政策收紧，鼓励民间资本参与，完善 PPP 金融政策，推进信息的公开，促进市场透明；预计 2018 年的 PPP 市场中政府付费减少、关注绩效评价，国企市场广阔、民企机遇凸显，市政项目递减、环保领域升温，对咨询机构要求提高，PPP 与“一带一路”的联系也将会更加紧密。

关键词： 中国 PPP　规范发展　可持续发展　顶层设计

一　PPP 政策、法律的规范、完善是主旋律

（一）顶层设计加速推进

PPP 立法有望在 2018 年实现。国家层面的 PPP 管理政策将侧重于后期的完善。后期将会出台中期评估政策、项目监管政策、资产移交政策，以期完善 PPP 运作机制。

---

* 肖光睿，北京明树数据科技有限公司总经理，亚洲开发银行前高级 PPP 官员，国家发改委 PPP 专家库专家，财政部 PPP 专家库专家，国际项目融资协会亚洲区理事。袁竞峰，东南大学土木工程学院建设与房地产系副主任，东南大学 PPP 国际研究中心常务副主任，国家发改委 PPP 专家库专家，财政部 PPP 专家库专家。

（二）央企政策收紧，鼓励民间资本参与

规范国企参与 PPP 的行为，对央企在本轮 PPP 热潮中过热投资、非规范投资进行约束，强调防风险、控负债。鼓励民间资本参与 PPP 项目，从政策层面创造民间资本参与 PPP 项目的良好环境，尤其鼓励民营企业运用 PPP 模式盘活存量资产。

（三）制止违法融资，完善 PPP 金融政策

严守 10% 红线，控制地方债务风险，打击违法、违规融资。资产证券化、项目收益债、PPP 股权交易所等方面的金融政策将不断完善，着力降低 PPP 项目融资成本。

（四）推进信息的公开，促进市场透明

推进政府和社会资本合作项目信息公开。全面公开 PPP 相关法律法规、政策文件、项目进展、专家库等信息，做好项目准备、实施等阶段的信息公开工作。

二　PPP 管理机制发展展望

（一）制度改革加快，专项立法初见成效

现行法律法规、相关制度与 PPP 模式存在一定的不兼容性，其中最为突出的就是价格制度。这一点在供水、污水处理、垃圾焚烧发电、轨道交通等领域尤其突出，此类 PPP 项目的回报机制多设置了与项目运营成本挂钩的调价机制，然而当前公共服务调价十分困难，一旦调价失败，多数情况下政府都需要承担结算风险。如果公用事业和公共服务的价格调整机制不能到位，PPP 项目的长期可持续发展将面临极大的风险。

国家发改委、财政部针对 PPP 模式分别提出了“特许经营法”和“PPP 法”，但立法工作本身也体现出共识不足、分歧明显及多有重复等问题。随

着李克强总理的一锤定音，PPP 领域的立法“两法合一”，将由国务院法制办统一主导，清华大学教授、政企合作（PPP）研究室主任王守清认为，结合 PPP 模式和基础设施的自身特点及 PPP 在中国的应用历史和发展现状，设立符合中国国情的 PPP 专项法律，做到有法可依是 PPP 可持续发展的一大关键。

（二）政府付费减少，关注绩效评价

对政府地方债务、政府购买服务以及 PPP 模式的进一步规范，会使得 2018 年完全政府付费类的 PPP 项目减少，但是由于 PPP 项目一般提供公共产品，具有一定的公益性，完全能够采用使用者付费的项目少之又少，因而完全使用者付费并不会因此而大幅增多。可行性缺口补助类会继续占据较高的比例，以少量财政性支出带动较大投资的项目，起到“四两拨千斤”的作用。同时，一些政府付费类 PPP 项目会尝试通过政府性基金支出的方式扩大 PPP 项目的推进。

当前无论是财政部“两评”还是国家发改委主推的可行性评价，均为项目前期评价，与项目运营过程相关的绩效考核相对较少，对项目移交的考核则几乎没有规定。PPP 项目全生命周期包含设计、融资、建设、运营维护等不同阶段，其项目周期至少为 10 年，有的项目长达 30 年甚至更长时间。只有不断拓展 PPP 绩效内涵范围，将项目绩效与付费机制有机地结合在一起，才能够进一步推动 PPP 的可持续发展。

（三）融资平台转型，改革走上正轨

《国家发展改革委关于鼓励民间资本参与政府和社会资本合作（PPP）项目的指导意见》中明确鼓励民营企业或相互合作，或与国有企业以及外商投资企业等合作，发挥不同企业优势，积极参与 PPP 项目。而政府融资平台能够通过资产注入，股权划拨，资产划转、置换、剥离改制转型，建立现代企业制度，成为市场化主体，作为社会资本参与 PPP 项目。

三　PPP市场发展展望

（一）发展增速放缓，质量逐步提升

从近期财政部、国家发改委相关政策文件可以看出，2018年将是PPP平稳发展的一年，更加注重存量的管控，整体热度将递减。另外，虽然国家逐步放松对民企的管控力度，在政策方面有所倾斜，但短时间内PPP项目的大格局难以发生变化，民企也无法填补央企的收紧所带来的市场空间。而这一段民企大规模介入PPP市场的空窗期，其持续时间的长短现在还难以预计，央企市场占有率的骤减必将导致PPP市场总体发展步调的放缓。但是，我国公共服务与公共产品缺口是客观存在的，而PPP模式始终是公共产品供给的一大法宝。相信随着PPP专项法规的出台、市场的进一步规范、金融市场的进一步认可，PPP可持续发展的未来是可以预期的。

PPP模式的快速扩张，已经开始偏离宏观经济的发展要求。虽然PPP模式是公共产品和服务领域推进供给侧结构性改革和规范政府举债的有效工具，但一些项目中同样存在政府保底承诺、回购安排、明股实债等变相融资行为。因此，在继续推广PPP模式的同时，应该强调规范发展，发挥PPP模式对宏观经济发展的正向效应。未来几年，PPP模式即将进入规制阶段，PPP模式发展将由“重数量”逐渐转变为“重质量”。

（二）提升政府诚信，提倡契约精神

今年多个政策强调加强社会信用体系建设，建立守信联合激励对象和失信联合惩戒对象名单制度。落实关于加强政务诚信建设的指导意见，完善政府守信践诺机制。《关于鼓励民间资本参与政府和社会资本合作（PPP）项目的指导意见》中提到，建立健全PPP项目守信践诺机制，政府方要严格

履行各项约定义务，做出履约守信表率……民营企业也要认真履行合同，持续稳定提供高质量且成本合理的公共产品和服务。从政府与社会资本两个方面促进 PPP 项目信用体系制度的建立并纳入全国信用信息共享平台，通过“信用中国”等网络信息平台公示 PPP 项目各方信用记录，供各部门、各地区共享，建立黑名单制度，开展联合惩戒。2018 年有望在政府信用度监督和公开方面进一步提升，倒逼地方政府珍惜自身信用。

（三）对咨询机构要求提高，看好全过程咨询

2017 年“工程咨询单位资格”的认定被取消，关于 PPP 咨询服务是否需要咨询资质的争论也基本告一段落。咨询成果质量终身负责制的实行，促使市场对咨询人员要求趋高，成熟的团队及跨专业背景的咨询人员将继续绽放异彩。全过程咨询将成为一种趋势，服务会在面上变广、点上变深，中期评估和绩效评价等业务也即将到来，脚踏实地、立足客户的综合性机构方能走得更远。[①]

（四）国企市场广阔、民企机遇凸显

央企在传统行业占据主导地位，尤其在 PPP 市场竞争中有绝对的优势，随着中央进一步收缩央企的 PPP 参与范围，短时间内不会产生很多能够超越央企的民营企业；地方融资平台的不断转型，使得 2018 年地方新国企（包括转型改制的融资平台公司、地方市场化运作的国有企业）也会发力进入 PPP 项目的运作，未来地方国企将逐渐代替央企成为 PPP 市场的主力军。

同时，民营企业也会积极筹备，介入更多的 PPP 项目，能够借势发力 PPP 项目的民企，也只会是一些为数不多的实力较强的民营建企，尤其是一些具有专业化运营能力的民营企业，对于特定的 PPP 项目参与度会更高。在随后的 PPP 市场中央企与民营企业更多的可能性是走向合作，未来民营资本将会在 PPP 项目推进中发挥更为重要的作用。

① 顾凌波：《2018，PPP 将向何处去?》（大咖预测第一波）

（五）市政项目递减、环保领域升温

2017年国家制定的各项环保法律法规在不断地落实，相关的法律法规在不断地完善，相关部门也组织了环保检查、督查来确保具体措施的落实，国内绿色经济市场潜力巨大。数据显示，2016年全国节能、环保和资源循环利用三个行业产值已超过4.5万亿元。“十三五”期间规划的全社会环保投资将达17万亿元。由于国家收紧央企PPP项目，注重存量项目，市政类PPP项目迎来寒流，热度大减；反之，环保领域的PPP项目将逐步上升。[①]

四 “一带一路”战略落实

可以预测的是，2018年，PPP与“一带一路”的联系将会更加紧密。中国政府将完善“一带一路”PPP工作机制，与沿线国家在基础设施领域加强合作，加大PPP模式的推广力度。鼓励和帮助中国企业参与沿线国PPP项目，并给予更多的政策扶持。中国企业将积极应对“走出去”所面临的挑战，拓宽投融资渠道，重视国际交流合作，加强自身建设，推动“一带一路”基础设施项目尽快成交。

① 新浪财经，http：//finance.sina.com.cn/roll/2017-12-04/doc-ifyphtze3967372.shtml。

政 策 篇

Policy Reports

B.4

现行 PPP 政策解读

薛起堂　王 政　郭晓辉*

摘　要： 为鼓励和规范 PPP 的运行，从 2014 年开始，国务院和国家发改委、财政部等有关部委陆续出台了同政府和社会资本合作相关的文件若干份，本报告把最近几年同 PPP 相关的主要文件进行梳理，对重要的政策文件进行解读分析。

关键词： PPP　政策解读　PPP 风险管控

* 薛起堂，北京市惠诚律师事务所执行主任，国家发改委、财政部 PPP 专家库双库法律专家，中央财经大学政信研究院 PPP 智库专家。王政，北京市惠诚（苏州）律师事务所主任，中央财经大学政信研究院 PPP 智库专家。郭晓辉，中央财经大学在读博士。

一　PPP 政策概述

自 2014 年来 PPP 在我国被大力推广，目前，国内入库登记的 PPP 项目已接近 20 万亿元的规模。全国各地市、县几乎都有 PPP 项目在实施或将要实施。但由于 PPP 项目涉及领域多、涉及资金规模巨大，实践操作中存在不规范的现象，引发了各种各样的问题。为治理 PPP 领域的乱象，各部委就 PPP 领域出台了若干的部门规章和规范性文件，部分省份、城市也出台了相应的政府规章和规范性文件。由于缺乏统一的法律约束与管理，导致 PPP 领域规章和政策纷杂，有些甚至相互冲突矛盾，地方政府在 PPP 管理上无所适从，非 PPP 专业人士都无法厘清相关的法律和政策。因此，PPP 领域亟须统一立法和匹配条例颁布实施。

2016 年 7 月，国务院将 PPP 的统一立法权收归国务院法制办，使无法可依的困境出现可能被突破的转机。国务院法制办于 2017 年 7 月 21 日发布了《基础设施和公共服务领域政府和社会资本合作条例（征求意见稿）》，在社会范围内广泛征求各界意见，PPP 业内人士在 2017 年 8 月 22 日前各自提出了相关修改意见。

可见，PPP 领域正逐步朝规范化方向发展，只有规范了才能更好地发展。PPP 领域的规范和发展的一个重要因素就是要有统一的立法，有了统一的立法，各地政府、社会资本、咨询机构等 PPP 的参与各方才能有统一的操作标准，才能做到有法可依。但不可否认的是，目前形成的 PPP 政策体系为 2014 年以来 PPP 模式的爆炸式发展提供了政策基础，本报告通过对 2014 ~ 2017 年主要政策法规的梳理，对 PPP 领域的政策进行轮廓刻画。

当前，PPP 领域仍未出台统一的法律，制度体系主要由各部门下发意见、通知、决定、指引等组成。经整理，截至 2017 年 12 月 31 日，与 PPP 相关的法规达 250 多个，发文部门以中共中央办公厅、国务院、国家发展和改革委员会、财政部为主，其他的还有国有资产监督管理委员会、交通部、住房和城乡建设部等。在缺乏统一法律准绳的情况下，我国的 PPP 制度体系由零碎的规章制度构成。

二　对主要政策简单回顾以对已有政策文件进行梳理

（一）2014～2015年：提出和定义

2014 年 9 月，财政部出台了《财政部关于推广运用政府和社会资本合作模式有关问题的通知》（财金〔2014〕76 号文）使 PPP 模式第一次在部委层面获得了诠释和推广。自第 76 号文始，我国的 PPP 发展进入了快车道。与此同时，多部法律规章共同发力推动 PPP 快速发展。如《国务院关于创新重点领域投融资机制鼓励社会投资的指导意见》（国发〔2014〕60 号文）鼓励在重点领域利用 PPP 模式吸引社会资本；如国务院颁布的《国务院关于加强地方政府性债务管理的意见》（国发〔2014〕43 号文）明确要求剥离城投公司的政府融资职能，提出“推广使用政府与社会资本合作模式”。43 号文限制了地方政府通过城投公司进行融资，在未能发行地方政府债券时，PPP 模式是地方政府的优良选择。又如 2015 年 1 月 1 日实施的《中华人民共和国预算法》（本文以下简称《预算法》）对地方政府融资、担保、发债的法律约束同样强化了地方政府选择 PPP 的倾向。

之后，由财政部与国家发展和改革委员会两部门牵头出台了一系列的 PPP 政策法规。2014 年 11 月财政部颁布了《政府和社会资本合作模式操作指南（试行）》（财金〔2014〕113 号），国家发改委在 12 月颁布了《关于开展政府和社会资本合作的指导意见》（发改投资〔2014〕2724 号）从项目操作流程等多层次多维度为 PPP 项目运作实施提供指南和指导，为 PPP 在实践层面上奠定了法规基础。

2015 年 4 月，财政部颁布了《政府和社会资本合作项目财政承受能力论证指引》（财金〔2015〕21 号文），要求财政部门在识别和测算 PPP 项目全生命周期过程的财政支出责任后，采用定量和定性分析方法进行财政承受能力评估。文件规定，通过论证的项目要纳入预算，而未通过论证的项目则不能以 PPP 模式实现。将 PPP 项目纳入预算约束，规范通过以 PPP 模式实现的政府收支行为，对 PPP 项目进行财政支出管理，规范项目实施，防控财政风险，使 PPP 项目得以健康发展。

2015 年 3 月，国家发改委与国家开发银行联合发布《关于推进开发性金融支持政府和社会资本合作有关工作的通知》（发改投资〔2015〕445 号），要求加强与国家开发银行及其他金融机构的合作与交流，共享 PPP 项目的有关信息，通过协作形成合力，充分发挥金融尤其是开发性金融在 PPP 融资方面的积极作用。

2015 年是中央层面大力推动 PPP 模式之年。2015 年 4 月，财政部、国家发改委、住建部等六部委联合发布《基础设施和公用事业特许经营管理办法》（六部委令第 25 号文），《办法》界定了特许经营的含义、范围、形式、期限等多个内容。同时，《办法》强调特许经营的政府预算、绩效评价、运营监管等约束。该办法被认为是关于 PPP 问题上效力层级较高的文件。

同年 5 月，国家发改委、财政部、人民银行联合颁布了《关于在公共服务领域推广政府和社会资本合作模式指导意见》（国发办〔2015〕42 号）（本文以下简称《意见》）。《意见》指出了在公共服务领域鼓励使用 PPP 模式的范围如能源、交通运输、水利、环境保护、农业、林业、科技、保障性安居工程、医疗、卫生、养老、教育、文化等，以此作为吸引社会资本、提高公共服务水平的手段。除此之外，《意见》对 PPP 项目在实施过程中的总体要求、制度体系、实施路径、政策保障、组织实施进行了细化说明。业界普遍认为，《意见》中一个最大的亮点在于允许符合严格条件的融资平台公司作为参与社会和社会资本合作项目的参与方。《意见》被认为是一个关于 PPP 领域具有里程碑意义的文件。

2015 年 12 月，关于印发《PPP 物有所值评价指引（试行）》（财金〔2015〕167 号）的通知，规定拟采用 PPP 模式实施的项目应在项目识别或准备阶段开展物有所值评价，包括定性评价和定量评价，现阶段以定性评价为主，鼓励开展定量评价。通过开展物有所值评价，可充分论证采用 PPP 模式的可行性，避免政府盲目无效推广 PPP，提升项目的操作效率和质量。

2014～2015 年，关于 PPP 领域的主要政策法规都在逐步完善，这是政府为发展 PPP 在政策供给方面提供的保障。进一步分析其内在逻辑可以发现，首先，政府定义了何谓 PPP，为 PPP 赋予了一个标准；其次，在 PPP 的适用范围、操作、管理、评价方面立画出了方圆，为 PPP 的发展提出了规范蓝本；最后，鼓励、促进和引导，其中包含的内容比较丰富，如对地方债的规定、融资平台的转型、金融支持等。两年内，PPP 领域的政策法规取得了丰硕的成果，为 PPP 步入快车道奠定了政策基础。

（二）2016年：引导和鼓励

延续 2014 年、2015 年爆炸式发展的势头，2016 年 PPP 的发展同样取得了卓越的成绩。关于 PPP 的法律法规除了继承鼓励和引导的主题外，更加强调规范化。

2016 年 7 月，中央发布《关于深化投融资体制改革的意见》，指出根据实际需要和政府财力状况，各地区各部门可以采用政府购买服务、特许经营等方式，在交通、医疗、养老、环保等领域采取连片开发、组合项目、单个项目等形式，促进公共产品和服务的供给。

2016 年 10 月，财政部颁布了《关于在公共服务领域深入推进政府和社会资本合作工作的通知》（财金〔2016〕90 号文），该文是财政部提出统筹推进公共服务领域、深化 PPP 改革工作的思路。该文件强调，政府各级财政部门要营造公平竞争环境，鼓励国有企业、混合所有制企业、外商投资企业、民营企业等各类型企业，按照同样的标准、同样的待遇参与 PPP 项目。在污水处理和垃圾处理等公共服务领域，有现金流及市场化程度较高的项目，因为 PPP 模式应用比较广泛，操作比较成熟，各地新建项目要全面适用 PPP 模式。文件还提出，政府行业部门要合理设定项目的采购条件标准，保证采购过程公开、公平和公正，不得设定不合理的采购条件对供应商实行歧视性待遇或差别待遇，鼓励民间投资。如出现对民营资本设置歧视性条款或差别条款 PPP 项目，各级财政部门不得安排资金及政策方面的支持。

紧接着，财政部发布《关于联合公布〈第三批政府和社会资本合作示范项目加快推动示范项目建设〉的通知》（财金〔2016〕91 号，本文以下简称《通知》)，《通知》重点关注了 PPP 项目用地问题。在 PPP 项目用地方面，《通知》要求所有 PPP 项目用地应当符合当地的土地利用总体规划和年度计划，依法办理建设用地审批手续。《通知》提出“五个不得”，为 PPP 用地问题划出界线，包括应当依据区域控制性详细规划确定的各宗地范围、用途和规划建设条件，不得直接以 PPP 项目为单位打包或成片供应土地；PPP 项目主体或其他社会资本，不得违规取得未供应的土地使用权或变相取得土地收益，通过规范的土地市场取得合法土地权益的除外；不得利用未供应土地进行融资；也不允许作为项目主体参与土地前期开发和土地的收储工作；PPP 项目的资金来源与未来收益及清偿责任，不得与土地出让收入挂钩。

2016 年 11 月，财政部发布《政府和社会资本合作项目财政管理暂行办法》（财金〔2016〕92 号文）要求加强政府和社会资本合作项目财政管理，规范财政部门履职行为，保障合作各方合法权益。财政是政府与社会重要连接点，明确财政在 PPP 项目中的职能和作用有利于消除社会资本的疑虑。具体来看，财政部门应在识别论证、政府财政、预算与绩效管理、信息披露、监督监管方面履行相应职责，切实做好保障 PPP 项目规范与高效运营工作。

可见，在 PPP 发展的过程中有许多的问题需要通过政策法规进一步规制，规范化是中国 PPP 未来发展的关键方向。除了财政部和发改委两牵头部门，还有部分政府部门结合自身管理的领域出台了系列的政策法规，这些法规填补了各领域的政策空白，为 PPP 政策体系的完整性提供了支持。

（三）2017年：规范和管理

2017 年是对 PPP 项目说“不得”较多的一年。由于落实过程中的理解偏差和结果异化，使政策层面更多地关注一些禁止踩踏的红线，但鼓励和引导的主基调依然不变。

在鼓励 PPP 模式方面，国务院办公厅颁布了《关于进一步激发社会领域投资活力的意见》（国办发〔2017〕21 号文)，该文件提出，要引导社会资本以 PPP 模式参与医疗机构、养老服务机构、体育设施文化设施、教育机构等项目的建设运营，推进 PPP 项目示范。国家发改委下发《关于加快运用 PPP 模式盘活基础设施存量资产有关工作的通知》（发改投资〔2017〕1266 号），要求加大运用 PPP 模式盘活基础设施存量资产的力度、形成良性投资循环，拓宽基础设施建设资金来源渠道，减轻地方政府债务负担。国务院办公厅颁布了《关于进一步激发民间有效投资活力促进经济持续健康发展的指导意见》（国办发〔2017〕79 号文），鼓励民间资本参与 PPP 项目，禁止限制、排斥、歧视民间资本的行为，为民营企业创造平等竞争机会，支持民间资本参与 PPP 项目，加大基础设施和公用事业领域开放力度等。

2017 年 11 月 28 日，国家发改委颁布了《关于鼓励民间资本参与政府和社会资本合作（PPP）项目的指导意见》（本文以下简称《指导意见》），提出创造民间资本参与 PPP 项目的良好环境，分类施策支持民间资本参与 PPP 项目，鼓励民营企业运用 PPP 模式盘活存量资产，持续做好民营企业 PPP 项目推介工作，科学合理设定社会资本方选择标准，依法签订规范、有效、全面的 PPP 项目合同，加大民间资本 PPP 项目融资支持力度，提高咨询机构的 PPP 业务能力，评选民间资本 PPP 项目典型案例，加强政府和社会资本合作诚信体系建设十大举措。同时，《指导意见》要求，要不断加大基础设施领域开放力度，除了国家法律法规明确禁止准入的行业和领域以外，一律向民间资本开放，不得以任何名义、任何形式限制民间资本参与 PPP 项目。鼓励民间资本成立或参与投资基金，将分散的资金集中起来，由专业机构管理并投资 PPP 项目，获取长期稳定收益。由此可以看出，国家在对央企投资 PPP 项目进行规范的同时，还加大了对民营企业参与 PPP 项目投资的支持力度，鼓励民间资本规范有序参与基础设施项目建设，促进政府和社会资本合作模式更好发展，提高公共产品供给效率，加快补短板建设，充分发挥投资对优化供给结构的关键性作用，增强经济内生增长动力。

2017 年 10 月 1 日，财政部新修订的《政府采购货物和服务招标投标管理办法》（财政部令第 87 号）对政府采购投标人的资格进行了调整，《办法》明确规定，采购人及其采购代理机构不许将投标人的资产总额、注册资本、利润、从业人员、营业收入、纳税额等规模性条件作为评标的评审因素或资格要求。禁止对投标人的资格设定规模条件，目的就是要鼓励和支持民营企业参与到 PPP 项目中来。

除此之外，政策层面还在着力 PPP 项目的融资。上海证券交易所、深圳证券交易所分别对各自的市场参与人颁布了《关于推进传统基础设施领域政府和社会资本合作（PPP）项目资产证券化业务的通知》，要求交易所成立 PPP 项目资产证券化工作小组，明确专人落实相应职责，积极推进符合条件的项目通过资产证券化方式实现市场化融资，为 PPP 项目连通资本市场提供配合与支持。国家发改委颁布的《政府和社会资本合作（PPP）项目专项债券发行指引》（发改办财金〔2017〕730 号）明确指出，“PPP 项目专项债券”是指，由 PPP 项目公司或者社会资本方发行，募集来的资金主要用于以特许经营、交通运输、能源、环境、水利等 PPP 形式开展项目建设、运营的企业债券，着重支持公共服务领域和传统的基础设施项目。在偿债保障措施完善的情况下，可以许可企业使用在 50% 以内的债券募集资金，用来补充运营资金。还有中国保监会发布《关于保险资金投资政府和社会资本合作项目有关事项的通知》（保监发〔2017〕41 号文）；财政部、人民银行、证监会联合发布《关于规范开展政府和社会资本合作项目资产证券化有关事宜的通知》（财金〔2017〕55 号文）；上海证券交易所、深圳证券交易所、机构间私募产品报价与服务系统三部门共同发布了《政府和社会资本合作（PPP）项目资产支持证券挂牌条件确认指南和信息披露指南》等。

三　PPP 项目今后的规范和发展

（一）关于 PPP 条例

2017 年 3 月 20 日，国务院办公厅《关于印发国务院 2017 年立法工作计划的通知》（国办发〔2017〕23 号），明确 2017 年立法工作计划，其中包括基础设施和公共服务项目引入社会资本条例（法制办、发展改革委、财政部起草）。7 月 21 日，国务院法制办牵头起草了《基础设施和公共服务领域政府和社会资本合作条例（征求意见稿）》，该条例征求意见稿公开征求社会各界人士意见。征求意见稿明确规定了可以采用 PPP 模式的公共服务项目和基础设施项目的条件。条例征求意见稿包括了总则、PPP 项目发起、PPP 项目实施、PPP 项目的法律责任、争议解决、监督管理等 7 章 50 条。立法的宗旨是规范 PPP 发展，以保证 PPP 模式能够在提高公共服务供给质量上发力，同时要保障各方利益，最终的目的是促进经济社会持续健康发展。将合作条例纳入立法进程，是对政府与社会对统一制度需求的最好回应。

（二）几个重要的规范性文件

1. 关于进一步规范地方政府举债融资行为的通知

2017 年 4 月 26 日，财政部发布《关于进一步规范地方政府举债融资行为的通知》（财预〔2017〕50 号文）。50 号文明确规定了地方政府违规举债应承担的责任，允许地方政府和企业共同出资设立各类投资基金，引导社会资本投资重点领域和薄弱环节，政府可以做出让利。地方政府不许用借贷资金设立投资基金，严禁地方政府采用各种方式进行违法违规变相举债，地方政府参与 PPP 项目及设立投资基金时，不得承诺回购社会资本方的投资本金，不得承诺保本，不得承诺最低收益，不得额外附加条款进行变相举债。

2. 关于坚决制止地方以政府购买服务名义违法违规融资的通知

2017 年 6 月 7 日，财政部颁布了《关于坚决制止地方以政府购买服务名义违法违规融资的通知》（财预〔2017〕87 号文）。87 号文重申了我国政府采购法的适用范围，明确规定不许将产品、设备、原材料、燃料等货物，作为政府购买服务项目。不许将建筑物和构筑物等建设工程项目作为政府购买服务项目。禁止将融资行为纳入政府购买服务范围。严禁将公路、铁路、机场、水电煤气、通信、医疗卫生、文化、教育、体育、科技等领域的基础设施建设，农田水利等建设工程，以及储备土地的前期开发，作为政府购买服务项目。禁止将服务和建设工程打包作为政府购买服务。政府建设工程项目如果确需使用财政资金，应当依照政府采购法及其实施条例、《招投标法》规范实施。

3. 关于规范 PPP 综合信息平台项目库管理的通知

11 月 10 日，财政部办公厅发布了《关于规范政府和社会资本合作（PPP）综合信息平台项目库管理的通知》（财办金〔2017〕92 号文），92 号文对 PPP 项目入库和清库进行严格要求。防止 PPP 成为新的融资平台，遏制隐性债务风险增量。92 号文规定各级财政部门要开展对 PPP 项目管理库的已有入库项目集中规范清理，并且明确规定清理的期限到 2018 年 3 月 31 日。92 号文明确规定，PPP 新的项目如果存在三种情况不得入库：不适宜采用 PPP 模式的项目、前期准备工作不到位的项目、未建立按效付费机制的项目。对原有的入库项目，存在以下情况的需要清理出库，如没有按照规定开展物超所值评价或财政承担能力论证或开展的两个论证不符合规定的；不宜继续采用 PPP 模式实施的项目；不符合规范运作要求的项目；构成违法违规举债担保的项目；没有按照规定进行信息公开的项目等。

4. 关于加强中央企业 PPP 业务风险管控的通知

11 月 24 日，国务院国有资产监督管理委员会发布了《加强中央企业 PPP 业务风险管控的通知》（国资发财管〔2017〕192 号文）。自 PPP 模式大力推广以来，PPP 的社会资本方大多由中央企业充当。192 号文从强化集团管控、严格准入条件、严格规模控制、优化合作安排、规范会计核算、严肃责任追究等多个方面来进一步加强管控中央企业 PPP 业务风险。该通知对管控主体（包括各级子企业）的责任进行了明确规定，集团总部负责统一审批 PPP 业务。在管控过程中需关注的具体事项上，包括严谨开展不具备经济型的项目，杜绝盲目和短期的行为；不得参与付费来源缺乏保障的项目；严格规模控制，防止推高债务风险；对资产负债率和盈利情况具有硬性规定；不得参与仅为项目提供融资、不参与建设或运营的项目；不得通过引入“明股实债”类股权资金或购买劣后级份额等方式承担本应由其他方承担的风险；不得为其他方股权出资提供担保、承诺收益等；风险化解前，该停工项目坚决停工，未开工项目不得开工。

当然，除了宏观层面的政策法规外，针对不同的领域也出台了不少的政策法规。如发改委颁布了《关于进一步做好重大市政工程领域政府和社会资本合作（PPP）创新工作的通知》（发改投资〔2017〕328 号文）、交通运输部办公厅关于印发《收费公路政府和社会资本合作操作指南》的通知（交办财审〔2017〕173 号文）、工业和信息化部、民政部、国家卫生计生委印发《智慧健康养老产业发展行动计划（2017～2020 年）》等；从地方层面看，各地方依据地区实际情况也制定了相应的政策法规。

PPP 经历三年发展，法律法规发挥了举足轻重的作用。在定义了何谓 PPP 后，鼓励和引导 PPP 的发展是制定法律法规的主基调，目的始终围绕提升公共服务质量，已取得了十分丰硕的成果。然而，在 PPP 项目的实际运行过程中仍出现了许多问题，如增长过快、项目异化、风险凸显等，密集出台的政策法规也发挥了堵漏洞、关歪门、开正门的作用。2018 年将是 PPP 稳定发展的一年，统一的 PPP 条例和严格的监管是 PPP 政策法规的主要任务。

B.5
PPP发展中的法律问题及优化建议

魏 艳 薛起堂*

摘 要： 从法律方面看，PPP项目在突飞猛进之后，2017年迎来了“规范化”发展的元年。目前PPP推进过程中主要存在法律规范不健全、PPP项目落地难、融资难以及法律风险大等问题，基于此，本报告提出规范化PPP的发展必须推进PPP统一立法，多措并举完善PPP融资制度，建立统一的PPP监管机构和完善风险控制机制等。

关键词： PPP项目 规范发展 法律风险 法律规范

2017年，新一轮PPP发展至今已有四个年头。PPP项目在如火如荼推进的同时也遇到各种各样的问题。从法律方面看，PPP项目在突飞猛进之后，迎来了“规范化”发展的元年。这一年，中央层面多项政策出台强调“规范”PPP项目，明确反对拉长版的BT模式，反对地方政府不当、违规违法举债，提出防止发生系统性风险的底线要求。2017年7月，国务院法制办牵头起草了《基础设施和公共服务领域政府和社会资本合作条例（征求意见稿）》（以下简称《PPP条例》），发布征求意见，标志着规范、统一立法向前迈进了一步。2017年年末，我们总结存在的问题及其产生的根源，

* 魏艳，上海大学法学院PPP研究中心主任。薛起堂，北京市惠诚律师事务所执行主任，国家发改委、财政部PPP专家库双库法律专家，中央财经大学政信研究院PPP智库专家。

展望 2018 年，中国 PPP 模式的行稳致远还需要我们在规范化、理性化、法治化的道路上砥砺前进。

一 PPP 项目推进中存在的问题

（一）PPP 法律规范不健全

1. 立法规范层次低

现阶段我国 PPP 模式的政策法规冗杂，从中央到地方各级政府部门发布的相关规范性文件大大小小得有二三百个，这些文件是目前 PPP 实务操作的主要依据，但是立法层级和法律效力都不高。中央层面主要由发改委和财政部出台的部门规章和规范性文件作为指引。国际上许多国家实施 PPP 模式，均有相对成熟、统一的法律规范，但是各国根据自己的国情所采用的具体模式或有差别。比如，英国采用的是 PFI 模式，法国采用了特许经营模式，而美国也从交通和教育两个行业入手出台相关 PPP 规则。中国究竟采用怎样的高位阶立法尚未达成共识，或争议很大。在《PPP 条例》征求意见之后，希望新的一年在统一立法上有重大突破。

2. 现有规范之间存在冲突

目前关于 PPP 项目的配套法律法规呈现“双龙治水”的局面。在中央层面，财政部和国家发改委两部委主导着此轮 PPP 改革，但是，两部委在各自发布的各类文件中存在大量冲突。这些冲突不仅包括对 PPP 概念的理解、“公”“私”各方所指，还包括合作伙伴的选择方式、适用领域、具体招标规则等。这种冲突由于缺少统一的上位法依据变得非常严峻，在实践中易产生争议，影响了 PPP 项目的健康发展。以对社会资本范围的限定为例，财政部〔2014〕113 号文①规定的是“已建立现代企业制度的境内外企业法人，但不包括本级政府所属融资平台公司及其他控股国有企业”；而国家发

① 《关于印发政府和社会资本合作模式操作指南（试行）的通知》。

改投资〔2014〕2724 号文[①]附件 2 第 7 条中指出，“签订项目合同的社会资本主体，应是符合条件的国有企业、民营企业、外商投资企业、混合所有制企业，或其他投资、经营主体”，而在位阶较高的《基础设施和公用事业特许经营管理办法》中又将社会资本笼统地表述为“中华人民共和国境内外的法人或其他组织”。这些表述的主要区别以及存在的冲突是，地方政府融资平台及地方政府控股的国有企业是否可以作为社会资本参与 PPP 项目。另外，财政部推进的政府采购框架与发改委力推的特许经营立法框架如何在 PPP 模式下进行区分、协调尚未有明确的说法。如果采用财政部的政府采购框架，PPP 项目合作伙伴的选择如何适用《政府采购法》，并与现行《招标投标法》的规则相衔接，仍然有待立法的明确。

3. 与其他法律规范缺乏有效衔接

“一法未定，一法又出”的现象在我国 PPP 模式推广方面表现得尤为突出。如我国现行的法律法规明确规定“经营性的土地使用权必须通过招拍挂的方式取得”[②]，而根据国办发〔2015〕42 号文[③]的精神，可以得出 PPP 项目若符合划拨条件，在不改变土地原有性质的情况下，可以采取划拨方式拿到土地。[④] PPP 模式项目不同于传统的公益性项目，是否完全适用划拨模式值得商榷。《招标拍卖挂牌出让国有建设用地使用权规定》这一针对项目土地取得方式的规定，在 PPP 模式出现后，出现了新政策与旧政策衔接的问题，阻碍了 PPP 政策的执行。

（二）PPP 项目落地难

PPP 项目按全生命周期大致可以分为识别、准备、采购、执行和移交 5

① 《国家发展改革委关于开展政府和社会资本合作的指导意见》。

② 国土资源部：《招标拍卖挂牌出让国有建设用地使用权规定》（2002 年 4 月 3 日国土资源部第 4 次部务会议通过 2007 年 9 月 21 日国土资源部第 3 次部务会议修订），2007 年 9 月 28 日。

③ 《国务院办公厅转发财政部发展改革委人民银行关于在公共服务领域推广政府和社会资本合作模式指导意见的通知》。

④ 国务院办公厅转发财政部发展改革委人民银行关于在公共服务领域推广政府和社资本合作模式指导意见的通知（国办发〔2015〕42 号）第五部分第二十项，2015 年 5 月 19 日。

个阶段。执行和移交阶段项目也就是落地项目，落地项目数之和与执行、移交、准备、采购 4 个阶段项目数总和的比值为项目落地率。截至 2017 年 9 月，前三批国家示范项目共 697 个，总投资 1.8 万亿元，落地 572 个、投资额 14741 亿元、落地率 82.1%。[①] 虽然从官方数据来看，第三批示范项目落地率有所提高，但是，PPP 项目执行阶段仍然有赖于大量资金的投入，资金能否完全到位，仍存在不确定性。从已经落地的项目来看，以政府付费和可行性缺口补助项目占到绝大部分。换句话说，仍然是政府财政出资，国企、央企的资金来支持 PPP 模式，有违 PPP 模式的初衷。

1. 实操规则认识不足

前述表明，两部委在规范层面的冲突以及缺乏上位法律的明确规定，使得实践中的 PPP 项目操作存在大量的不确定性。一方面，地方政府对 PPP 模式认识不足，未能清晰定义该模式与以往的 BOT、基建项目有何区别，对如何操作存在一定的困惑；另一方面，PPP 的模式往往采用复杂的交易结构，涉及财政承受能力和物有所值双重评价，既涉及发改部门的立项，又涉及财政部门的资金支持，因此两部委的规则冲突与不统一，为实践中 PPP 项目的落地带来了一定的障碍。

2. 项目付费机制不足

从目前落地的 PPP 项目来看，民营资本投入比例不高。地方政府需要投入大量资金鼓励引导。但是由于地方政府财力所限和《预算法》对政府债券的限制，多地出现违规操作，致使中央连续发文制止。2017 年 4 月 26 日，财政部等六部委联合颁布了《关于进一步规范地方政府举债融资行为的通知》（财预〔2017〕50 号文），对个别地区违法违规举债担保再次亮剑，提出“守住不发生区域性系统性风险的底线”，开展了清理整改工作；对融资平台融资管理行为加强管理；强调“严格按照《预算法》规范地方政府举债融资行为”。2017 年 5 月 28 日，财政部颁布了《关于坚决制止地方以政府购买服务名义违法违规融资的通知》（财预〔2017〕87 号文），又

① 财政部：全国 PPP 综合信息平台项目库第 8 期季报，2017 年 10 月 27 日。

加大了对地方政府融资行为规范力度，提出地方政府不得以政府购买服务的名义采购工程，要求各地政府进行 PPP 项目严格按照要求进行财政可承受能力论证。另外，《关于规范政府和社会资本合作（PPP）综合信息平台项目管理的通知》（财办金〔2017〕92 号）、《关于规范按金融机构资产管理业务的指导意见（征求意见稿）》、《关于加强中央企业 PPP 业务风险管控的通知》（国资发财管〔2017〕192 号）等一系列文件的出台都致力于规范入库的 PPP 项目。

PPP 项目回报方式有三种：政府付费、使用者付费、可行性缺口补助。从目前入库的 PPP 项目上看，使用者付费的项目过少，通过运营而产出绩效的盈利点不足，未能建立有效的付费机制，难以落地。

（三）PPP 项目融资难

PPP 项目融资渠道单一，银行贷款依然是目前最主要的融资方式，而国企、央企相较于民企在银行贷款融资上有着成本优势，使得 PPP 项目中民间资本很难参与。另外，PPP 项目的特点决定了获得银行贷款的困难性。目前上马的很多 PPP 项目，具有融资投资大、周期长、收益低或付费机制不明显等特点。这样风险不确定并且短期内收益不明朗的项目，很难满足银行的贷款标准。如何破解 PPP 项目融资渠道单一的问题，是政府、社会资本、金融机构等各方共同面对的一个话题。以特许经营权、购买服务协议预期收益等设定质押，以收益权作为基础资产进行资产证券化等多元化的融资渠道仍处在探索阶段。

（四）PPP 项目法律风险大

1. 法律变更的风险

法律的重要特点就是要保持稳定性、权威性和可预见性。在我国早期的 BOT 和特许经营时期，由于法律法规变更导致项目失败的情况屡见不鲜，比如长春汇津污水处理公司案。在 PPP 模式时代，相关法律尚不健全，没有明确、统一的规范。政府规范性文件的颁布、解释及修订的情况也很多，这些都会导致 PPP 项目在实践履行过程中面临法律变更的风险。

2. 监管不力的风险

政府因素导致的风险包括：其一，由于行政权力滥用、行政腐败以及行政不作为等，导致 PPP 项目难以推进或归于失败；其二，由于政府各部门监管职责划分不清而导致的监管失灵。PPP 模式主要应用于基础设施建设及公共服务的提供，由于关系到公众的切身利益，政府的监管责无旁贷。但是实践中，在发改委、财政部以及各职能部门之间究竟如何分配监管职能、执行具体的监管内容，尚缺乏统一的规则。地方政府也常常以 PPP 合同的签订，推卸监管职责。应当强调的是，PPP 模式下，虽然提供公共产品和公共服务的责任转移给了项目公司或社会资本方，但是对 PPP 项目全生命周期的质量、价格、普遍服务等的监管，以及紧急情况的接管仍然是政府的职责。

3. 争端解决的风险

在 PPP 项目实际履行过程中，如果政府与社会资本双方发生纠纷，采用怎样的途径来解决争议，在我国仍然存在法律适用上的不确定性。根据《行政诉讼法》及其司法解释，特许经营协议适用行政诉讼。然而，财政部颁布的《政府和社会资本合作项目政府采购管理办法》规定，PPP 项目合作合同发生纠纷依据民事途径解决。关于 PPP 项目合同纠纷究竟采用民事诉讼还是行政诉讼，实务界和理论界都存在争议。PPP 项目争议是否适用商事仲裁也因民事或行政的定性而尚待明确。

二　PPP 项目规范发展的优化建议

（一）完善 PPP 法律规范

PPP 模式的推进，统一而健全的法律规范是必要的保障。新的一年，中央应当尽快统一认识、加快立法进程，解决上位法缺失，以及与现有法律间的冲突问题。厘清 PPP 协议的法律性质及相关法律适用，使 PPP 模式的发展有个稳定而权威的法治环境。

1. 出台 PPP 的统一立法

规范化发展离不开顶层设计，PPP 统一立法迫在眉睫。从目标定位上，PPP 模式只是手段不是目的。PPP 模式最终应当从化解地方债风险、改革投融资机制的短期目标，转移到为老百姓提供更优质、更高效的公共产品和公共服务。在统一立法上，重点在市场准入法律关系、招标投标细则、融资方式、履约保障、争端解决等方面明确法律规范，理顺 PPP 法与政府采购法、特许经营法的关系。具体到项目的操作可以指南的形式予以细化。

2. 明确 PPP 协议法律性质

PPP 协议的性质，因国家法律制度的不同而在国际上有所差异。我国的 PPP 立法应该立足我国国情和法律体系。首先，理顺 PPP 模式与特许经营、政府采购制度之间的关系，明确 PPP 协议与特许经营协议是不同的两个概念，特许经营协议的法律规范并不当然适用于 PPP 协议。其次，政府与社会资本之间签订 PPP 协议可能包括若干具体的模式，必须具体问题具体分析。最后，由于 PPP 协议兼有行政属性和民事属性，立法应当寻求公法和私法规范之间的平衡点。

协议的性质决定了争议解决的途径。虽然目前 PPP 协议究竟以民事诉讼、民事仲裁还是行政诉讼方式来最终解决争议仍有待明确，但是，中央政府及司法解决已经多次强调了政府的契约意识。2016 年 11 月，最高人民法院发布了《关于充分发挥审判职能作用切实加强产权司法保护的意见》，指出对于政府违反承诺，或因政府换届、领导换人等原因违约毁约的，要支持非政府方诉求。对于因国家利益或是公共利益原因导致政府违约的，要依法判令政府方补偿相对方的财产损失。这些规定，为 PPP 协议的履行提供了司法保障。

3. 改进 PPP 项目用地法律制度

PPP 模式的发展离不开相关体制机制的完善。这其中包括国有企业改革、政府职能转变、财税、土地、金融、社会建设等若干制度改革的相辅相成。项目用地，一直是 PPP 项目落地过程中无法回避的问题。因土地的资产价值比重大，对项目的顺利推进有重大的影响，所以有必要针对 PPP 项目的特点，建立与其相配套的供地模式，推进 PPP 项目的健康稳定发展。

首先，应当明确 PPP 项目的用地政策有别于以往政府的公益项目，PPP 项目的成立前提是准经营性的公共项目。对于纯公益性和纯经营性的项目而言，都不宜采用 PPP 模式。对于准经营性的公共项目来说，如何在划拨、招拍挂、作价出资入股、租赁、转让等方式中选择合适的土地使用权制度，有待高位阶的法律规范加以明确。其次，将 PPP 合作伙伴的选择程序与土地使用权的招拍挂程序联合实施，既有利于缩短项目的实施周期，又避免了土地竞得主体与 PPP 中标投资主体不一致的问题。最后，土地使用权作为项目公司重要的资产，对 PPP 项目公司的融资、运营等均有重大影响。如何能够对 PPP 项目用地公平作价并利用土地使用权抵押贷款，仍需要法律制度加以回应。

（二）多措并举完善 PPP 融资

PPP 模式作为政府创新投融资体制的一大抓手，有利于减轻财政压力，提高公共产品供应效率，拉动各项公共事业的发展。

金融的本质是信用。做好 PPP 项目，政府和社会资本方都需要关注信用和金融建设。融资制度从根本上要靠政府和企业信用制度的保障。过去的一年中，市场上出现了很多新兴的融资途径和尝试，从传统的银行贷款，到保险、银行理财、社保基金、私募股权基金等的投资，再到 PPP 项目投资二级市场的建立，这些有益的探索，保障了 PPP 项目运营期间的资金需求，增加了资金的流动性和可退出性，增大了 PPP 项目对投资方的吸引力。为构建更加符合 PPP 特点的融资制度，我们提出如下建议。

1. 确保风险隔离

从项目融资的视角来看，PPP 模式在国际上的发展也有相当长的时间。项目融资是以项目公司作为融资主体，以项目营运收入承担债务偿还责任的一种无追索权或有限追索权的融资形式。无追索权就意味着当项目公司的资产或收益不足以清偿公司的债务时，贷款人无权向项目的发起人进行追索，以起到破产隔离的效果。我国目前实施的很多 PPP 项目，虽然建立了项目公司，但是并未真正实现破产隔离，母公司仍要对项目公司的贷款承担担保或连带责任，有违项目公司设立的初衷。因此，我们建议在新一轮的 PPP 项目审核中，强调项目公司与母公司或发起人切断债务承担担保、兜底等责任，实现真正的风险隔离。

2. 规范发挥政府引导基金作用

PPP 项目市场反应不热的问题，推生了 PPP 引导基金，由政府性基金进行股权投资，撬动更大规模的社会资本进行 PPP 项目投资。当初，财政部推进 PPP 模式的目标之一是化解地方政府债务，但是目前实践中很多地方政府设立政府引导基金存在巨大隐患，或以另一种形式形成新的地方政府债务。虽然财政部《政府投资基金暂行管理办法》已经明文禁止“向其他出资人承诺投资本金不受损失，承诺最低收益”，但实践中地方政府基金往往通过股权回购或差额补足等条款，承诺本金安全，引发潜在的地方债务风险。因此，规范化发展 PPP 模式需要政府尽快出台政策，控制 PPP 引导资金的投资规模、结构组成以及投资杠杆率等规定，规范现行市场的引导基金，防范新的债务风险。

3. 灵活运用金融工具

面对 PPP 项目融资难的困境，从股权投资到债权投资，从政府投资再到私人投资，PPP 项目投资融资可以考虑各类资金的特点，灵活发挥多种金融工具的资金作用。这其中包括但不限于 PPP 基金、商业银行贷款、融资租赁、政策性银行贷款、保险、信托基金等，可以根据 PPP 项目的全生命周期，从前期开发到投资运营，再到产生稳定的现金流，分阶段开发出适应 PPP 项目特点的融资工具，多方位拓宽融资渠道。

2016 年 12 月，国家发改委和证监会颁布了《关于推进传统基础设施领域政府和社会资本合作（PPP）项目资产证券化相关工作的通知》，正式推进 PPP 资产证券化，作为化解 PPP 项目融资困境的重要措施之一。该措施有利于调动项目投资者参与的积极性，分散投资者风险。同时，作为 PPP 投融资的退出渠道，资产证券化可能引发的风险及其防范机制尚需要更加深入的研究和制度保障，以推动 PPP 项目的健康有序发展。

（三）完善 PPP 项目政府监管

PPP 项目与传统采购项目的区别在于长期的运营与绩效挂钩，政府部门的全生命周期监管也因此成为 PPP 项目健康发展的必要保障。PPP 项目的监管究竟采用多部门协作还是建立一个专门的独立监管机构，目前尚无定论。但是，就公共产品的提供而言，社会公众的监督和行业的自律监管也是监管体系中的重要一环。

1. 理顺监管机构定位

新一轮的 PPP 项目监管以国家发改委和财政部为龙头。两部委从职能上一个侧重项目审批和项目管理，一个侧重财政的投资和支持，对于 PPP 项目的落地来说都至关重要。但是，由于两机构在 PPP 模式的推进上分别订立规则，分别监管，缺乏协调与配合，致使现实中的 PPP 监管缺乏统一性与权威性。由于 PPP 项目的长期性，一个协调合作的多部门监管体系或一个权威独立的监管机构是 PPP 项目行稳致远的必要保障，需要立法和政府尽快落实。

2. 强化政府契约精神

在 BOT 时代的很多基础设施项目，政府因未能遵守契约精神（比如，泉州刺桐大桥案），使得新一轮的 PPP 项目推广初期未能获得很好的回应，投资方对该类项目缩首缩尾，持观望态度。

PPP 项目，政府既是合同一方，又是项目实施的监督管理者。政府的监管职责不能与其合同当事人的身份相混淆。对于合同的履行，政府要摆正自己的角色，避免以公权力干预合同的履行，尊重合同中各方的权利，保障社会资本方的合法权益。当出现纠纷时，也应当秉持合作共赢的初衷，平衡得失，探索多元化的纠纷解决机制。

（四）完善 PPP 项目风险防范机制

1. 明确风险分担原则

PPP 模式推广的原则之一——“合作共赢、风险共担”已经成为业界共识。然而，政府和社会资本的合作并不意味着项目原来的风险由政府方全部转移给社会资本方，而是由政府方和社会资本方根据各自优势，合理配置双方在项目中所承担的风险。明确风险分担原则，一般指合作各方明确最佳的风险分配配置，针对每种可识别的风险，由最能有效控制该风险或以最低成本管理该风险的一方承担。例如，一般来讲，政治风险、法律风险由政府方承担；而项目的融资风险、运营风险由社会资本方来承担。我们建议，可以考虑出台 PPP 项目风险分配指南范本，以项目的生命周期为轴分阶段地识别各类风险，或以行业的特点为主，分门别类地、原则性地落实一些基本风险分配内容。这样，当事人可以选择范本中的分配方案纳入 PPP 协议，以合同条款落实分配方案。

2. 规范风险防范措施

PPP 模式中的风险各类，既有项目自身因资金、管理而产生的风险，也有政府方因政策、监管而产生的风险，又有法律空白、变更等方面的法律风险。基于 PPP 模式的各方合作者都有必要在合作之初采取必要的措施，防范和控制各类风险。第一，在项目识别阶段，选好项目及优质的社会资本方，是 PPP 项目成功推进、降低风险的前提。这就需要规范化设计项目选择条件、程序以及专家陪审机制。第二，在项目开始和运营期间，通过合同约定担保、股权锁定等具体制度设计来保障政府方和社会资本方都能够按照合同约定履行。第三，对于法律变更、争端解决等风险，建议合同中事前明确责任分担和风险分配方案，从最大化双方合作利益出发，规避法律规定不明或变更带来的风险。第四，适当公开 PPP 项目内容和进程，接受社会监督。在不侵犯商业秘密的前提下，公开项目信息，有利于防止“暗箱操作”，降低项目风险。

行　业　篇

Industry Reports

B.6 交通运输 PPP 模式的发展

朱 玲　蓟红丹*

摘　要： 从法律方面看，PPP 项目发展突飞猛进之后，在 2017 年迎来了“规范化”发展的元年。目前 PPP 推进过程中主要存在法律规范不健全、PPP 项目落地难、融资难以及法律风险大等问题，基于此，本报告提出规范化 PPP 的发展必须推进 PPP 统一立法，多措并举完善 PPP 融资制度，建立统一的 PPP 监管机构和完善风险控制机制等。

关键词： 交通运输行业　PPP 项目　民营资本参与

* 朱玲，北京城市快轨建设管理有限公司副总工程师，国家发改委、财政部 PPP 双库专家，中央财经大学 PPP 智库专家。蓟红丹，中央财经大学财政学在读博士。

交通运输是国民经济的基础性、先导性、战略性产业，其对推进供给侧结构性改革、推动国家重大战略实施、支撑全面建成小康社会发挥着至关重要的作用。近年来，随着我国交通基础设施建设规模的不断扩大，公路、铁路、桥梁、港口码头、机场等重点领域取得了较快发展。但现有交通基础设施仍存在总体规模较小的问题，不能满足当前经济快速发展的现实需求。因此，大力发展交通运输工程成为我国经济发展过程中亟待解决的重大问题。

交通基础设施建设具有公益性强、投资金额大、建设周期长等特征，仅仅依靠财政资金远远不能满足与日俱增的投资需求。因此，必须运用和推广 PPP 模式，放开市场，让社会资本进入交通运输领域，缓解交通运输领域巨额投资的来源问题。

一 交通运输 PPP 项目概述

（一）交通运输 PPP 的可行性分析

1.国家政策支持

为了适应开展的全面深化交通运输改革试点工作，交通运输部于 2015 年 2 月 18 日印发《交通基础设施政府与社会资本合作等模式试点方案》，提出在总结收费公路吸引社会资本的模式和经验上，在山东、安徽、四川等省份开展政府与社会资本合作试点，遴选一批试点项目并进行总结和推广。这一方案的实施揭开了 PPP 模式在交通运输领域应用的序幕。

紧接着，财政部、交通运输部于 2015 年 4 月 20 日印发了《关于在收费公路领域推广运用政府和社会资本合作模式的实施意见》，交通运输部办公厅于 2015 年 12 月 25 日印发了《收费公路政府和社会资本合作操作指南（试行）》，提出了收费公路领域 PPP 模式应用的具体指导意见。经过近两年时间的试点、推广和总结，交通运输部办公厅于 2017 年 12 月 1 日正式实施《收费公路政府和社会资本合作操作指南》（交办财审〔2017〕173 号），结合收费公路的实际和特点，对收费公路 PPP 项目全流程操作管理做出了详细的规定。在财政部 PPP 操作指南的基础上，对收费公路 PPP 项目乃至其他交通运输 PPP 项目提供了更有针对性的指导。

2.交通基础设施建设资金需求量大

近年来，国家在交通运输行业发展方面秉承规划先行的理念，出台了多项发展规划及计划。其中，在《交通基础设施重大工程建设三年行动计划》《“十三五”现代综合交通运输体系发展规划》等文件中提出了近几年的重大交通发展项目数量和投资金额。从相关规划的发展目标来看，一方面对财政资金提出了更高的要求，加大了交通运输领域的资金缺口；另一方面，更重要的是为 PPP 在交通运输领域的应用提供了广阔的前景。

2016 年 3 月 28 日，国家在《交通基础设施重大工程建设三年行动计划》中，提出 2016～2018 年三年期间拟重点建设交通基础设施项目 303 项，总投资约 4.7 万亿元。其中，2017 年、2018 年分别推进项目 92 个、80 个，均投资约 1.3 万亿元。同时，为了缓解资金缺口，提出在加快投融资体制改革的契机下，进一步加大 PPP 模式的推广力度，从而拓展社会资本参与的渠道和方式。

2017 年年初，国务院发布《“十三五”现代综合交通运输体系发展规划》（国发〔2017〕11 号，以下简称《规划》）。《规划》针对“十三五”期间需要主要完成的网络覆盖加密拓展、综合衔接一体高效、运输服务提质升级、智能技术广泛应用、绿色安全水平提升五大目标，在高速公路建成里程、公路通车里程、机场数、铁路营业里程、高速铁路营业里程等指标方面提出了具体的发展目标，如表 1 所示。

表 1　《“十三五”现代综合交通运输体系发展规划》交通运输发展主要指标

序号	指标名称	2015 年	2020 年预期
1	高速公路建成里程（万公里）	12.4	15
2	公路通车里程（万公里）	458	500
3	机场数（个）	507	760
4	铁路营业里程（万公里）	12.1	15
5	高速铁路营业里程（万公里）	1.9	3
6	沿海港口万吨级及以上泊位数（个）	2207	2527

从表 1 可以看出，“十三五”期间交通运输行业基础设施建设任务重、资金需求量大。为此，《规划》提出加快推动 PPP 模式在交通领域的应用，鼓励社会资本通过合理方式参与进来。《规划》的实施，为 PPP 模式在交通运输行业的应用提供了广阔的前景。

3.社会资本聚焦交通运输 PPP 项目

在当前经济新常态下，面对交通运输行业万亿级的市场机会及相对稳定的回报收益，国内外多家社会资本早已虎视眈眈，摩拳擦掌准备抢占这块 PPP 领域巨大的市场蛋糕。相关数据表明，在交通运输行业产业链上的建筑施工企业、工程设计公司、运营企业、财务投资者、金融机构等市场主体都有进军交通运输基础设施建设领域的意向，比如截至 2018 年 1 月 20 日，中国交建 PPP 项目中标金额累计 6501 亿元，占全国 PPP 项目成交金额的 6.9%，中标金额位列第二位；截至 2018 年 1 月 15 日，以中建股份作为牵头人的八个工程局中标的 PPP 项目金额累计达 3738 亿元，中建下属的六个专业公司中标的 PPP 项目金额累计达 1129 亿元，中建下属的两个区域性公司中标的金额累计 362 亿元。[①] 不仅如此，此前许多以工程建设见长并以 EPC、BT 模式操作项目的央企、国企，正凭借自身的资金、技术、管理优势和工程建设经验，通过 PPP 模式大力拓展交通运输项目，借此机会实现自身业务结构的调整和转型。

（二）交通运输 PPP 模式的优点

1.稳定的收益回报机制

由于高速公路、铁路、港口码头、桥梁、机场等项目工程量大、投资规模大、涉及大量的拆迁、环保和社会稳定工作，因此在某个区域范围内具有垄断性和排他性，不可能出现同类型的多个项目参与市场竞争。例如，高速公路建成后，社会资本可以利用其快速、便捷的优势获取车辆通行费、沿线广告费，以及高速公路沿线服务区的经营性收入。即使运营期间的收入不足

① 数据来源：明树数据。

以弥补成本，也有政府的可行性缺口补助兜底，还能享受政府提供的税收优惠政策，这种稳定的收益回报机制吸引着大量的重量级社会资本介入。

2.提高建设和运营效率

在传统的交通运输基础设施建设投资模式下，政府充当着投资者和管理者的双重角色，但并不具备技术和管理上的优势，导致很多项目的建设和运营效率低下。而在 PPP 模式下，社会资本具有资金、技术和管理上的多重优势，在一定期限内将重大交通运输项目交给其建设和管理，可以提高项目的建设和运营效率，并降低工程造价和规避各类风险。事实上，社会资本为了降低投融资风险、提高投资收益，有强大的动力和积极性节约建设资金和运营成本。相关调查显示，与传统的投融资模式相比，在保证工程工期和质量的前提下，运用 PPP 模式可以节约 17% 左右的费用。

3.促进政府职能转变

交通运输项目采用 PPP 模式，除了能大大降低地方政府债务风险、缓解地方政府财政压力，还能有力地推动政府职能转变。在 PPP 模式下，政府的角色由原来的投资者转变为监管者，主要负责监督项目的工程建设质量和运用服务水平。在这种科学的安排机制下，通过让专业的人做专业的事，能加快政府职能转变，从而有效地提高公共服务产品的供给效率和质量。

（三）交通运输 PPP 项目现状

1. 交通运输 PPP 项目地位显著

从目前 PPP 的实施情况来看，交通运输行业 PPP 项目在重要性、数量和投资总额等方面都位居前列。从财政部 PPP 中心网站公布的数据来看，截至 2017 年 12 月 31 日，全国入库（管理库）项目共 7133 个、项目投资总额 10.8 万亿元、落地项目（即处于执行和移交阶段的项目）2729 个、落地项目投资额 4.6 万亿元。其中，在 19 个一级行业领域中，交通运输 PPP 项目 1008 个，占 PPP 项目总数的 14.13%，居第二位；投资额为 3.18 万亿元，占 PPP 项目投资总额的 29.44%，居第二位；落地项目数 369 个，占 PPP 项目落地项目的 13.52%，居第二位；落地项目投资额为 1.23 万亿元，占 PPP 项目落地项目投资额的 26.74%，居第二位。由此可见，在我国重点推广的 PPP 领域，交通运输行业占有重要的一席之地。详见表2。

表 2　交通运输 PPP 项目重要性

指标		占比(%)	重要性
项目数(个)	1008	14.13	第二位
投资额(万亿元)	3.18	29.44	第二位
落地项目数(个)	369	13.52	第二位
落地项目投资额(万亿元)	1.23	26.74	第二位

数据来源：根据财政部 PPP 中心网站《全国 PPP 综合信息平台项目库第 9 期季报》资料整理得到。

2. 交通运输 PPP 项目示范性强

在财政部 2016 年公布的第三批 516 个 PPP 示范项目中，交通运输项目因其投资金额巨大、运作模式成熟等特点成为示范性较强的领域。这一示范作用主要体现在两个方面：一是交通运输 PPP 示范项目在数量和投资额上占据前列，项目数为 62 个，占 12%，居第二位，项目投资额为 5066 亿元，占 43%，居第一位；二是大型项目主要集中在交通运输领域，100 亿元以上的项目有 21 个，其中交通运输类 15 个，占 71.43%。

因此，从项目数和投资额上来看，交通运输 PPP 项目具有较强的示范带动作用，其相对成熟的运作模式对于其他行业的运营管理具有一定的指导和借鉴意义。

3. 交通运输 PPP 项目区域差异大

交通运输 PPP 项目在东、中、西、东北四大区域存在较大差异，其中，西部地区交通运输 PPP 项目在数量和投资额上都位列第一。在交通运输领域项目数方面，截至 2017 年 12 月末，西部地区入库（管理库）项目数为 449 个，占 44.54%，位列四大区域之首，中部地区、东部地区、东北地区分别为 276 个、244 个、39 个，分别占 27.38%、24.21%、3.87%；在交通运输领域项目投资额方面，西部地区以 19647 亿元位列第一，占 61.78%，东部地区、中部地区、东北地区分别为 6137 亿元、5128 亿元、912 亿元，分别占 19.30%、16.13%、2.87%。四大区域交通运输 PPP 项目数和投资额占比情况如图 1、图 2 所示。

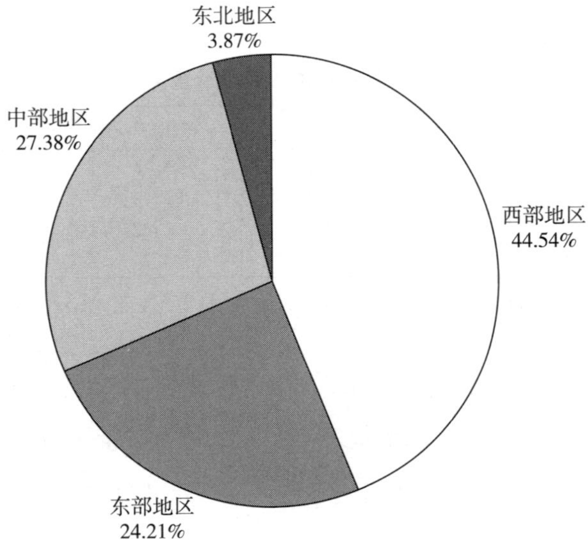

图 1　四大区域交通运输 PPP 项目数占比

资料来源：根据财政部 PPP 中心网站《全国 PPP 综合信息平台项目库第 9 期季报》资料整理得到。

4. 交通运输 PPP 项目行业特征鲜明

在交通运输的公路、铁路、港口码头、桥梁、机场等二级行业中，公路 PPP 项目尤其是高速公路 PPP 项目和一级公路 PPP 项目占据半壁江山。在 2017 年 12 月 31 日前落地的 369 个交通运输 PPP 项目中，落地项目数居前三位的分别是一级公路、高速公路和二级公路，分别为 114 个、89 个和 53 个，合计占交通运输落地项目的 69.38%；落地项目投资额居前三位的分别是高速公路、一级公路和其他，分别为 8305 亿元、1828 亿元和 521 亿元，合计占交通运输落地项目投资额的 86.62%。可见，公路 PPP 项目是交通运输 PPP 项目中需要重点关注的领域。

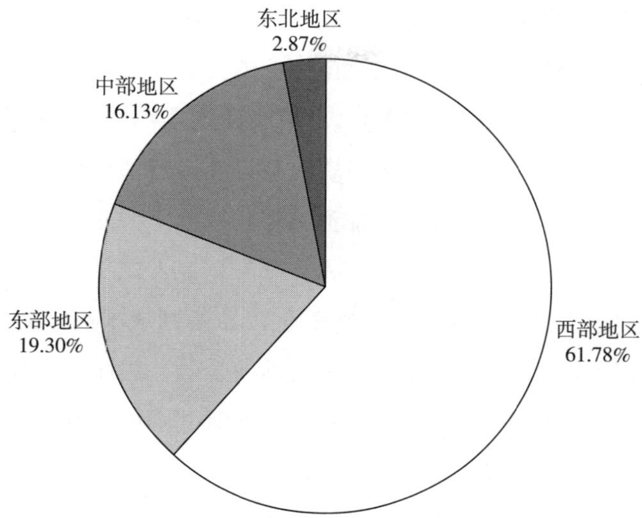

图 2　四大区域交通运输 PPP 项目投资额占比

资料来源：根据财政部 PPP 中心网站《全国 PPP 综合信息平台项目库第 9 期季报》资料整理得到。

（四）交通运输 PPP 操作模式

在交通运输 PPP 项目中，高速公路项目无论在数量上还是投资金额上都占据绝对比重，且高速公路的收费机制较为完善，因此，高速公路 PPP 项目具有相对较为成熟的操作模式，对公路、港口码头、铁路、桥梁、机场等其他二级行业都具有一定的适用价值。从我国当前实践来看，高速公路 PPP 操作模式主要有 BOT、TOT、BOT + EPC 三种。

1. BOT（Build - Operate - Transfer）模式

BOT，即建设—运营—移交，是指政府就某个 PPP 项目与社会资本签订特许经营协议，允许其在特许经营期限内对项目进行投资、建设和运营并获取回报，并在特许经营期结束后将项目移交给政府。由于 BOT 模式在缓解政府财政资金投入压力、控制地方政府债务风险、提高项目建设和运营效率等方面具有诸多优势，当下我国的高速公路 PPP 项目绝大多数均采用此种操作模式，兴延高速就是一个典型的案例。兴延高速 PPP 项目操作机制如下：由北京市政府指定市交通委作为项目的实施机关，市交通委获得授权后采用公开招标方式选择社会投资人，由中标的社会投资人与政府出资人代表首发集团共同成立项目公司（SPV）。北京市交通委与项目公司签订 PPP 合同，授权项目公司在特许经营期内投资、建设及运营管理兴延高速，并获得高速公路收费权、沿线广告牌以及加油站经营权，于特许经营期结束后无偿移交给政府。

当然，BOT 操作模式也存在一些不足，如谈判成本高、时间长、前期工作复杂且风险大、合作流程长，且项目涉及金融、法律、税收、技术、管理等各种行业，需要政府和社会资本方在合作时共同协商解决相关问题。

2. TOT（Transfer - Operate - Transfer）模式

TOT，即转让—经营—移交，是一种政府部门通过出售现有资产以获得增量资金进行新建项目融资的方式。通过这种模式，政府以存量换增量，盘活了资产，在缓解偿债压力的同时获得新项目的建设资金，可谓一举两得。对于社会资本方而言，由于不参与项目的建设过程，也就规避了项目准备和建设阶段的风险。具体来说，社会资本方首先购买政府某项资产的产权（经营权），在特许经营期对项目进行运营管理并取得合理回报，于经营期结束后将项目产权（经营权）移交给政府或其指定机构。由于 TOT 操作模式无建设阶段的特殊性，目前占比不高，只有部分地方政府正积极推行 TOT 项目。例如，1999 年，成渝高速公路重庆段经批准，将 49% 的经营权有偿转让给上海中信基建投资公司，25 年经营权转让金额为 13.2 亿元，重庆高速公路发展公司将获得的转让资金用于重庆至长寿区高速公路建设。

3. BOT + EPC 模式

BOT + EPC 模式，即政府授予社会资本在特许经营期内进行投资、建设、运营管理的权利。同时，社会资本采用 EPC（即总承包模式）的模式进行施工建设，待特许经营期结束后将项目移交给政府或指定机构。总的来说，“BOT + EPC”模式融合了 BOT、EPC 两种模式的优点，不仅发挥了社会资本的资金、技术和管理优势，还有利于降低建设和运营成本，提高工程质量。目前，已有多个成功的案例。例如，广佛肇高速（肇庆段）项目，由广东省长大公路工程有限公司与肇庆公路发展有限公司共同对项目进行开发，按 75∶25 的出资比例组建项目公司。长大公司负责项目的设计施工总承包，肇庆市负责办理征地拆迁等前期基础性工作。由于采用“BOT + EPC”模式，该项目提前一年竣工，创造了广东省高速公路建设新纪录。

二　交通运输 PPP 存在问题

交通运输业是 PPP 模式应用最早的行业之一，经过多年的实践和推广后积累了丰富的经验，具有投入产出明确、绩效考核清晰、示范项目多等优势。但在具体的实践推广过程中，交通运输 PPP 项目还存在民营企业参与率低、部分项目运作不规范、交通量等关键指标预测不准、利益共享和风险分担机制不合理等问题，阻碍了 PPP 模式在交通运输领域的广泛应用。

（一）民营企业参与率低

截至 2017 年 12 月末，在财政部公布的 597 个落地示范项目中，签约社会资本共 981 家，其中民企占 34.7%，民营企业参与的项目数为 280 个，占 46.9%，表明当前民营企业在 PPP 项目中的参与率较高。但从目前的实践来看，民营企业主要涉及的行业为市政工程、生态建设和环境保护、养老、水利建设、医疗卫生等 17 个领域。在交通运输领域，民营资本参与率较低，央企和地方国企占据绝对主导地位。

究其原因，主要有以下三点：第一，交通运输项目投资金额巨大，单个民企或者民企联合体资金有限，且融资成本高，因而在巨额投资条件下望而却步；第二，一些交通运输 PPP 项目的准入门槛太高，地方政府并未做到“一碗水端平”，在身份上“重公轻私”，在筛选社会资本时故意在项目方案设计中设置排他性条款，使得民企达不到要求而被拒之门外；第三，民营资本对 PPP 项目的回收机制以及政府兑现承诺信心不足，仍然处于观望状态。

（二）部分项目运作不规范

从当前实践来看，交通运输 PPP 项目缺乏可借鉴的成功案例，总体上还处于“摸着石头过河”的阶段，部分项目在具体运作过程中存在诸多不规范的问题。以收费公路 PPP 项目为例，主要问题表现在四个方面：一是名义上以 PPP 项目入库，但实质上采用建设—移交方式实施，违背了 PPP 模式的初衷；二是项目收费期限超出法律法规规定的最长 30 年年限，严重损害了老百姓的利益；三是采用明股实债、保底收益、违规回购等方式违规变相举债融资；四是违背政策规定，例如选择未剥离政府债务和融资功能的同级融资平台公司作为社会资本方等。

（三）交通量等关键指标预测不准

交通运输基础设施项目经营期限长，客观上存在项目可行性研究报告内容不准确的问题，尤其普遍存在交通量这一重要指标的预测不准问题。以某省一高速公路 PPP 项目为例，实际发生的交通量只有可行性研究报告中预测交通量的 10% 左右。如果以实际的交通量作为财务指标测算依据，则该项目运作方式应该增加可行性缺口补助。由此，社会资本的收益率不仅得不到保证，还需要地方政府每年安排相应的财政资金给予补贴，损害了政府和社会资本双方的利益。

（四）利益共享和风险分担机制不合理

PPP 项目的实质是政府与社会资本之间建立的一种“利益共享、风险分担”的合作机制，试图通过双方的利益和风险分担达到均衡的状态。但在交通运输 PPP 项目中，其建设周期长、回收期长等特征使得政府与企业之间存在风险分担和利益共享机制不完善等问题。具体而言，有的项目中政府承担了应由企业承担的部分风险，如交通量不足、银行贷款利率上调等风险；有的项目中社会资本承担的风险远远高于收益，由交通量较高增长带来的大部分收益被政府瓜分，而社会资本承担了交通量不足的大部分风险。

三　交通运输 PPP 对策建议

（一）着力提高民营资本参与率

1. 加强融资支持

当前，PPP 市场对民间资本的融资支持力度不够，再加上民营企业评级普遍比国有企业低，使得融资成本较高，也使得民营资本投资交通运输 PPP 的热度不高。因此，要调动民营资本投资的积极性，必须加强融资支持，以解决其资本瓶颈问题。就目前而言，设立 PPP 投资基金是较为可行的办法。2016 年 3 月，财政部联合 10 家金融机构、投资机构成立了中国政企合作投资基金管理有限责任公司。基金成立后大力参与 PPP 项目，促进了一大批 PPP 项目的落地实施。此外，河南省、江苏省、山东省等 10 多个省份先后成立地方性的 PPP 引导基金，积极发挥财政资金的导向作用。国家层面和地方层面 PPP 投资基金的设立，将为民营资本参与 PPP 项目提供便利，在降低其融资成本的同时提高参与的积极性。

2. 优化民营资本投资环境

一是继续深化简政放权，进一步转变政府职能，由事前监管逐渐转变为事中事后监管，为民间资本松绑，释放民间资本活力，从而激发其新动能；二是消除对民营企业的进入障碍，建立平等的市场准入机制，使民营企业享受同等的待遇；三是坚持政府和民营资本地位平等、权利义务对等原则，建立政府违约追责机制，积极探索成立 CEF（增信便利）基金，解除民营企业参与投资的后顾之忧。

3. 引导民营资本的投资方向

政府可以引导民营资本避开自身实力较弱的局限性，另辟蹊径，选择性地投资铁路建设项目等领域。一是运煤通道、港口后方的疏运通道等，其线路较短、投资金额较小且收益比较客观；二是生产铁路的设备、器材、配件等，尤其是高铁的铝合金车体等配件，需求量大且可通过国产化生产来降低成本，从而相对提高投资收益；三是投资参与铁路的物流合作，或者通过对铁路项目进行第三方安全评估等方式与铁路科研单位或企业合作开展技术服务。

（二）规范项目运作过程

针对目前交通运输 PPP 项目存在的一些运作不规范问题，可以从五个方面予以改进。第一，强化交通运输 PPP 项目全生命周期的理念，按要求设计项目的运作流程，规范项目实施方案、项目合同等内容；第二，按照相关法律法规的规定，严格明确收费标准、收费期限、收费方式等具体内容，避免出现违法行为；第三，坚持风险共担、利益共享、长期合作的原则，严格采用市场化运作方式，杜绝明股实债、保底收益、违规回购安排等违规行为；第四，实行交通运输 PPP 项目终身责任制，加强事后监督检查，一旦发现问题及时追究具体的责任人；第五，建立完善的交通运输 PPP 项目投资人准入条件，健全以信用、质量、安全为核心的事中事后监管机制，畅通市场退出通道。

（三）科学预测交通量等关键指标

在交通运输 PPP 项目尤其是收费公路 PPP 项目实际操作过程中，参与各方在撰写可行性研究报告时应充分考虑社会经济发展变化、路网结构变化等因素，确保预测交通量的准确性。针对可行性研究报告已经完成的项目，可以运用“调基法”“通道控制法”等方法对预测交通量进行修正，将交通量等预测数据的误差降到最低。

（四）建立合理的风险与利益共担机制

针对交通运输 PPP 项目中存在的利益和风险分担机制不合理问题，应该从以下两个方面予以规范和完善。第一，要厘清政府和社会资本的风险边界，由企业承担市场化过程中出现的风险，法律政策和重大事项变化风险则由政府承担。进一步地，国家有关部门应当尽快明确 PPP 项目政府风险清单，统一规定政府的风险分担责任，防止政府包揽企业应该承担的风险。第二，要严格贯彻风险共担、利益共享的原则，合理分配政府和社会资本方的风险和利益。对于交通量这一关键性指标，无论是基于过高交通量带来的利益共享机制，还是因交通量严重不足导致的风险共担机制，政府都应该两手抓，不应只分享利益而甩掉风险包袱。

四 案例：甘肃省陇南市两徽高速 PPP 项目①

（一）项目概况

两徽高速，主线起于甘肃省陇南市两当县杨店，途经灵官峡、柳林镇、银杏乡，止于徽县李家河，全长 53.4km，全线采用双向 4 车道高速公路标准设计，设计车速为 80 公里/小时。项目估算总投资为 75.3 亿元，合作期为 30 年，已于 2016 年 6 月开始实施。该项目是甘肃省首条 PPP 高速项目，不仅实现了甘肃省交通 PPP 项目零的突破，还成了财政部第二批 PPP 示范项目，对于 PPP 模式在甘肃省的应用推广具有很强的示范带动作用。

（二）项目模式

项目采用“EPC + BOT + 可行性缺口补助”模式。甘肃省政府指定甘肃省交通建设集团有限公司为项目的实施机构，负责该 PPP 项目的准备、采购、监管、移交等具体事宜。甘肃交建集团经过三次招标，最终确定甘肃五环公路工程有限公司、甘肃路桥第三公路工程有限责任公司、甘肃交通规划勘察设计院有限责任公司、中交路桥建设工程有限公司四家公司联合组成社会资本投资人，陇南市人民政府以土地入股的形式提供项目建设用地并进入

① 案例来源：财政部政府和社会资本合作中心网站，http://www.cpppc.org/zh/pppsfxmalxl/4523.jhtml。

项目公司，社会资本联合体与陇南市人民政府成立项目公司，即甘肃省两徽高速公路项目管理有限公司。项目公司出资 30.12 亿元，占项目总投资的 40%，其余的 45.18 亿元由国内银行贷款提供。

此外，项目建设还受到由甘肃交建集团、甘肃交通投资基金及社会投资人共同设立的甘肃两徽交通投资基金的支持，该基金将全部用于两徽高速公路建设。该项目的具体实施模式如图 3 所示。

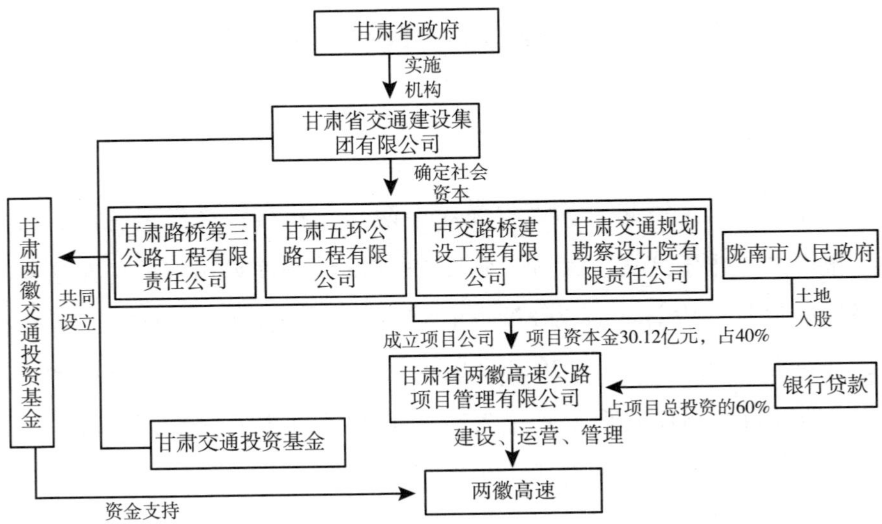

图 3　甘肃省陇南市两徽高速 PPP 模式示意图

（三）项目瓶颈

1. 社会资本方谨慎

在项目的实施过程中，社会资本方的谨慎主要表现在两个方面。第一，社会资本方尤其民营企业在招标采购阶段积极性不高。项目的前两次招标均因为没有足够的竞标方而失败。在第三次招标中，甘肃交建集团改为采用“单一来源采购”方式，才最终确定了包括甘肃路桥第三公路工程有限责任公司等以上四家公司在内的社会资本联合体。这四家公司均为国企，民营社会资本的参与积极性不高。第二，社会资本方谨小慎微。与政府一路绿灯的支持行为相反，社会资本方对合作的具体事宜非常谨慎，不仅在项目前期与实施机构进行了多次谈判，甚至在即将签约时还在与政府各方进行具体细节的沟通，光讨论合同条款就花了三天时间。由此可见，社会资本方对于与政府的首次合作心存顾虑，为了避免吃亏步步谨慎。

2. 相关政策不配套

民营资本之所以没有参与进来，主要基于两个方面的原因。一是政府与民营资本之间缺乏互信机制，尤其是民营资本对政府的承诺缺乏足够的信心，不敢以身试险；二是民营资本融资难，相对国企而言，民营资本获得的银行贷款利率较高，也很难获得开发性金融机构的贷款，即使有参与 PPP 项目的意愿，也没有足够的资金实力。因此，在日后的 PPP 推广应用过程中，政府应该建立健全相应的政策，扫除民营资本的进入障碍。

此外，在该项目的实施过程中，还遭遇了不完善的 PPP 顶层设计导致的一系列问题，如政策体系不完整、可操作性不强、难以实施等。

（四）项目借鉴经验

1. 政府重视、特事特办

为了确保甘肃省首条高速公路项目顺利实施，甘肃省、陇南市等地方政府高度重视，对于相关常规性手续特事特办，大大缩短了手续办结时间。两徽高速 PPP 项目前置性手续自 2015 年 3 月开始办理，截至 2015 年 10 月底，包括项目规划选址意见、用地预审、环境影响评价等 11 项手续全部办结——仅仅花了 7 个月时间就完成了项目的所有前置性手续，比传统模式下的手续办结时间缩短了近两年时间，这无疑是政府部门重视、特事特办的结果。

2. 各方加强沟通协调

为了加快推进两徽高速 PPP 项目的建设，徽县成立了由 20 多人组成的协调领导小组，全心全意投入高速公路建设。一是指定常务副县长专管这项工作；二是及时解决拆迁、安置等与群众工作相关的问题；三是积极配合项目设计单位，协助处理前期准备工作；四是多渠道筹集拆迁补偿资金；五是做好舆论宣传工作，营造良好的氛围。

此外，在建立协调领导小组的基础上，各方建立了良好的沟通协调机制。例如，项目公司因项目建设问题可以直接打电话找县长解决，与传统自下而上协调的模式相比，这种直接协调的方式效率大大提高，进而加快了项目的建设进度。

B.7

市政工程 PPP 模式的发展

朱红梅　朱 玲　傅 晓*

摘　要：　本报告就政府和社会资本合作模式在城市轨道交通领域的应用进行了研究。通过对现状和典型案例的阐述、分析，总结了我国具有现代理论意义 PPP 的三个发展阶段及取得的研究实践成果，提出了城市轨道交通 PPP 的可行性及创新点，并做出展望与建议，为市政基础设施 PPP 的理论研究和政策制定提供了智力支持。

关键词：　市政工程　城市轨道交通　PPP　高峰断面

一　世界轨道交通发展概述

纵观世界轨道交通发展史，世界上第一条铁路于 1825 年在英国开通，第一条地铁是 1863 年建成运营的伦敦大都会线，我国第一条自主建设的唐胥铁路于 1881 年建成运营，至今都已逾百年。

我国铁路的 PPP 实践可追溯到 1906 年 6 月开工的新宁铁路，它是我国内陆最南端的一条民营铁路，由光绪皇帝于 1906 年 1 月 22 日签字批准立项，华侨新宁县人陈宜禧集资兴办，自广东省斗山之北街起，全长 109 公

* 朱红梅，北京控股磁悬浮技术发展有限公司助理工程师。朱玲，北京城市快轨建设管理有限公司副总工程师，国家发改委、财政部 PPP 专家库双库专家，中央财经大学 PPP 智库专家。傅晓，英国长江国际律师事务所策略项目经理，国家发改委、财政部 PPP 专家库双库专家，中央财经大学 PPP 智库专家。

里，支线 28.5 公里，分三段施工，于 1913 年竣工运营。

英国在 PPP 的实践方面走在世界前列，特别是自来水供应项目，可作为典型案例。英国在 400 多年前就有了私人供水的历史，后来逐渐被国有化，到了 20 世纪 80 年代初又被民营化。从私营到国营再到私营，整整走了一个循回。

随着城市人口和经济快速增长以及公共政策措施的强力推动，我国城市轨道交通正在进入一个快速发展的新阶段。截止到 2017 年年底，中国内地累计 34 个城市建成运营 5021.7 公里城市轨道交通线路，新增石家庄、珠海、贵阳、厦门 4 个城市。其中，珠海建成运营和有轨电车线路，厦门、贵阳、石家庄新开通运营地铁线路。2017 年新增 33 条运营线路，868.9 公里运营里程，成为单年新增运营里程最高的年份，较 2016 年增幅高达 62.5%。[①]

自 2001 年，我国首次在轨道交通领域采用 PPP 模式融资建设奥运工程北京机场快轨以来，PPP 在城市轨道交通项目中的应用日趋成熟和规范，在实践中亦有很多创新值得示范和推广。2016 年全国轨道交通落地 PPP 项目如表 1 所示。

表 1　2016 年全国轨道交通落地 PPP 项目（不完全统计）

序号	项目名称	模式	投资总额(亿元)	里程(km)	中标单位
1	芜湖市轨道交通 1 号线、2 号线一期	BOT	146.33	46.76	中国中车股份有限公司联合体
2	西安市地铁临潼线(9 号线)一期工程	BOT + EPC	149.88	25.14	中国中铁股份有限公司
3	乌鲁木齐轨道交通 2 号线工程	BOT	163	19.35	北京市基础设施投资有限公司联合体
4	昆明轨道交通 9 号线	BOT + EPC	224	50.4	中国中车股份有限公司联合体
5	呼和浩特地铁 2 号线	BOT	208.6	27.27	中国铁建股份有限公司

① 数据来源：中国城市轨道交通协会。

续表

序号	项目名称	模式	投资总额(亿元)	里程(km)	中标单位
6	呼和浩特市城市轨道交通 1 号线一期工程	BOT	146.8	21.93	中国中铁股份有限公司联合体
7	大连地铁 5 号线	BOT	188.45	23.8	中国中铁股份有限公司(子公司)联合体
8	徐州市轨道交通 2 号线一期工程	BLMT + TOT	169.79	23.9	中国铁建联合体
9	重庆市轨道交通 9 号线一期工程	BOT + EPC	189	32	中国建筑联合体
10	青岛市红岛—胶南城际轨道交通二期工程	股权合作 + BOT	140.24	40.21	中交集团
11	青岛地铁 4 号线	BOT	181.90	30.7	中国人寿资产管理有限公司
12	南京地铁 5 号线	BOT + EPC	200	37.4	绿地集团联合体
13	三亚有轨电车示范线	BOT	14.695	8.37	中交联合体
14	福州市轨道交通 2 号线机电设备 PPP 项目	AB 包 BOT	工程总投资约 212.58，PPP 项目初始建设投资 43.126	30.623	中国电子科技集团公司第十四研究所联合体

数据来源：吴健、刘效清：《轨道交通 PPP 模式的问题分析及完善路径》，《中国 PPP 专家论道——国家发改委 PPP 专家优秀论文集》2018 年 3 月。表内项目名称和相关文字有修正。

二 城市轨道交通 PPP 研究与实践

综合国际、国内相关文献资料，笔者认为，我国城市轨道交通 PPP 经历了三个发展阶段。

1. 开创和探索性阶段：2003年以前

典型案例：北京机场快轨工程

2. 试点发展阶段：2003 ~2014年

典型案例：北京市轨道交通 4 号线工程、北京市轨道交通 16 号线工程

3. 推广发展阶段：2014年至今

典型案例：北京新机场线工程、福建地铁 2 号线工程等

（一）开创和探索性阶段：2003年以前

典型案例：奥运工程北京机场快轨

北京市轨道交通首都机场线工程组经过充分的前期论证，组织了采用磁悬浮、直线电机、高速轮轨等方案的可行性研究工作，于 2001 年 5 月 31 日，向市委、市政府做了汇报，市委、市政府批准成立项目公司（SPV 公司），并确定了该项目作为北京市申奥的市政配套工程，采用社会化融资、特许经营的模式建设和运营。

2001 年 7 月 6 日，东方文化经济发展集团有限公司、首都公路发展有限责任公司出资组建了机场快轨 PPP 项目 SPV 公司——北京东直门机场快速轨道有限公司，负责奥运工程北京机场快轨工程及沿线服务设施的建设、运营和管理工作。其中东方文化集团公司出资占公司注册资本的 51%，首发公司出资占公司注册资本的 49%。

2001 年 7 月 13 日，在莫斯科现场，北京申奥代表团向世界陈述，“北京的交通状况正在发生很大的变化……磁悬浮把机场和市中心连接起来”，“中国政府将信守在北京陈述报告中所做的所有承诺，并将尽一切努力帮助北京实现其承诺”，同时显示的北京市交通线路图中突出了东直门至首都机场线工程的线位。从那天起，刚刚成立的快轨公司，在世界的瞩目和奥运的光环下，承担起建设奥运工程的艰巨任务。

作为奥运工程北京机场快轨项目经理和快轨公司总工程师的朱玲，是教授级高级工程师，其亲历了自 2001 年 3 月项目论证、2001 年 7 月 6 日公司成立至 2008 年 7 月 19 日机场快轨建成运营的全过程工作，该项目的前期工作以融资和建设方案论证两条主线分别进行又互为支持，建设方案论证为项目融资提供技术支持，不同融资方案为工程方案提供资金保障。

通过国际范围的融资方案比选、专家论证和设计方案征集，快轨公

司就采用磁悬浮、直线电机、快速轮轨方案于 2003 年 12 月、2004 年 5 月香港地铁分别与日本磁悬浮公司联合体，2004 年与首都机场、中国铁建等二十多家企业进行谈判，并签署合作意向书。2005 年 3 月快轨公司增资中铁电气化局，首都机场为公司股东，注册资本金由 1 亿元增加到 5 亿元，完成项目立项和公司第一次增资扩股任务。机场快轨工程于 2005 年 6 月控制性工程开工，2006 年 1 月全面开工建设。

2006 年 12 月，快轨公司第二次增资扩股，北京市基础设施投资有限公司入资，成为大股东，公司注册资本金为 26 亿元。

作为奥运会配套工程，快轨公司集各股东方企业文化优势和工程建设经验，圆满完成奥运工程的建设任务，机场快轨于 2008 年 7 月 19 日开通试运营。在 2008 年北京奥运会和国庆黄金周期间，机场快轨制定了奥运运营技术保障方案，高峰日客运量达到 21833 人次，日开行列车 144 对，整体系统经受住了大客流考验。目前，列车最小追踪间隔时间提高至 8 分钟，高峰日客流量接近 4 万人次，为疏解北京市运输能力紧张状况起到了重要作用。

机场快轨实际运营情况如下。

客流增长：2008 年至今，机场线客流增长率维持在 20% 以上，超过机场吞吐量增长率；

分担比例：占机场总吞吐量的 15% 左右；

日均客流：现状稳定在 3 万人次左右；

高峰断面：平日维持在 1200 ~ 1400 人次/h 的水平；

客流波动：节假日、天气不佳道路拥堵时，客流明显，“十一黄金周”期间甚至接近平日 2 倍；

行车间隔：高峰 8mins，平峰 10mins，高峰单向运能 1512 人（全座席）；

运行速度：列车实际最高运行速度 90km/h，旅行速度 53km/h；

运行时间：东直门至 T3 为 21mins、至 T2 为 35mins，T2 至东直门为 24mins；

列车运用：总配属车 10 列，平日上线 8 列，1 列在修、1 列备用。

首都机场旅客吞吐量、机场快轨年客运量见图 1，机场快轨高峰小时断面客流见图 2。

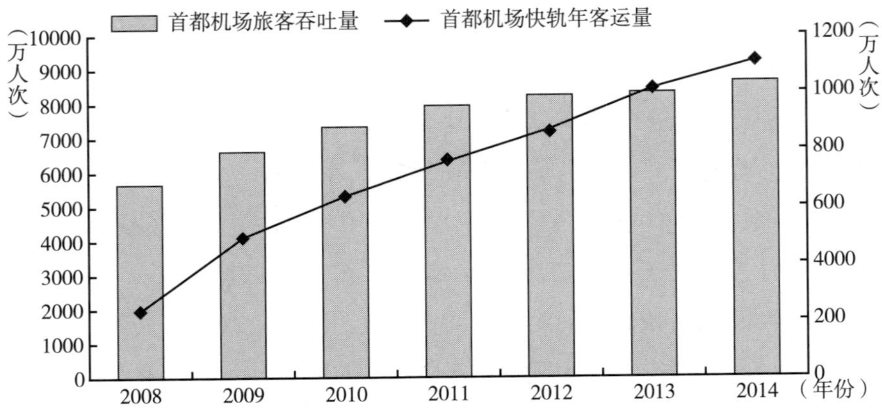

图 1　首都机场旅客吞吐量和机场快轨年客运量

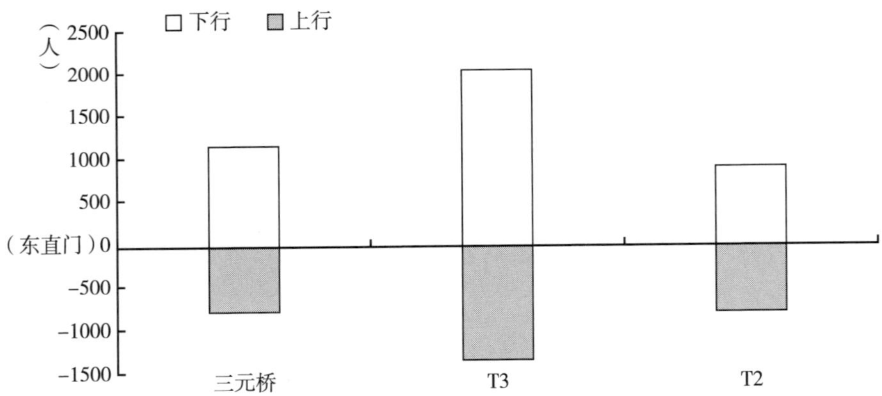

图 2　机场快轨高峰小时断面客流

（二）试点发展阶段：2003 ~ 2014年

典型案例：北京市轨道交通 4 号线工程

2003 年 11 月，快轨公司朱玲总工程师作为北京市轨道交通 PPP 项目的技术商务代表随市政府代表团赴香港与香港地铁公司进行技术商务谈判，形成会议纪要。会议期间香港地铁公司给北京市政府写信表达了参加北京机场快轨和北京地铁四号线的融资建设的愿望。

北京机场快轨运营线路见图 3。

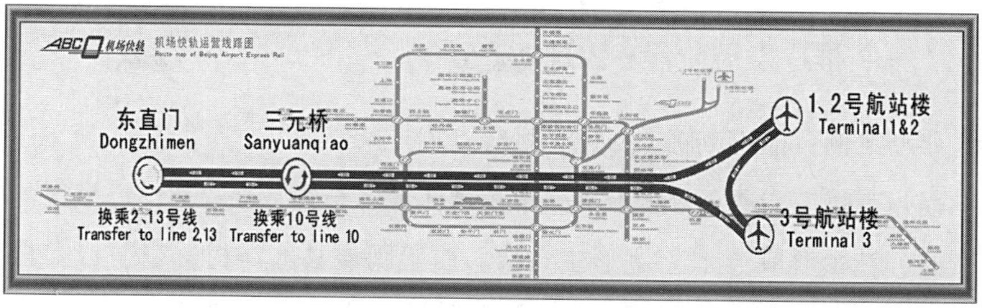

图 3　北京机场快轨运营线路

2004 年香港地铁公司派人在北京市东城区西总部胡同 27 号，与快轨公司合署办公，历经半年的时间，从技术和商务层面全面研究投资建设运营北京市轨道交通线路相关事宜。

2004 年 12 月，北京市基础设施投资有限公司与香港地铁公司、北京首都创业集团有限公司签署了关于 4 号线合作原则性协议，2005 年 2 月 7 日北京市政府与京投、香港地铁、首创和公司草签了 4 号线的特许经营协议。

2005 年 11 月 8 日，京港地铁有限公司成立。

2009 年 9 月 28 日，4 号线开通试运营。(4 号线 PPP 组织结构见图 4)

2010 年 12 月 30 日，大兴线开通，4 号线与大兴线贯通运营。

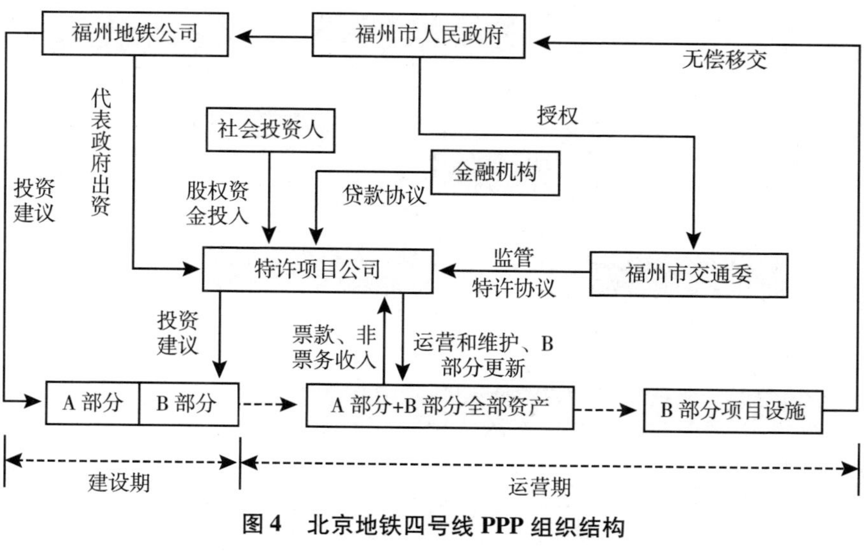

图 4　北京地铁四号线 PPP 组织结构

（三）推广发展阶段：2014年至今

典型案例：福州市轨道交通 2 号线工程

福州市轨道交通 2 号线沿福州市东西向走廊布置，在福州中心城区与轨道交通 1 号线形成“十”字形主骨架。西起闽侯县苏洋村，东至晋安村鼓山镇，线路全长 30. 167 公里，均为地下敷设。共设车站 22 座，其中换乘车站 5 座，全线设车连段和停车场各一座，工程总投资约 212. 58 亿元。

2 号线工程分为 A、B 两部分建设，A 部分包括车站、区间等土建和风、水、电工程，由福州地铁公司投资建设；B 部分为机电设备系统，采用 PPP 模式实施，投资概算 49. 01 亿元，（根据中国政府采购网 2016 年 1 月 5 日中标公告：PPP 项目初始建设投资 43. 126 亿元，签约合同价按采购文件第四章初始建设投资下浮率为 12%）由引入社会投资人与政府出资人代表（福州地铁公司）组建的项目公司进行投资和建设，并负责 2 号线全线（A、B 两部分）运营管理。政府根据项目投资、融资和绩效考核指标，综合考虑社会投资人的合理收益，给予必要补贴。福州市轨道交通 2 号线线路平面示意和 PPP 项目交易结构分别见图 5、图 6。

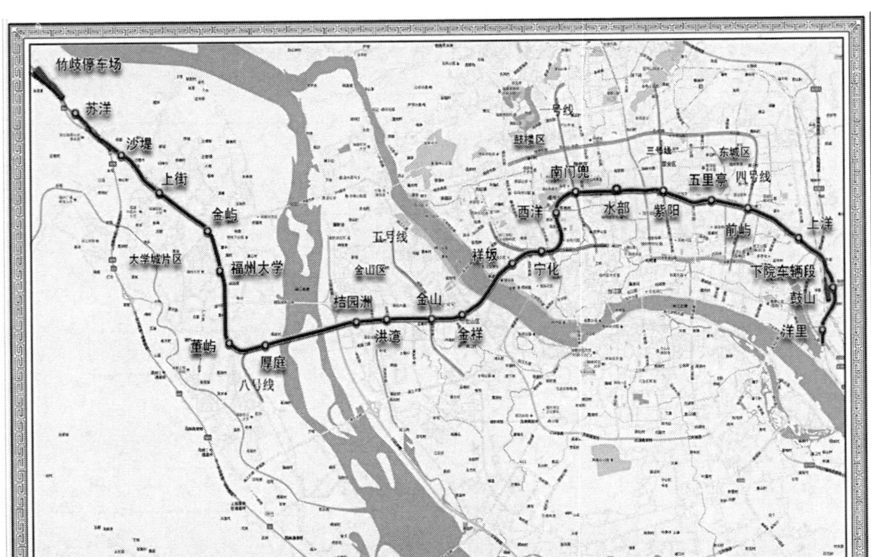

图 5　福州市轨道交通 2 号线线路平面示意

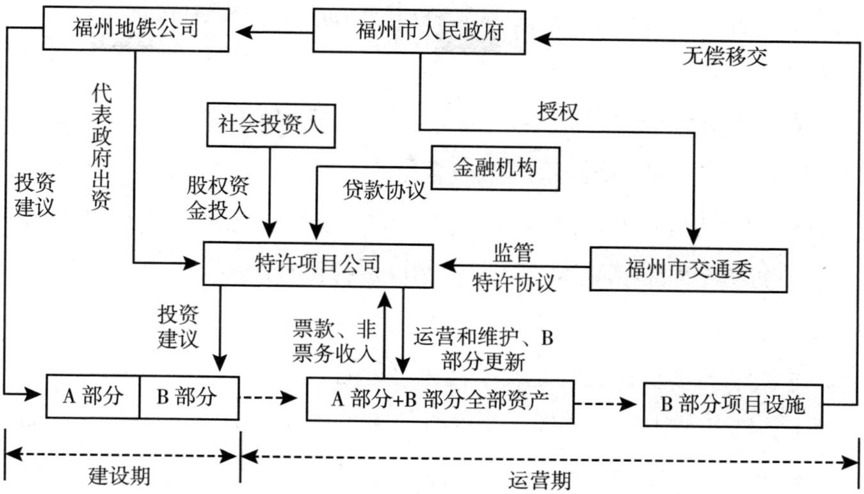

图 6　福州轨道交通 2 号线 PPP 项目交易结构

2 号线竣工建成后，项目公司租赁福州地铁公司建设的 A 部分设施，负责 2 号线项目全线的运营、管理、维护和更新（不含 A 部分更新改造），并取得票务收入、非票收入及政府补贴。特许经营期届满，项目公司向市政府或其指定机构无偿移交 B 部分项目设施，并向福州地铁公司返还租赁的 A 部分项目设施。特许期经营期包括建设期两年和运营期 25 年，共计 27 年。

福州市轨道交通 2 号线 PPP 项目实现以下主要创新点，在全国轨道交通 PPP 新线建设中具有推广示范价值：

（1）首创基于现金流量法计算政府补贴的财务模型；

（2）研究提出政府补贴预付机制；

（3）引入超额收益分享机制；

（4）设立了运营补贴预算机制；

（5）建立了全生命周期绩效考核奖惩机制。

三　研究结论与展望

第一，自 2001 年 7 月 9 日，我国轨道交通领域第一个 SPV 公司——北京东直门机场快速轨道有限公司成立以来，城市轨道交通 PPP 经历了开创探索阶段（2003 年以前）、试点发展阶段（2003 ~ 2014 年）和推广发展阶段（2014 年至今）。

第二，城市轨道交通 PPP 实现了社会资本对城市轨道交通领域的合理参与，有利于推动市场合理配置资源，提高资金使用效率，推动投资主体多元化。

第三，PPP 在城市轨道交通领域的应用，是轨道交通产品设计、建设理念和运营服务体制、机制方面的创新，为顶层设计、制度设计和立法研究带来了新课题。

第四，综合国际国内 PPP 理论和实践研究成果，轨道交通采用政府和社会资本合作 PPP 模式投资建设运营是可行的。

第五，随着城市轨道交通运营网络的逐步建成，建议编制轨道交通路网运营状况和风险评价指标地方标准，把 PPP 项目纳入轨道交通全网线路评价，并作为全生命周期绩效考核的依据之一，以利于更加公平、公正地在运营安全保障、设备设施隐患、车站大客流风险等方面及时、动态地与网络中其他线路同步评价比较，共同提高安全运营和服务水平。

第六，PPP 理论、政策和法律体系的完善，必将为 PPP 应用提供更广阔的发展空间。

城市轨道交通 PPP，通过典型案例研究和示范项目的应用，必将引领和实现融资、建设、运营模式和机制的创新，优化资源配置，提高服务效率，有更广阔的推广和应用空间。

建议更加关注“一带一路”、“中欧班列”和“金砖十年”带来的 PPP 发展机会。有国家政策支持，有各行业学术研究和示范项目的引领，我们将有更大的勇气和信心，在国际国内的专业领域发出自己的声音，促进和规范 PPP 行业的健康可持续发展，也更有能力面对中国和世界 PPP 的未来，承担起引领时代的责任。

参考文献

[1] 王守清、刘云：《公私合作（PPP）和特许经营等相关概念》，《环境界》

2014 年。
[2] 财政部——政府和社会资本合作 PPP——调查研究。
[3] 中国铁道网。
[4] 吴健、刘效清:《轨道交通 PPP 模式的问题分析及完善路径》,《中国 PPP 专家论道——国家发改委 PPP 专家优秀论文集》2018 年 3 月。
[5] 朱玲、李连成:《国家发改委典型案例专家点评福州市轨道交通 2 号线 PPP 项目》2017 年 6 月。

B.8
环保 PPP 模式的发展

周瑞军　徐保满　曹雪姣*

摘　要： 近年来，在全国 PPP 快速发展的大趋势下，生态建设和环境保护产业也积极引入 PPP 发展模式，呈现强劲增长态势。PPP 强调政府与社会资本在提供公共产品和服务领域的相互协作，通过引入社会资本，利用 PPP 模式推动国家生态建设和环境保护工作的开展，促进生态文明建设，实现国家治理现代化。本报告主要从生态建设和环境保护行业 PPP 的分类、特点、政策导向、发展情况介绍了当前该行业 PPP 的发展现状，总结出目前该行业 PPP 发展中存在的主要问题，并针对存在的问题提出相应的对策建议以供参考。

关键词： 生态建设和环境保护行业　PPP　社会资本

一　生态建设和环境保护行业 PPP 发展的现状

近年来，国家对生态建设和环境保护领域高度重视，这为中国生态建设和环境保护产业的发展带来了利好。与此同时，PPP 也成为地方政府基础设施建设和公共服务市场化改革的重要方向，两个方向相叠加，带

---

* 周瑞军，北京市中闻律师事务所合伙人、PPP 研究中心执行主任、房地产业务部主任，财政部 PPP 专家库法律专家，中央财经大学 PPP 智库专家。徐保满，天津市房地产业协会副会长，南开大学房地产金融与法律研究中心主任，国家发改委 PPP 专家库专家，中央财经大学 PPP 智库专家。曹雪姣，山东财经大学财政税务学院讲师。

来了 PPP 模式下中国生态建设和环境保护产业的大发展。2014 年，随着《关于加强地方政府性债务管理的意见》（国发〔2014〕43 号）文件的出台，中国迎来了 PPP 2.0 时代。2015 年 4 月 25 日，随着国务院 2015 年 14 号公报《关于加快推进生态文明建设的意见》以及其后一系列相关文件的颁布，更为生态建设和环境保护领域推行 PPP 拓宽了道路、注入了活力。

（一）生态建设和环境保护行业 PPP 的分类

生态建设和环境保护是财政部 PPP 项目库 19 个一级行业之一，它和能源、交通运输、林业、水利建设、片区开发、农业、教育、市政工程、科技、保障性安居工程、旅游、养老、文化、医疗卫生、体育、社会保障、政府基础设施及其他一起组成了 19 个一级行业。同时，生态建设和环境保护的下一级行业即二级行业自 2016 年 3 月“污水处理”划分至“市政工程”后，对应的二级行业项目只有三类，即综合治理、湿地保护及其他。

（二）生态建设和环境保护行业 PPP 的主要特点

与交通运输、市政工程等领域不同，生态建设和环境保护行业 PPP 项目普遍具有三个方面的特点。

一是公益性强，生态建设和环境保护具有公共物品特性，其受益的非排他性使得该类项目很难通过收费的方式来弥补项目成本，加之资金投入的回报机制与渠道不健全，使得很多项目无法获取稳定的现金流，体现公益属性。

二是复杂性强，生态建设和环境保护领域覆盖的范围特别广，涵盖很多相互关联的要素。生态建设和环境保护类项目的类型较多，经常与周围的环境相连接，进而增加了项目的复杂性。与此同时，不同项目所要求的环境标准与实施技术路线各不相同，资金来源和投资回报也较为复杂且不固定。

三是技术性强，生态建设和环境保护 PPP 项目投资、运行管理等受工艺技术影响较为明显，技术的专业化程度较高。

（三）政策导向

1. 生态建设和环境保护行业 PPP 政策起步期（2013 ~2014年）

2013 年，党的十八届三中全会通过的《中共中央关于全面深化改革若干重大问题的决定》中指出建立吸引社会资本投入生态环境保护的市场化机制，推行环境污染第三方治理。

2014 年，《关于推广运用政府和社会资本合作模式有关问题的通知》（财金〔2014〕76 号）在确定示范项目范围的内容中提出“各级财政部门要重点关注城市基础设施及公共服务领域，如城市供水、污水和垃圾处理等”。

2014 年，国务院《关于创新重点领域投融资机制鼓励社会投资的指导意见》（国发〔2014〕60 号）要求积极将 PPP 模式植入资源环境、生态保护等领域，借助社会资本，提高政府和社会共同组织生产公共产品的能力。

2. 生态建设和环境保护行业 PPP 政策快速发展期（2015 ~2017年）

2015 年，国务院和财政部、国家发改委等多个部门出台《在公共服务领域推广政府和社会资本合作模式指导意见的通知》（国办发〔2015〕42 号文）、《关于推进水污染防治领域政府和社会资本合作（PPP）的实施意见》（财建〔2015〕90 号）等文件，提出在环境保护、水污染防治等领域，鼓励采用政府和社会资本合作模式，吸引社会资本参与，推广运用 PPP 模式。

2016 年是环保产业的大年，也是 PPP 模式在中国应用推广的大年。在 2016 年我国发布的 PPP 政策中，有近 1/3 直接涉及生态环保产业，涵盖海绵城市、城市水务、垃圾处理、污水处理、气体排放等多个领域。2016 年，国务院发布《关于印发土壤污染防治行动计划的通知》（国发〔2016〕31 号），其中第九条明确提出要发挥政府主导作用，在构建土壤环境治理体系时积极采用 PPP 模式。

2016 年 10 月，财政部颁发了《关于在公共服务领域深入推进政府和社会资本合作工作的通知》（财金〔2016〕90 号），要求各地新建项目要积极把 PPP 模式运用到垃圾处理、污水处理等公共服务领域，中央财政支持的专项建设资金补助将逐步减少乃至取消。

2017 年，多部委联合发文《关于政府参与的污水、垃圾处理项目全面实施 PPP 模式的通知》（财建〔2017〕455 号），对政府参与的污水、垃圾处理项目全面实施政府和社会资本合作模式做了进一步规范。生态建设和环境保护各大细分领域的政策利好发酵，大大驱动了生态建设和环境保护 PPP 加速释放。

（四）近年来生态建设和环境保护行业 PPP 的发展情况

2017 年是 PPP 项目的规范实施年，在纠正不规范行为的同时，PPP 改革坚持新发展理念，稳中求进，推动供给侧结构性改革，开展污染防治，深入贯彻“五位一体”总体布局和“四个全面”战略布局。生态建设和环境保护 PPP 也不例外。

1. 总体情况

根据全国 PPP 综合信息平台项目库第 9 期季报，截至 2017 年 12 月末，全国 PPP 综合信息平台收录管理库和储备清单 PPP 项目共 14424 个，总投资额 18.2 万亿元，按行业来说，PPP 项目覆盖 19 个一级行业领域。其中管理库项目 7137 个，储备清单项目 7287 个。

2. 管理库项目中生态建设和环境保护 PPP 相关数据

管理库中，市政工程、交通运输、生态建设和环境保护项目数分别居第一位、第二位、第三位，其中，市政工程项目 2678 个，交通运输项目 1008 个，生态建设和环境保护项目 543 个，合计占管理库的 59.2%。

居落地项目数前三位的分别是市政工程、交通运输、生态建设和环境保护，其中，市政工程项目 1152 个，交通运输项目 369 个，生态建设和环境保护项目 212 个，合计占落地项目数的 63.5%。

国家 PPP 示范项目 697 个，累计投资额 1.8 万亿元，涉及 18 个领域，覆盖除西藏以外的 30 个省市区以及新疆建设兵团。其中，落地项目 597 个，投资额 1.5 万亿元，落地率 85.7%，居落地项目数前三位的是市政工程（267 个，占 44.7%）、交通运输（62 个，占 10.4%）、生态建设和环境保护（53 个，占 8.9%），合计占全国落地项目的 64.0%。

落地项目的二级行业中，综合治理类项目落地 179 个，投资额 3088 亿元，分别占生态建设和环境保护类落地项目总数和投资额的 84.4% 和 91.7%。

民营企业参与行业领域 17 个，民营、含民营及外资的联合体两类项目数合计 280 个，投资额 4948 亿元，其中市政工程 112 个、生态建设和环境保护 30 个、养老 20 个。

3. 税收优惠

环保产业 PPP 项目所涉及的税收优惠政策主要包括三方面：一是减免企业所得税优惠；二是投资抵免优惠；三是增值税优惠，主要包括免征增值税、即征即退、先征后退、超税负返还、简易计税五种方式。其中，增值税、所得税优惠涉及的具体项目类别、税费优惠政策及政策依据如表 1 所示。

表 1　环保 PPP 项目增值税税收优惠政策

项目	增值税优惠政策	政策依据
垃圾处理、污泥处理、污水处理、工业废气处理	即征即退 70%	《财政部国家税务总局关于印发〈资源综合利用产品和劳务增值税优惠目录〉的通知》（财税〔2015〕78 号）
垃圾发电与热力	即征即退 100%	《财政部国家税务总局关于印发〈资源综合利用产品和劳务增值税优惠目录〉的通知》（财税〔2015〕78 号）
饮水工程	免征增值税	《关于继续实行农村饮水安全工程建设运营税收优惠政策的通知》（财税〔2016〕19 号）
供热工程	采暖费收入免征增值税	《关于供热企业增值税、房产税、城镇土地使用税优惠政策的通知》（财税〔2016〕94 号）

表 2　环保 PPP 项目企业所得税税收优惠政策

项目	所得税优惠	依据
垃圾处理、污泥处理、污水处理、工业废气处理、饮水工程、港口、码头、机场、铁路、公路、城市公共交通、电力、水力等项目	符合条件的环境保护、节能节水项目的所得，自项目取得第一笔生产经营收入所属纳税年度起，三免三减半	《中华人民共和国企业所得税法》《中华人民共和国企业所得税法实施条例》第八十七条、《财政部国家税务总局关于执行公共基础设施项目企业所得税优惠目录有关问题的通知》（财税〔2008〕46 号）和《国家税务总局关于实施国家重点扶持的公共基础设施项目企业所得税优惠问题的通知》（国税发〔2009〕80 号）
环境保护、节能节水、安全生产专用设备	符合规定的专用设备，可按专业设备投资额的 10% 抵免当年所得税应纳税额（不足抵免，可向后结转，不超过 5 个纳税年度）	《财政部国家税务总局关于执行环境保护专用设备企业所得税优惠目录、节能节水专用设备企业所得税优惠目录和安全生产专业设备企业所得税优惠目录有关问题的通知》（财税〔2008〕48 号）

目前我国尚未出台专门针对 PPP 项目的税收优惠政策，现有的税收优惠呈现碎片化管理的倾向，为避免政策不确定性所带来的税务风险，项目公司应与当地税务部门进一步沟通，确认享受税收优惠的前提条件及注意事项，进一步明确并扩大一般性税收优惠政策。

二　生态建设和环境保护行业 PPP 发展存在的问题

中国的 PPP 仍处于探索阶段，生态建设和环境保护行业 PPP 在实施过程中主要存在项目质量不高、招标程序及文件的公正性和合理性弱、地方政府融资及偿债能力风险大等问题，具体来说，体现在以下几个方面。

（一）PPP 项目库适合介入的生态建设和环境保护项目偏少

部分地方生态建设和环境保护 PPP 项目往往在前期没有做好充足的准

备，且生态建设和环境保护项目覆盖面广，因此会出现各项目之间没有严格的界线。实际招标过程中，尽管项目所要求的各种论证报告、物有所值评价和财政承受能力论证报告等招标文件都齐全，但很多要式性的文件缺乏可操作性，在实际执行过程中这些标准难以准确识别出项目。招标过程需要预先准备大量的材料予以支撑，耗时长，大大增加了过程的交易成本，合同周期太长，进一步加剧了灵活性不足。风险较大或难以控制致使项目对社会资本投资的吸引力大大降低。

（二）招标程序及文件的公正性与合理性有待强化

招投标流程设置不合理，项目实施过程中的各个环节招标分属不同部门。有的项目招标文件条款具有明显的倾向性，招标文件的相关规定比较具体，符合条件的投标单位极为有限，招标只是走个形式，招标结果早就内定，有违招标的公平性。评标方法设置不科学，与其他类项目不同，环保类项目更加强调环境专业技能的要求，然而一些地方在项目标书评审指标及评分标准的设计过程中，竟然仅仅用注册资本金等衡量竞标企业的综合实力，无视对企业环保专长的考察，导致招投标出现逆向选择的结果，专业性的小型企业处于竞争劣势地位，最终资产体量大、环保业务非主营业务的企业中标，在一定程度上侵蚀了注册资本金较少的环保企业的正当合法权益。

（三）项目简单打捆形成的综合体容易“拉郎配”

在财政部 PPP 中心委托的 PPP 示范项目案例选编过程中，筛选的原则是优中选优、宁缺毋滥。虽然就地方政府而言，与生态建设和环境保护项目打捆形成的联合体模式可以减少监管成本，却会减少市场上可供选择的优秀组合，如将水环境项目与距离较远的河道、污水厂打捆，物理空间上不存在得到整体绩效的可能。尽管每个包都可以找到最优的供给者，然而盲目打捆会导致市场仅仅为了拿项目，各投标人各自“拉郎配”，致使最优组合无法出现。

（四）项目建设重建轻运

整个生态建设和环境保护产业链存在上下游利益分配失衡的局面，项目建设过程能够获取高额利润，随着项目的开展，项目后期运营成本受到压缩，致使这类项目和相关企业的投资收益率下降，且项目的外部环境收益如何以及是否存在风险也值得探究。

（五）行政区域型的项目划分方式不利于综合生态建设

我国推进生态建设和环境保护 PPP 项目，多以县域行政范围为单位进行项目招标，而这种以行政区域为自然边界的划分方式，难以排除公共产品供给的外溢性问题，不利于开展综合性生态建设，也忽视了技术的适用性和资源条件的差异性。

（六）地方政府的融资和偿债能力难以评估

随着营改增改革的深入和 2014 年《中华人民共和国预算法》的出台，地方政府可控财政收入、举债能力降低，偿债能力不确定性增加，企业对不同地区地方政府付款能力、信用等风险评估难度加大，这进一步加大了政社合作的难度。从目前的回报机制来看，政府付费的 PPP 项目占五成以上，其中项目属于可行性缺口补助类占三成，使用者付费占将近两成，这意味着大多数 PPP 项目都涉及财政支出问题，企业能否从地方政府获得及时足额支付的项目应收账款将直接影响社会资本参与的积极性。与此同时，由于 PPP 项目周期较长，地方政府能否按照合同的规定履行契约精神亟待探讨。

（七）部分地方急于求成致使支出责任固化

一些地方为响应中央积极开展 PPP 项目的号召，突出政绩表现，通过选择拉长版 BT、政府回购、承诺固定投资回报等明股实债方式吸引社会资本投资。一些政府付费类项目，通过“工程可用性付费” + 少量“运营绩效付费”方式，提前锁定政府大部分支出责任，尽管打着 PPP 项目的旗号，但其本质都是由政府兜底项目风险。

三 对策建议

针对生态建设和环境保护行业 PPP 项目所存在的问题，本报告拟提出以下八条建议以供参考。

（一）呼吁各方继续重视生态建设和环境保护项目投入

为了增强生态建设和环境保护 PPP 项目的吸引力，政府方应进一步解放思想、更新观念，在现行法律框架下尽力从财政、税收、金融、土地等多方面为社会资本方参与项目给予政策扶持，以此调动社会资本方参与 PPP 项目建设运营的积极性。具体可在以下三方面予以落实：其一，建立 PPP 政府专项补贴，将补贴资金纳入财政预算；其二，在土地政策方面，政府要加强对 PPP 项目占用的建设用地的合理规划和调配，综合采取行政划拨土地、租赁以及作价入股等方式供应土地，以降低社会资本方的用地成本；其三，业务主管部门要会同相关部门在政策制定、项目遴选、示范推进、宣传引导等方面积极开展工作。考虑以综合治理、农业农村环境治理、湿地保护等领域为突破口，积极实施推行 PPP 模式。引导地方社会资本合理流向生态建设和环境保护领域，支持该类 PPP 项目的开展，明确各自的权责利，规范项目的运行管理。

（二）合作模式要兼顾创新和项目实际来确定

随着投融资模式不断向市场化发展，PPP 模式引入民间资本既能缓解政府的资金压力，又能提高开发效率，还为企业创造了市场，能够有效实现多赢的目标。PPP 模式在许多发达国家的研究与应用已比较成熟，近年在我国发达城市的推广和应用也有了较快发展，其中的主流趋势是大力鼓励创新模式，但必须注意的是，创新应有所依托，即依托于合作目的和项目实际。就生态建设和环境保护 PPP 项目而言，应当根据地域环境、经济水平、政府财力、人文环境以及项目的不同特征和项目的运营环境等因素选择适合的 PPP 模式，以实现政府和社会资本方合作共赢的目标，这样才能取得公私合作的成功，才能将 PPP 的综合效益最大化。

（三）回报率要兼顾吸引社会资本方和保障公平来确定

回报率有无吸引力决定了社会资本方是否有兴趣参加采购竞争，但过高的回报率或过低的回报率都会影响交易的公平，甚至会从根基上动摇 PPP 这一模式，最终使得公共利益受损。由此，生态建设和环境保护 PPP 项目回报率的设定应当在相关专业服务机构对相关数据进行充分的市场调研、与相关主管部门反复论证后，结合回报机制进行精确的财务测算，做到数据采集有依据、测算模型有对比、测算结论有说服力，在此基础上设定预估回报率，并经采购竞争程序最终确定。

（四）完善项目招投标监督管理机制

进一步规范 PPP 项目招投标操作程序，规范各级机构项目库和专家库建设，努力营造公平的竞争环境。保持合理的资格准入门槛，并对竞标底线予以约束，让更多的生态建设和环境保护企业免受歧视，与大型企业享有平等的投标权。保证项目正常、合理的利润，让更多更好的社会资本进入项目，提升项目的运营效率。实行失信企业监管制度，对招投标过程中出现的违规违法企业，根据具体情节予以惩治。

（五）推动建立生态建设和环境保护 PPP 项目产业基金

生态建设和环境保护项目投资规模大，单纯依靠企业自身资本积累和通过负债形成财务杠杆的方式难以为项目提供源源不断的资金来源。本报告建议充分利用财政资金、社会保障基金、国有保险、政策性国有银行等低成本的政策性资金组建专项产业基金，并通过传统的金融融资渠道（如银行贷款、发行企业债）和金融创新工具（如资产证券化）来保证资金的融资需求。

（六）强调生态建设和环境保护项目间的关联性

在项目整合过程中要充分考虑项目之间的关联性，尤其是技术集成的必要性和由此带来的整体绩效考核的可实施性。要综合考察项目实施所带来的规模效应，例如项目的实施对改善某一区域/流域生态环境整体质量是否具有正向效应，实践过程中通过项目整合与关联，降低社会资本建设与运营的边际成本，提高社会资本的边际收益。反之，若将相互之间关联度不高的项目予以整合，必然导致绩效目标难以合理确定、生态环境效果难以保障。基于此，本报告建议尽量避免将缺乏关联性的项目生硬地捆绑打包到一个 PPP 项目中，抑制“拉郎配”的做法。

（七）引入绩效目标动态调整机制

考虑到 PPP 项目较长的建设运营周期，绩效目标的确定不可一蹴而就，要充分考虑绩效目标实现的阶段动态性。PPP 项目短期可以促使生态环境质量有一定幅度的改善，长期则要达到生态环境质量与生态环境功能区目标要求相适应。因此，绩效目标的设定不能仅把短期生态环境质量改善作为项目实施的主要目标，而且还要尽量将社会资本的收益和合同期内政府绩效考核的情况予以量化，明确各自的权责利。

（八）强化项目的长期营运绩效

判断 PPP 项目是否应该被选出的唯一标准就是公共服务供给的效率被提高、长期营运绩效达成，而不是哪一类企业占了便宜或吃了亏。自 2014 年以来，PPP 模式在我国运用的实践过程中，相当数量的项目由施工企业成为中标的社会资本方，其实质是施工企业作为单一社会资本方或社会资本方联合体之一往往能够获取比非 PPP 项目更可观的施工利润。同时，这也面临着建设期结束后，施工企业可能运营能力不足的风险，导致 PPP 项目不能善始善终。因此，首先，政府方在选择社会资本方的过程中，应当把运营能力作为一项核心指标，优先选择有运营企业参加的联合体作为中标人；其次，也可以选择有项目运营能力的社会资本方作为中标人，其中标后可选择由具有建设工程施工资质的施工方完成项目建设，这样能在突出运营的同时不影响项目的建设。

如果项目长期营运绩效的压力能够被很好地设计到 PPP 的管理规则和具体项目模式中，那么中小企业应选择与具有技术集成和营运管理能力且具有融资能力的专业运营投资类社会资本进行生态合作，一起为地方政府提供有效的技术集成和运营解决方案，而社会资本必须高度重视其能力建设和上下游的合作，以提升项目的长期运营绩效。与此同时，要将绩效考核结果与政府付费全面挂钩（可用性付费 + 运营绩效付费），提高社会资本持续运营动力，真正实现政府资金从买工程向买效果转变。

四　案例——武汉市江夏区“清水入江”PPP 项目①

生态建设和环境保护 PPP 模式案例以武汉市江夏区“清水入江”投融资、策划（含规划、设计）、建设、运营一体化 PPP 项目为例，相关情况如下。

1. 江夏区“清水入江”PPP 项目概况

武汉市江夏区“清水入江”投融资、策划（含规划、设计）、建设、运营一体化项目是为保护城市水环境，推动地区经济社会永续发展而实施的一项重大环保工程、民生工程，采取政府和社会资本合作模式进行建设。本项目属于民生与环保领域，分为两大功能部分：第一部分为 5 座污水处理厂，第二部分为湿地建设、雨水和污水市政管网、湖泊水利工程及绿地市政景观配套工程。项目总投资人民币约 51. 1 亿元，依据项目规划或初步估算，5 座污水处理厂投资额约 10. 14 亿元，雨水和污水市政管网、湖泊水利工程及绿地市政景观配套等工程投资额约 40. 96 亿元。

① 项目信息来源于财政部 PPP 中心官网 PPP 项目库及上传的项目实施方案、PPP 项目合同。

2. 江夏区“清水入江”PPP 项目各方主体

项目合同于 2015 年 9 月 10 日签署，项目合作双方分别为武汉市江夏区政府和中信工程设计建设有限公司联合体，项目由武汉市江夏区水务局作为实施机构代表市政府签约；中标的联合体中，中信工程设计建设有限公司为联合体牵头人，联合体成员分别为：北京东方园林生态股份有限公司、中信正业投资发展有限公司、武汉市吉兴投资有限公司。

3. 江夏区“清水入江”PPP 项目合作机制

项目整体上采用 BOT 方式建设，通过公开程序引入社会资本，由其负责投资—建设—运营/维护—移交工作，其中，两大功能部分的运作方式侧重点与付费方式有所区别：其一，污水处理厂部分，采用特许经营 BOT 的方式，授权社会资本收取污水处理费，特许经营期限 25 年；其二，管网、生态治理等配套市政工程属于公益性项目，采取 BOT 或 BLMT 的方式，主要由政府付费，各期或单项工程的合作期限约为 12 年（含 2 年建设期）。

4. 江夏区“清水入江”PPP 项目社会资本收益机制

本项目是打包型、分期型、多类型的一体化民生工程项目，具体分为公用事业、水利管网及景观相关的市政工程两大功能部分，两大部分的定价机制不同。

（1）污水处理服务的定价调价机制

污水处理服务费初始单价暂定为 1.05 元/立方米（不含污泥处置，污水处理服务费单价可根据本项目不同污水处理厂的处理工艺和实际情况，经论证后进行分别定价，并根据江夏区的经济社会发展状况和污水处理厂的运营成本变化设置相应的调价机制、程序等），其中，水量不足保底水量时按保底水量计算，污水处理服务费由政府按每月计量、每月计费、每月支付。同时，还同步设计了绩效约束、激励机制和调价机制。

（2）管网等市政工程项目的定价调价机制

政府通过向项目公司支付可用性服务费的方式购买项目可用性（符合验收标准的公共资产），以及支付运维绩效服务费的方式购买项目公司为维持项目可用性所需的运营维护服务（符合绩效要求的公共服务），即市政工程部分采用“可用性服务费+运维绩效服务费”的组合方式进行定价设计。同时，还同步设计了绩效约束、激励机制和调价机制。

5. 江夏区“清水入江”PPP项目风险分配机制

本项目重点风险分配与防范如表3所示。

表3　江夏区“清水入江”项目重点风险分配与防范

风险类型	概述	风险分担及控制
土地获取风险	项目土地在特许经营期内是否可正常使用	由政府承担，保证社会资本在项目合作期限内可正常使用
项目审批风险	项目立项、施工准备、竣工验收等各环节合规、合法	1. 项目立项审批所致由政府负责承担； 2. 项目施工准备手续、竣工验收工作所致由项目单位承担
建设风险	项目设计是否合理； 建设成本会否超支； 项目能否按时完工； 建设质量能否得到保障等	1. 主要由社会资本承担，并要求购买有关商业保险、提交建设期履约保函、签订固定总价合同等； 2. 政府方可通过监理、参与招标等方式加强过程监督，确保选择合格的设计/施工单位
	因征地后拆迁或程序审批等原因导致项目无法开工，或工期延误	由政府方承担，给予社会资本必要的宽限或补偿
试运行风险	能否通过各项审批顺利进入试运行阶段，试运行能否实现稳定达标运行从而达到商业运营的标准	1. 技术、管理原因所致由社会资本承担，商业运营和付费开始时即与试运行合格挂钩； 2. 提高服务标准、行政干预等公共部门原因所致则应由政府方承担，给予合理的成本补偿
运营风险	设备设施是否正常运转、项目产出能否达到既定绩效标准、运营成本能否得到合格控制、管理是否到位、是否对环境造成二次污染等	1. 由社会资本承担，在相关合同中明确关于固定资产维护与大修理的条款；明确绩效标准并与可行性缺口补助严格挂钩；要求购买有关商业保险。 2. 提高服务标准、行政干预等公共部门原因所致则应由政府方承担，给予合理的成本补偿。 3. 政府加强日常考核和定期绩效评估
财务风险	融资失败，融资成本较高，财务管理不善	1. 由社会资本承担，提出一定比例的资本金要求，督促项目公司制定和落实合理的资金投入与使用计划； 2. 政府方给予必要的融资便利，选择财务实力较强的社会资本合作伙伴

续表

风险类型	概述	风险分担及控制
市场风险	最低需求风险	由政府方承担,承诺最低需求或保底量,以及既定范围内拥有的排他性
	通货膨胀风险	由政府方承担,通常通过定期高价公式予以抵消物价变动影响
不可抗力风险	不能预见、不能避免、不能克服的客观情况所带来的风险,如地震、洪水等自然灾害,及利率、汇率调整等	政府方和社会资本共同分担,可要求社会资本购买商业保险转移风险,同时约定应急处置程序,将损失控制到最小范围
政策/法律变更风险	项目执行的政策/法律、技术标准发生变更,导致项目投资或成本增加等	由政府方承担,并在项目协议中明确与现行法律法规、行业标准及其变更相一致的条款
政治风险	政治环境的变化、主政官员的更迭	政府方承担,并重新拟定契约,加强长效机制建设

B.9
文旅 PPP 模式的发展

魏鹏举　孔少华*

摘　要： 文化旅游是旅游需求不断升级的产物，文化旅游项目融资具有特殊性，PPP 模式可以有效解决文化旅游项目所面临的各种问题。文化旅游项目资金需求量大、回报周期长、风险大，在现有 PPP 发展环境下，面临很多亟待解决的问题，包括对其本质的认知误区、管理机制体制不顺、人才匮乏等，文化旅游行业采用 PPP 模式需要在这几个方面做进一步提升改造，才能进一步推动该模式的成熟和发展，推动产业的发展壮大。

关键词： PPP　文化旅游　大明宫国家遗址公园

一　文化旅游 PPP 概述

（一）几个基本概念

1. 文化旅游

文化旅游是随着旅游需求不断升级出现的一个新的名词，一般定义为“那些以人文资源为主要内容的旅游活动，包括历史遗迹、建筑、民族艺术

---

* 魏鹏举，中央财经大学文化与传媒学院院长、教授，博士生导师，文化经济研究院院长，文化 PPP 研究中心主任。孔少华，中央财经大学文化与传媒学院、文化经济研究院副教授，文化 PPP 研究中心副主任。

和民俗、宗教等方面”。也有学者认为“文化旅游是一种专项旅游，产品是那些由旅游经营者提供的以文化娱乐为主体的消费内容”。

文化旅游项目是一种公共物品，所谓公共物品是指那些属于社会共有的产品以及服务，主要特征是非竞争性和非排他性。非排他性意味着该产品可以同时被多个个体所消费，非竞争性意味着单个个体对产品的消费不会给他人带来影响造成消费的减少。公共物品存在市场失灵现象，即无法通过市场手段实现资源调节和配置的现象。正是这种非竞争性和非排他性，往往使得私人部门提供公共物品的动力不足，市场配置资源过程中存在问题，需要政府通过财政、税收以及货币政策进行干预。

2. 项目融资

项目融资是指为了完成项目开发或者进行项目重组而进行的融资行为，项目融资主要有两个方面的规定，第一个是通过什么方式融资，由项目性质和类型决定；第二个是通过什么方式偿还，由项目自身的盈利决定。一个项目的资金融通能力，主要取决于项目的未来预期收益。

3. PPP 模式

PPP 即政府与社会资本与政府合作，主要是指社会组织与政府达成某种协议，围绕某一公共项目形成合作伙伴关系。PPP 融资模式具有以下主要特征。

第一，共担风险。PPP 融资模式下政府和社会资本通过协议的形式就各自的权利、义务和责任等进行明确规定，根据这些规定，将项目开发不同阶段和不同部分的风险进行有效的分解。

第二，提升效率。PPP 融资模式，拓展了公共项目的融资渠道，可以将更多的社会资本吸纳，以服务于开发和建设。此外，由于 PPP 项目有政府提供担保，可以通过降低门槛、简化审批等方式提高项目承担公司的融资能力。

第三，比较优势。有助于项目参与的各个主体之间进行优势互补，可以发挥各种社会资本（民企、国企、公益组织）在项目前期设计，中期资金融通，执行期开发建设，后期运营管理等方面的优势，也可以发挥政府在监督管理、政策制定、服务标准制定等方面的优势以减少政策风险。

PPP 模式因采纳该模式的项目性质不同、开发建设主体不同、权利义务不同，可以划分为以下类型：建造—运营—移交（BOT）、民间主动融资（PFI）、建造—拥有—运营—移交（BOOT）、建造—移交（BT）、建设—移交—运营（BTO）、重构—运营—移交（ROT）、设计建造（DB）、设计—建造—融资—经营（DBFO）、建造—拥有—运营（BOO）、购买—建造—营运（BBO）。

（二）PPP 模式在文旅行业的适用性

1. 文旅项目的特性

（1）公共产品属性

文化旅游项目开发依托的主要是稀缺的人文资源，如非物质文化遗产、文物、遗址等，这些都是文化旅游发展的物质基础，这些人文资源是人类宝贵的文化财富，不属于任何个人，所有权属于国家和人民，在管理和使用权方面，不同地区的人文资源属于区域政府和人民，应该服务于当地政府和人民。正因如此，文化旅游资产具有特殊性，是长久以来人类传承下来的共同精神文化财富，政府有责任保证这些资产的保值增值，让全社会享受到这些文化资源的外部效应。因此，文化旅游项目不能完全进行市场化，因为私人部门的逐利性可能会导致对文化资源的过度开发，损害其可持续性。因此，早期大部分文化旅游项目的开发和运营主体都是地方政府，即主要是通过政府财政来进行支持。

（2）经营性的属性

不同于纯粹的公共文化产品，文化旅游项目的经济属性也非常强，通过市场化的运营和管理，文旅项目可以获得相当可观的经济收入。文旅项目可以通过直接的门票收入或者间接的餐饮和住宿收入，以及相关文化资源的特许授权复制收入等获得经济收益，根据国家旅游局数据中心提供的相关数据，2017 年上半年，国内旅游收入 2.17 万亿元，同比增长 15.8%。

（3）需较高管理技巧

文旅项目涉及面非常广，需要大量的人力、物力和资金投入，因此无论是开发还是运维均需要较高的融资能力及管理能力。不同于一般的项目，文旅项目包含的开发子项目较多，包括核心的文化旅游观光资源建设，同时也包括配套设施建设，如道路、水电、停车场这些纯公共设施，还包括餐饮、住宿等可营利的配套设施，因此一项文旅项目的开发涉及的资金量非常大。根据国家旅游局发布的《2016 中国旅游投资报告》，“全国 10 亿～50 亿元的在建旅游项目 2209 个，实际完成投资 4406 亿元，占全国的 33.9%；投资额 50 亿元以上的在建旅游项目有 299 个，实际完成投资 1146 亿元，占全国的 8.8%；投资额 100 亿元以上的旅游项目 222 个”。与此同时，文化旅游项目中后期的运营和管理工作都需要非常优秀和专业的团队，以及优秀的经营和管理理念，这些都不是政府部门管理人员所具备的。

2. PPP 模式的优势

PPP 模式最初是被用于城市基础设施建设，由于地方财政收入困境以及相关管理理念的提升，以及文化旅游行业的竞争日趋激烈，文化旅游开发运营所需要的团队越来越专业化，通过 PPP 模式进行融资和管理以提升文化旅游项目的开发运营效率与效果，正被社会各界所看好并广泛关注。PPP 模式可以有效地克服融资难、利益关系难、政府腐败、项目开发效率低下等问题。

（1）缓解融资难题

投资规模大、回收周期较长、项目风险较大等是文旅项目的特点，相比于一般的基础设施建设，文旅项目开发很难得到银行等传统金融机构的贷款，在政府支出能力有限的情况下，PPP 模式可以有效降低旅游项目开发的准入机制，通过多主体的方式分担风险。一方面可以通过政府担保、增信，让民营资本获得更多的贷款或者融资机会；另一方面，政府可以通过投资补助、担保补贴和项目奖励、投资基金劣后等方式，引导和强化社会资本参与项目开发的信心。

（2）有效解决冲突

文旅项目涉及非常多的利益相关主体，其中既有政府机构、民营企业机构，也包含公益性的社区组织等，PPP 模式的核心就是在这多方利益群体之间以契约的形式形成委托代理关系。一方面，政府与企业的合同明确双方的权利和义务，可以有效解决项目开发中的双方各种冲突问题，对民营企业来说是一个非常好的保护自身利益的工具；另一方面，利益群体可以将周边的社区居民的利益考虑进来，可以有效避免企业为了私人利益，对文化资源的破坏性开发。通过 PPP 合同的方式，事实上，各方都将各自的权利和义务制度化、公开化，通过信用的方式可以有效地解决各方面的冲突，提高解决冲突的效率。所以，这就需要政府部门的工作从传统的项目的实际执行者向项目监督者角色转变，通过监督既保证项目的短期经济利益，也保证其长远的发展利益。

（3）减少权力寻租

文化旅游项目完全由政府主导，在缺乏信息公开的情况下，往往滋生寻租腐败，且重复开发、资源使用效率低等现象严重。通过 PPP 模式推动文旅项目融资、建设和运营，可以将民营企业或者非营利的社会组织引入项目开发过程中，通过明确的合同条款来确定政府在整个项目中所承担的角色、权利和义务，进一步强化社会资本在项目中的主导地位，形成对政府行为的有效监督。

（4）发挥专业优势

PPP 模式可以为文旅项目带来大量的资金，更为重要的是可以带来新的管理理念、引进竞争机制、实现管理制度创新、带来具有管理经验的高端管理人才。PPP 模式通过这些机制的引进可以有效地提升各方参与的积极性，推动各方进一步发挥其综合管理优势和专业比较优势，通过市场化的方式进行合作，提升项目开发和运营效率。

3. 文旅 PPP 可行性

（1）文旅项目可分解

PPP 模式要求政府在可控范围内转移部分责任和利益，这就要求采用 PPP 模式的项目必须具有可拆分性。由于文旅项目本身具有公共属性和经营属性，可以拆分成“非经营性”、“准经营性”以及“经营性”的项目，准经营性项目和经营性项目可能带来的未来收益，比如门票、住宿、餐饮等，可以吸引私人部门参与开发运营。同时，一些公共性的项目可以由政府监督，根据相应的标准完成，政府则仅扮演授权者和监督者的角色。

（2）国家政策的导向

2012 年 6 月，文化部出台了《鼓励和引导民间资本进入文化领域的实施意见》，提出“鼓励民间资本投资文化产业”。

2015 年 5 月，国务院办公厅转发了财政部、发改委、人民银行《关于在公共服务领域推广政府与社会资本合作模式的指导意见》，文化领域首次被纳入管理范围，而在此后的第二批政府与社会资本合作示范项目，包含 11 个文化项目，总投资规模超过了 1000 亿元人民币。

2016 年 6 月，财政部联合文化部等二十部委印发了《关于组织开展第三批政府和社会资本合作示范项目申报筛选工作的通知》，文化部门首次成为推动政府与社会资本合作工作的部门。

2017 年 2 月，文化部《“十三五”时期文化发展改革规划》提出“运用政府与社会资本合作等多种模式，支持企业、社会组织和个人提供公共文化设施、产品和服务，推动有条件的公共文化设施社会化运营”，“鼓励和引导社会资本进入文化产业，进一步拓宽社会投资的领域和范围，鼓励社会资本进入文化企业孵化器、文化众创空间、文化资源保护开发等新兴领域。落实以奖代补、基金注入等重要政策，以推广文化领域的政府与社会资本合作模式为抓手，扶持引导社会投资进入文化领域”。

PPP 模式，逐渐被文化领域认识和接受，成为拓宽文化资金渠道、提升社会资本投入文化领域的积极性的创新手段。

（3）民间资本的壮大

根据中国人民银行的相关数据，2016 年，全国完成民间固定资产投资 36.5 万亿元，占全国固定资产投资的 61.2%，政府与社会资本合作项目继续升温。2016 年，各地区深入推进投融资体制改革，大力推广政府和社会资本合作模式，激发社会投资动力和活力。截至 2016 年年末，全国进入财政部 PPP 项目库项目个数 11260 个，项目总投资额 13.5 万亿元，其中，处于执行阶段的项目有 1351 个，总投资额 2.23 万亿元，PPP 项目落地率为

31.6%，较年初提高 11.6 个百分点，为固定资产投资提供了较强支撑。另外，我国 2016 年居民人均可支配收入为 23821 元，同比增长了 8.4%，从侧面可以反映民间资本的不断增多。尽管民间资本不断扩大，但是受政策的约束，很多民间资本闲置，无法得到有效配置，民间资本的潜力巨大，这些资本正是文旅 PPP 项目的重要资金来源。

4. 文旅 PPP 项目类型

文化旅游项目建设类型较多，目前可采用 PPP 模式的文旅项目主要有以下几种类型。

（1）文旅景点开发

文旅景点开发 PPP 模式是指"旅游政府部门以特色文化旅游资源为标的，按照市场化原则，通过转让部分收益权利的方式，吸引社会资本参与开发运营，实现多赢，最终实现文化旅游资源的可持续发展"。

（2）特色小镇开发

持续稳定的资金来源是特色小镇发展的关键，因此科学合理的融资模式地域特色小镇的发展非常有必要，PPP 模式目前是很多特色小镇开发的重要模式。

（3）遗产保护开发

文化遗产的保护和传承是政府义不容辞的责任和义务。文化遗产是社会发展和历史文脉传承的重要部分，PPP 可以为其提供良好的资金以及更好的管理运营模式。

（4）美丽乡村建设

2013 年农业部正式启动了"美丽乡村"创建活动，其工作推进需要巨大的资金投入，单单依靠财政投入难以保证其可行性，通过采纳"PPP"模式，不断拓展融资渠道缓解资金难题，是推动"美丽乡村"建设的可行选择。

（三）文化旅游项目的运作机制

1. 资金融通机制

目前，我国文化旅游项目 PPP 模式的资金筹集渠道主要有以下几个。

第一，财政支持，即通过财政投入的方式进行文化旅游项目的开发，财政投入向企业传达相关信号，同时政府财政也为民企投资提供了信心保证；第二，银行贷款，银行贷款也是 PPP 融资的一个重要渠道，它是一个资金投入过程，同时也是一个风险识别、评估过程，银行具有大量的专业人才，可以有效实现风险的事前控制；第三，投资基金，政府部门通过不断加强投资基金制度体系建设，引导社会力量积极申请资金支持；第四，租赁融资，文化旅游开发建设需要大量的相关设备，这些设备占用大量的资金，降低了流动性，不利于项目的管理效率，租赁融资可以有效解决这些难题。

2. 风险识别机制

项目风险分配是否合理，是影响文旅 PPP 成败的关键问题。由于 PPP 项目周期较长，风险分担机制设计得不合理将会增加各参与主体的投资运营成本，不公平不合理会进一步导致各方参与积极性的不断降低。风险分担机制是建立在风险识别基础上的运作机制。

风险识别建立在风险划分基础上，以政府和私人部门合作为例，项目分为政府部门承担的风险、私人部门承担的风险和双方共同承担的风险。政策风险等政府擅长和可控的风险由政府来承担；项目规划设计、资本预算超支、工程延期、资金缺口、事故等风险由企业来承担，因为企业可以更好地处理该方面的风险；除了上述风险以外，有些风险需要双方共同承担，如地质灾害风险、土地拆迁补偿风险、项目审批风险等。

风险分担方式。对于风险分担方式的识别和规定，首先要集中企业的专业优势对所承担风险进行科学评估，由企业提供报价，并根据需要提出相应的政策优惠或补贴，如果政府经过评估后认为不可行，就需要双方做进一步的深入磋商，重新评估项目风险并做出合理分配；如果政府机构对企业请求无异议，那么就由私人部门承担此类风险。

3. 项目回报机制

在文化旅游 PPP 融资项目中，政府主要起到监督作用，即设定相应的标准，然后根据标准来监督企业的开发建设和运营。除此之外，政府还需要对收益进行动态协调，即 PPP 项目应当保证项目收益不能过高也不能过低，过高将会导致公共利益受损，而过低则导致企业积极性降低，同时也不符合合作伙伴关系的初衷。

不同类型的文旅 PPP 项目具有各自不同的回报方式，目前主要有两种：一种是游客付费式，即通过征收游览付费项目门票的方式获得回报；另一种是可行性缺口政府补助方式，在项目实施过程中，那些无法通过游客付费方式获得经济回报的部分，在经过市场评估后，通过财政补贴、贷款利率优惠等优势，给予社会资本一定的补偿。这种方式的采纳主要与项目的公益性和经营性这对矛盾有关，公共属性强、无法通过经营性获益的子项目，如道路、公厕等，需要财政的相关补贴支持。

4. 项目退出机制

在项目融资过程中，出资方最为关心的是退出机制，如果退出机制不完善，再高的收益也难以吸引投资者，因为该项投资会带来投资者大量的资金积压，同时也降低了投资者借用各种金融工具的可能性，无法发挥其在融资方面的专业优势。目前有以下几种项目退出模式。销售提成：文化旅游项目一经开发完毕就可带来稳定的现金流入，可以通过这些收益分配给投资者，直至退出者投资完全收回。合伙人回购：为了保证公司持股相对集中以及管理层的稳定，允许内部合伙人之间进行股份转让，以现金、票据等方式购买退出者的股份。公开上市：如果有些项目公司已经上市，退出者则可以将股本在资本市场流通，直至退出。

二　文化旅游 PPP 面临问题

（一）文旅 PPP 数据分析

根据国家旅游局的相关数据，文化旅游项目合作期较长，普遍在 20 年以上；超过 70% 的旅游项目目前仍处于项目识别阶段，文旅 PPP 项目由于起步晚、合作期长，未来发展还有待实践检验。

我国旅游类 PPP 项目包括生态旅游、文化旅游、旅游配套设施、观光旅游、农业旅游及其他等类型。其中生态旅游类项目所占比重最大，约为 30%；其次是文化旅游类，约为 27%；旅游配套设施类项目占比约为 24%；观光旅游、农业旅游、其他旅游相关项目占比分别为 11%、4%、4%。这一数据表明，目前我国生态旅游、文化旅游建设是 PPP 项目的主要发展方向。

虽然生态旅游的数量占比最大，但观光旅游类项目平均投资金额最高，接近 18 亿元。文化旅游投资在 12 亿元左右，略高于生态旅游。生态旅游总投资数量超过 2500 亿元，与文化旅游相差较小。农业旅游的平均投资金额约 7 亿元，总体数量在 200 个左右，在旅游类项目中数量最少。

在采购模式方面，在多种项目采购形式中，和大部分 PPP 项目一样，公开招标的项目数量约为 60%，竞争性磋商约占 36%，其余采购方式如单一来源采购等不足 4%。公开招标为目前大部分 PPP 项目会采用的采购模式，但公开招标耗时长、规定烦琐（如 3 个标以上才能开标），更加拉长了 PPP 项目的时长。

PPP 项目运营模式包括 BOT、BOO、ROT、TOT 等。目前旅游类 PPP 项目采用 BOT 的项目数量比较多，占比超过 70%，其余不足 1%。

旅游项目的平均合作期为 20 年，最久的有 50 年，最短的则为 8 年，相对其他类型 PPP 项目时间较长。其中，以 10～20 年合作年限的数量最多，约占 39%；其次是 20～30 年，约为 36%；十年以下的近 23%；而 30 年以上的不足 3%。所以旅游项目合作期相对来说时间跨度大、回报时间长，这也是影响 PPP 项目投资的原因之一。

PPP 项目运行总体分五个阶段，依次为识别阶段、准备阶段、采购阶段、执行阶段、移交阶段。项目的采购过程非常复杂，只在项目识别阶段中，就要明确责任主体为财政部或国家发改委（本报告的项目责任主体只有财政部），要明确筛选标准、操作细则、界定社会资本和公共产品范围等。我国旅游类 PPP 项目中 70% 尚处于识别阶段，约 20% 的项目在准备阶段，处于采购阶段和执行阶段的项目分别约为 5% 和 6%。

（二）文旅 PPP 面临问题

尽管 PPP 模式受到地方政府的青睐，但是社会资本方面则相对冷静，根据财政部相关数据，目前政府推出的各类 PPP 项目，达成意愿的不到 10%，而文旅项目由于周期长、风险大，在 PPP 模式采纳方面遇到的问题更多，主要分为以下几个方面。

1. 社会认知的误区

目前社会对 PPP 模式的认知存在明显的误区，政府机构、社会资本以及专家学者仅仅将其当成一种融资模式。尽管 PPP 模式具有很好的融资效果，但是 PPP 的主要目标是，更有效地提升政府财政资源的使用效率，促进政府职能的转型升级，PPP 模式本质上是一场新的公共产品和服务变革。目前很多 PPP 项目，由于只关注融资，忽视资金效率，以及没有发挥好各方的优势对于创新的作用，使得很多投入变成了变相的土地融资，并没有在公共文化服务提升方面起到作用。

2. 管理体制不顺畅

文化旅游开发和管理是比较典型的多头管理模式，涉及旅游、林业、环保、国土等部门，这就使得文化旅游开发管理体系比较混乱，需要协调多个部门，处理错综复杂的利益关系，政府过多行政意愿干预文化旅游项目开发，会导致一些矛盾激化，政府诚信关系着文化旅游 PPP 项目的成败。

3. 缺乏专业的人才

文旅 PPP 项目看中社会资本的资金运作能力，更看中社会资本的管理能力、市场营销能力，特别是人力资本，项目中存在的大量优秀运营人才和团队是保障项目采用 PPP 模式并顺利完成的重要条件。PPP 模式投资金额非常大、专业化运营程度要求高，但目前无论是文旅景区还是上级政府部门，专业投融资机构匮乏，对市场缺乏了解，特别是受制于景区的管理模式，投融资机构和专业人才队伍建设关系到旅游景区采用 PPP 模式的进展。

4. 风险控制不完善

目前我国采用 PPP 模式的政府往往缺乏资金，财政收入不高，而财政收入好的区域往往不喜欢采用 PPP 模式，加之很多政府认知不清以及短视行为，仅仅把 PPP 当成一种融资的工具，对风险把控不严，没有形成健全的投资风险预警机制，使得大量的文旅项目存在风险隐患，风险控制系统影响 PPP 模式的运营程度。

5. 产权机制不清晰

社会资本逐利，社会资本投入 PPP 项目希望通过经营权收回成本以及获得投资收益。文旅项目所包含的很多资源均属于国资，按照国家规定，这部分资产出让经营管理权必须能够保值增值。加之景区本身面积和范围较大，产权非常复杂，一旦 PPP 模式涉及文旅资源资产的处置问题，就需要协调非常多的政府部门，会给项目公司带来很大的压力。所以说，产权的相关规定、利益的分配机制直接影响到景区 PPP 模式的成功与否。

三　文化旅游 PPP 对策建议

（一）健全机制体制

管理的机制体制是影响文化旅游 PPP 项目开发建设的重要因素，这就需要市场化运作，发挥企业的专业优势，政府和社会资本各司其职，政府尽量减少对项目的干预，主要起到监督指导作用。要理顺各种关系，政府和社会资本需要成立合资公司进行文旅项目的建设和运营工作，合资公司使得政府和社会资本形成战略合作伙伴关系。

（二）打造专业团队

文旅 PPP 项目运营的专业性极强，可以通过“引进来”和“走出去”两种方式提高 PPP 模式专业人才能力：一方面，要加大熟悉 PPP 项目运作的专业人才或专业团队的引进力度，通过直接引进的方式吸引具有成功运作经验的人才；另一方面，通过选派人员外出培训的方式，提升 PPP 运营团队的专业化水平。

（三）增强风险意识

风险控制是 PPP 项目全流程中最为关键的工作内容，由于 PPP 项目周期长、涉及利益群体复杂，风险一直处在动态变化之中，需要一套科学系统的风险管理体系来应对。需要项目全过程的风险监控机制，实时地采集项目各个阶段的运行数据，及时发现问题，快速做出反应，通过事前预判、事中控制、事后改进等方式，尽可能地减少 PPP 项目风险所能造成的危害。

（四）创新企业制度

目前，影响文化旅游 PPP 项目的重要因素还是市场化程度不高、机制体制不完善的问题，建立现代企业制度，以先进的企业制度推动文化旅游 PPP 项目的开展，破解景区国有资本比重过大的问题，通过市场规律实现各种资源的配置，可以形成文化旅游项目良性可持续的发展。

（五）完善法律法规

PPP 模式发源于英国，其成功得益于完善的法律法规框架，在法律框架之下，才更好地得到保障，能协调各方实现政府和社会资本双赢的局面。PPP 有法可依是保证项目开发和建设的需要，也是保护投资机构利益的需要。完善的法律法规，同时可以约束政府行为和社会资本的经营管理行为，避免公共利益损失。

四　大明宫国家遗址公园项目 PPP 融资案例

（一）大明宫国家遗址公园项目的 PPP 融资结构

大明宫国家遗址公园项目各参与方关系如图 1 所示。

西安曲江大明宫投资有限公司由西安市人民政府批准，由西安曲江新区管理委员会投资成立，公司性质是国有独资，成立时间为 2007 年，注册资

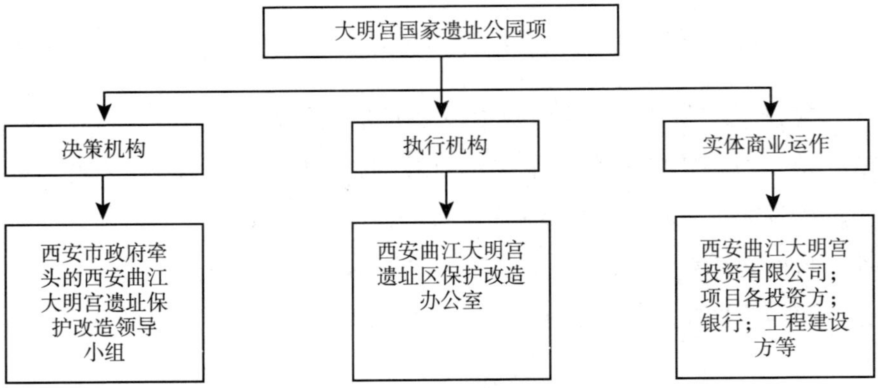

图 1　项目的主要参与方

本为 28 亿元。公司成立的目标是为大明宫国家遗址公园建设以及遗址周边项目的开发进行融资，更好地保护开发和利用历史文化遗产。目前公司的主要业务已经成功从遗址公园的开发建设，转型为遗址保护、旅游项目开发。在旅游项目的开发建设完成后，后期运营管理由投资公司主要负责，在特许经营期满后，项目将无偿移交给政府。

（二）PPP 模式在大明宫遗址公园项目中的应用

大明宫国家遗址公园的开发建设，一方面建设资金需求巨大，拆迁等前期投入也非常高，仅仅依靠门票以及租金等用户付费方式很难达到资金的需求；另一方面规划不仅仅包含遗址主体，还包括周边环境的改造。项目包含公共属性和经济属性，属于准经营性项目的范畴，这就使得发挥遗址的独特文化价值、提升区域总体价值成为可能。此外，项目开发范围广、综合性强、难度大、资金需求大，单靠财政难以保证资金万无一失，所以采用了融资模式，结构如图 2 所示。

公园建设以及周边改早项目的建设初期，公司就开始尝试采用 PPP 模式，合作伙伴的范围主要是大型国企以及实力较强的国际企业，这就使得项目具有较强的风险抵抗能力。在完成立项、可研、报批等工作后，项目按照一定标准划分为多个子部分，各个子部分由不同的项目投资公司负责，各部分分别融资和建设。项目主要资金来源渠道包含以下几个部分，PPP 融资结构见图 2。

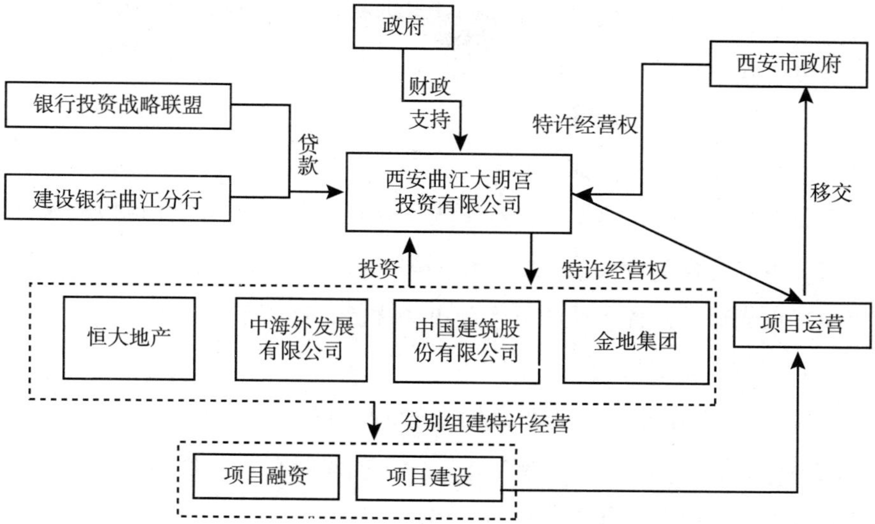

图 2　项目 PPP 融资结构

其一，财政支持，项目首先由财政承担前期的 400 亿元人民币的投入，该部分资金主要用于周边生态环境治理、遗址维护等非经营性项目的开发和建设。

其二，与恒大地产集团（西安有限公司）签订合作协议，尤其承担 100 亿人民币的棚户区改造部分。

其三，与中国建筑股份有限公司签署运营合作框架议，出资 200 亿元，就设计、建设、投资达成合作协议。

其四，与中海外发展有限公司签署框架协议，就环境提升基础配套商务中心建设达成 200 亿元合作。

其五，与国家开发银行与工商银行西安市分行达成协议，组建投资战略联盟，达成投资 100 亿元的合作等。

（三）大明宫国家遗址公园 PPP 模式建设的经验

对于 PPP 模式在旅游业运用具有一定的借鉴意义。

（1）合理规划实现增值

项目资金数额巨大，单单依靠门票或租金难以满足资金要求，项目的成功之处就是在于通过文化附加值的形式，对全域进行规划，在保护遗址、突出文化价值和公共价值的基础上，提升区域总体价值，在其他方面获得收益的增加，比方说周边土地等。

（2）明确责任共担风险

PPP 模式工程巨大而耗时，运作涉及多方主体，通过合同可以明确政府与社会资本的合作伙伴关系，明确权利和义务、风险分担机制。重视政府的规划和真正优势，发挥企业的运作和市场优势，保障了项目的顺利进行。

（3）建立长效管理机制

组建项目机构保障“全寿命周期管理”的专业项目管理机构，通过“西安曲江大明宫遗址保护改造委员会”实现政府有效监督的作用，而在运营和管理方面则赋予企业更多的自主性。

B.10

养老 PPP 模式的发展

龚海英*

摘　要： 中国将于2025年进入深度老龄化社会，随着人民群众的养老需求日益增强，养老基本服务的供给严重不足，为缓解进入深度老龄社会的供需矛盾，政府从供给侧改革角度出发，鼓励各类市场主体参与养老服务PPP项目，并从土地政策、税费政策、价格政策、投融资政策等方面给予养老行业支持。本报告首先根据财政部公布的PPP入库项目介绍养老行业PPP项目的基本情况，然后指出养老行业PPP项目现实操作中需要厘清操作PPP模式的选择、政府购买服务与PPP的关系、养老服务与养老地产的关系、三无人员养老与社会基本养老的关系等问题，在此基础上提出了养老行业PPP项目存在“项目数量少，行业需求大”，“利润率低，对社会资本吸引力不足”，“养老服务和养老地产界定不明确，引起监管不力”，“项目绩效考核难确定”等问题，结合存在的问题，提出对养老PPP项目的操作建议。

关键词： 养老行业　PPP　政府购买服务　社会资本

* 龚海英，北京思泰工程咨询有限公司总工程师，财政部PPP专家库专家，中央财经大学PPP智库专家。

一　养老产业 PPP 概述

（一）养老产业 PPP 政策背景及相关政策概述

1. 养老产业 PPP 政策背景

根据《联合国人口报告》（2009）数据分析，中国已经于 2000 年进入老龄化社会，并于 2025 年进入深度老龄化社会。中国政府相关部门为应对中国银发经济、缓解进入深度老龄社会的供需矛盾，从供给侧改革角度出发，对中国养老行业及中国养老行业 PPP 实施颁布了相关支持政策。

2. 养老产业 PPP 政策概述

《关于加快推进健康与养老服务工程建设的通知》（发改投资〔2014〕2091 号文）提出了养老服务体系建设的工作目标和鼓励社会投资的项目表。

养老服务体系建设的工作目标为：到 2020 年，全面建成以社区为依托、以居家为基础、以机构为支撑的养老服务体系，每 1000 名老年人拥有的养老床位数量为 35 ~ 40 张。养老服务体系要求功能完善、规模适度、覆盖城乡。

健康与养老服务工程鼓励社会资本投资的项目如表 1 所示。

表 1　养老服务体系建设

1	为老年人提供日常膳食供应、日常保健康复、日常个人照顾、日常娱乐和交通接送等日间服务的社区老年人日间照料中心
2	以失能、半失能的老人为主，提供日常生活照料、日常康复娱乐、健康护理等服务的老年养护院等专业的养老服务设施
3	提供具备餐饮服务、清洁卫生服务、文化娱乐服务等服务的养老院和医养结合服务设施
4	面向农村老年人提供养老服务的农村养老服务设施

《国务院关于印发“十三五”国家老龄事业发展和养老体系建设规划的通知》（国发〔2017〕13 号文）指出：“十三五”时期是我国全面建成小康

社会的决胜阶段，也是我国的老龄事业改革发展和养老体系建设的重要战略窗口期。

我国老龄事业改革发展和养老体系建设的形势比较严峻：预计到 2020 年，全国 60 岁以上老年人口将增加到约 2.55 亿人，占全国总人口比重将会提升到约 17.8%；高龄的老年人口将增加到 2900 万人左右，独自居住和空巢的老年人将增加到 1.18 亿人左右，老年抚养比例将提高到 28% 左右；用于老年人的社会保障支出也将持续增长；农村实际居住人口老龄化程度进一步加深。

我国老龄事业改革发展和养老体系建设的短板比较明显：涉老的法规政策的系统性、针对性、协调性、可操作性都有待增强；城乡、区域的老龄事业发展和养老体系的建设不均衡问题比较突出；养老服务有效供给明显不足，质量效益不高，人才队伍比计短缺；老年人用品的市场供需矛盾比较突出；老龄工作的体制机制不健全，社会参与不充分，基层的基础比较薄弱。

“十三五”时期，推动养老机构提质增效的措施为：支持社会力量参与兴办养老机构。加快推进养老服务业“放管服”改革并贯彻全面放开养老服务市场、提升养老服务质量的有关政策要求。对民间资本、社会力量申请兴办的养老机构加强开办支持和服务指导，进一步放宽准入条件。落实好对民办养老机构的投融资政策、税费政策、土地政策和人才扶持政策。鼓励采取特许经营模式、政府和社会资本合作莫斯、政府购买服务等方式支持民间资本和社会力量举办养老机构。鼓励整合改造企业厂房、商业设施、存量商品房等用于养老服务。允许养老机构依法依规设立多个服务网点，实现连锁化、规模化、品牌化的运营。

《财政部民政部人力资源社会保障部关于运用政府和社会资本合作模式支持养老服务业发展的实施意见》（财金〔2017〕86 号文）具体明确了 PPP 模式支持养老服务发展的基本原则和优先支持的养老服务领域等。

PPP 模式支持养老服务业实施基本原则为：充分调动社会资本特别是民间资本的积极性，鼓励各类市场主体参与养老服务 PPP 项目，逐步使社会力量成为养老服务提供的主体；优先支持保障型基本养老和改善型中端养老服务发展；严格执行财政 PPP 工作制度规范体系，强化绩效评价和项目监管，完善运营监督机制，推动养老服务的行业标准化建设，促进养老服务业规范发展。

重点鼓励、引导社会资本民间通过 PPP 的模式，立足保障型的基本养老服务和改善型的中端养老服务，重点参与以下三种养老服务的供给：A、养老机构的建设和运营；B、社区养老体系的建设和运营；C、医养健融合发展的建设和运营。

（二）养老行业 PPP 实操现状概括

1. 养老行业 PPP 入库项目分析

截至 2017 年 12 月 20 日，养老 PPP 入库项目共 307 个，其中识别阶段 169 个，准备阶段 46 个，采购阶段 37 个，执行阶段 55 个。财政部示范项目 34 个，其中准备阶段项目 1 个，采购阶段 8 个，执行阶段 25 个。

2. 养老行业 PPP 主要操作模式分析

通过对财政部示范项目的统计分析，养老行业主要的操作模式为 BOT、BOO、TOT、ROT 和其他模式。

BOT：财政部示范项目第一批—第三批项目中有 19 个采用了 BOT 模式。

BOO：财政部示范项目第一批—第三批项目中有 12 个采用了 BOO 模式。

TOT：财政部示范项目第一批—第三批项目中有 1 个采用了 TOT 模式。

ROT：财政部示范项目第一批—第三批项目中有 1 个采用了 ROT 模式。

其他模式：财政部示范项目第一批—第三批项目中有 1 个采用了其他模式。

3. 养老行业 PPP 项目回报机制分析

养老行业的付费来源，目前主要是使用者付费和缺口性补贴两种类型。具体单个项目的回报机制，需要根据项目的财务测算数据来确定，项目在合作期限内依靠使用者付费不足以弥补社会资本投入的建设和运营资金及其合理利润的，就需要政府给予缺口性补贴。

部分养老公寓和养老业基础设施采用 BOT 模式实施，因为涉及期满移交，项目公司不具备继续经营的权限，仅仅依靠运营合作期的使用者付费不足以弥补社会资本投入的建设和运营资金及其合理利润，因此需要获得政府的部分可行性缺口补贴。采用 BOT 模式实施的 19 个示范项目中有 11 个回报机制为可行性缺口补助。

养老行业的 BOO 项目，由于项目公司拥有项目的产权，通过项目公司的长期运营和使用者付费，基本可以做到收回项目建设和运营期的投资及其合理利润，因此使用者付费的回报机制项目比较多，12 个 BOO 示范项目中有 10 个为使用者付费项目。

4. 养老行业 PPP 项目涉及的具体行业分析

养老行业 PPP 项目从建设和服务内容的综合程度分可以分为养老业、医养结合、养老公寓三种类型。其中财政部示范项目第一批—第三批项目中有养老业项目 17 个；有医养结合项目 13 个（从项目建设内容看，湖南省怀化市健康综合服务设施建设项目应该属于医养结合项目）；有老年公寓项目 4 个。

5. 政府对养老 PPP 项目的优惠政策分析

合理界定养老服务项目类型，PPP 项目依法登记为公益性或经营性养老机构，分别享受现行的土地政策、税费优惠政策、投资优惠政策、补贴优惠政策等，各地必须按规定保障养老服务设施用地供应。

①土地政策

总体原则：养老服务设施的用地在办理供地手续和土地登记时，土地用途应该确定为医卫慈善用地。养老服务设施的用地可以以出让和租赁两种方式供应：养老服务设施用地以出让方式供应的项目，建设用地使用权的出让年限最高不超过 50 年；以租赁方式供应的项目，租赁的年限在合同中进行约定，最长租赁期限不得超过同类用途的土地出让最高年限。新建的养老服务设施用地依据项目规划单独办理供地手续，其宗地面积原则上控制在 3 公顷以下，对于有集中配建医疗、保健、康复等医卫设施的项目，不得超过 5

公顷。新建养老服务机构项目用地涉及新增建设用地，项目符合土地利用总体规划和城乡规划的，政府应当在土地利用年度计划指标中优先予以安排。

非营利性养老服务机构，其养老服务设施用地可以采取划拨方式供应。对于集体所有的土地，农村集体经济组织可以依法使用来为本集体的经济组织内部成员兴办非营利性的养老服务设施；对于农民集体所有的土地，民间资本举办的非营利性养老机构与政府举办的养老机构可以依法使用；在已建成的住宅小区内增加非营利性养老服务设施建筑面积的，在符合规划的前提下，可不增收土地价款；企事业单位、个人对城镇现有空闲的厂房、学校、社区用房等进行改造和利用，兴办养老服务机构，经规划批准临时改变建筑使用功能从事非营利性养老服务且连续经营 1 年以上的，5 年内可不增收土地年租金或土地收益差价，土地使用性质也可暂不作变更。

营利性养老服务设施用地，应当以有偿方式供应，原则上以租赁方式为主。土地出让（租赁）计划公布后，同一宗养老服务设施用地有两个或者两个以上意向用地者的，应以招标、拍卖或者挂牌方式供地。营利性的养老服务机构利用存量建设用地从事养老设施建设项目，若涉及划拨建设用地使用权出让（租赁）或转让的，在原土地用途符合规划的前提下，可以不改变土地用途，允许补缴土地出让金（租金），办理协议出让或租赁手续。

民间资本举办的非营利性养老服务机构，经养老主管部门同意变更为营利性养老服务机构的，其养老服务设施用地应当报经市、县人民政府批准后，方可以补缴土地出让金（租金），办理协议出让（租赁）土地手续。

②税费政策

对所有养护服务免征营业税；对非营利性的养老机构按规定免征企业所得税；对非营利性养老机构拥有的自用房产和土地免征房产税及城镇土地使用税。对企事业单位、社会团体和个人向非营利性养老机构的捐赠，按规定准予在计算其应纳税所得额时按税法规定比例扣除。对非营利性医疗、养老机构建设一律免征有关行政事业性收费，对营利性医疗、养老机构建设一律减半征收有关行政事业性收费。

③投融资政策

通过财政贴息、风险补偿、补助投资、小额贷款等方式支持养老服务业的信贷需求。

充分发挥政府资金的引导作用，可结合实际情况设立以社会资本为主体、市场化运作的社会领域相关产业投资基金。

拓宽信贷抵押担保物范围，允许民办养老机构利用有偿取得的土地使用权、产权明晰的房产等固定资产办理抵押贷款，不动产登记机构要给予办理抵押登记手续。

鼓励和支持社保资金、保险资金投资养老服务领域，稳步推进金融机构通过股权、债权、设立养老服务产业基金等多种方式投资养老服务业。

支持专门为老年人提供生活照料、康复护理等服务的营利性或非营利性养老项目发行养老产业专项债券等。

④价格管理政策

养老机构水费、电费、气费等按居民生活类价格执行。公立医疗、养老机构提供的基本养老服务按照政府规定的价格政策执行；其他医疗服务和养老服务实行经营者自主定价。

免费政策——对“三无”老年人入住政府投资兴办的养老机构实行；政府定价（或者政府指导价）——对经济困难的孤寡、失独、高龄老年人以及失能、半失能老年人等提供的养老服务（床位费和护理费）实行，伙食费等服务收费项目按照非营利原则据实收取。

⑤补贴政策

各省市民政部门制定本省市的补贴和税收政策，不完全一致，举例如下。

福建省民政厅建立以奖代补机制：省级财政对 2017 年年底前实现 PPP 工程包（引入社会资本金额不低于 0.5 亿元）落地的市、县进行奖励，其中引入社会资本金额在 0.5 亿元以上不足 1 亿元的，一次性奖励 50 万元，每增加 1 亿元，再奖励 30 万元，最高不超过 500 万元。奖励资金主要用于补助 PPP 项目前期费用及其他相关费用支出。

平顶山市相关部门严格落实国家、省现行支持养老服务业的税收优惠政策，对养老机构提供的养护服务免征营业税，对非营利性养老机构自用房产和土地免征房产税、城镇土地使用税和水利建设专项费，对非营利性养老机构按规定取得的免税收入免征企业所得税。对企事业单位、社会团体和个人通过公益性社会团体或者县级以上政府及部门向非营利性养老机构的捐赠，符合相关规定的，在计算其应纳税所得额时按税法规定比例扣除。各级对非营利性养老服务机构建设免征有关行政事业性收费；对营利性养老机构建设减半征收有关行政事业性收费。养老机构用电、用水、用气、用暖按居民生活类价格执行。境内外资本举办养老服务机构享有同等的税收等优惠政策。

二　养老产业 PPP 操作需要厘清的几个问题

（一）养老行业 PPP 操作模式的选择问题

目前 BOO 与 BOT 两种 PPP 操作模式是养老行业运用得比较多的，两种模式均是属于国办发〔2015〕42 号文中推举的运作模式，那么，具体采取哪种模式，需要综合考虑具体项目的实施周期的长短、投资收益水平的高低、收费的定价机制、风险分配的基本框架、所需要的政府投入和当地政府的财政承受能力等因素，通过方案的对比分析后合理选择 BOT（建设—运营—移交）、BOO（建设—拥有—运营）等运作方式。

养老行业 PPP 项目本来就是利润率比较低、回收期比较长的项目，对于选择 BOT 还是 BOO 模式，主要取决于以下两个因素。

其一，土地的获取方式。如果土地是通过正常的招拍挂获取的，项目公司就应该在项目的运营期内拥有项目的产权。

其二，项目在运营期内的财务测算数据和当地政府的财政承受能力。项目如果在有限的运营期内通过运营项目公司不能获得其投入及投入的合理利润，那么，如果设置在固定期限后需要无偿移交给政府，势必需要政府在运营期内进行适当的缺口补贴。

对于本应由政府提供的公共服务，政府和公众考核的是公共服务提供的质量和数量，至于其提供公共服务的设施的产权归属问题，应该按照项目的土地获取方式、项目运营期内的财务测算数据及当地政府的财政承受能力等多方面的因素合理选择。

（二）政府购买服务与 PPP 模式运用的关系问题

《政府购买服务管理办法（暂行）》中所称的政府购买服务，是指通过市场机制的作用，把政府直接提供的一部分公共服务事项以及政府履职所需的服务事项，按照合法合规的程序和方式，交给具备条件和能力的社会力量和事业单位来承担，并由政府根据政府购买服务的合同约定向社会力量和事业单位支付费用。

政府和社会资本合作模式是公共服务供给机制的创新模式，即政府方通过采取合法合规的程序和方式选择具有投资、运营和管理能力的社会资本，双方按照平等协商的原则订立 PPP 合同，由社会资本提供合同约定的公共服务，政府依据公共服务的绩效评价结果和合同的约定向社会资本支付相应费用，社会资本从中获得投资的合理回报。

政府提供公共服务的方式目前有三种，同样的公共服务，既可以由其自己的职能部门提供，也可以通过政府购买服务实现，还可以通过 PPP 模式实现。

财政部、国家发改委、民政部等部门联合下发的《关于做好政府购买养老服务工作的通知》（财社〔2014〕105 号）规定：政府购买养老服务内容应突出公共性和公益性，按照量力而行、尽力而为、可持续的原则确定。各地要全面梳理现行由财政支出安排的各类养老服务项目，凡适合市场化方式提供、社会力量能够承担的，应按照转变政府职能要求，通过政府购买服务方式提供方便可及、价格合理的养老服务。要根据养老服务的性质、对象、特点和地方实际情况，重点选取生活照料、康复护理和养老服务人员培养等方面开展政府购买服务工作。在购买居家养老服务方面，主要包括为符合政府资助条件的老年人购买助餐、助浴、助洁、助急、助医、护理等上门服务，以及养老服务网络信息建设；在购买社区养老服务方面，主要包括为老年人购买社区日间照料、老年康复文体活动等服务；在购买机构养老服务方面，主要为“三无”（无劳动能力、无生活来源、无赡养人和扶养人或者其赡养人和扶养人确无赡养和扶养能力）老人、低收入老人、经济困难的失能半失能老人购买机构供养、护理服务；在购买养老服务人员培养方面，主要包括为养老护理人员购买职业培训、职业教育和继续教育等；在养老评估方面，主要包括老年人能力评估和服务需求评估的组织实施、养老服务评价等。各地要根据养老服务的项目范围，结合本地经济社会发展水平、财政承受能力和老年人基本服务需求，制定政府购买养老服务的指导性目录，明确服务种类、性质和内容，细化目录清单，并根据实际情况变化，及时进行动态调整。对不属于政府职责范围内的服务项目，政府不得向社会力量购买。

《财政部民政部人力资源社会保障部关于运用政府和社会资本合作模式支持养老服务业发展的实施意见》（财金〔2017〕86号）提出针对养老服务的不同类型，坚持公共服务属性，合理界定政府和社会资本合作提供的养老服务边界，优先支持保障型基本养老和改善型中端养老服务发展，促进资源合理优化配置，加大投入力度，探索形成符合当前国情的养老服务供给模式，保障面向老年人的基础性养老服务供给。

（三）养老服务与养老地产的关系问题

养老服务指的是以满足老年人物质生活和精神生活的基本需求为目的，为老年人提供的必要生活服务。养老服务是政府应该提供的公共服务之一。财政部、国家发改委、民政部联合《全国老龄办关于做好政府购买养老服务工作的通知》（财社〔2014〕105号）明确指出，到2020年，我国将基本建立比较完善的政府购买养老服务制度，推动建成功能完善、规模适度、覆盖城乡的养老服务体系。

养老地产，通常是适于中老年人的新型地产类型，养老地产主要提供的是住宅等固定资产，养老地产是房地产类型的细分，在售卖地产的过程中附加上养老环境和服务的推广。养老房地产遵从市场化和商业化原则，不属于政府应该提供的基本保障服务。

（四）三无人员养老与社会基本养老之间的关系问题

三无人员，指无劳动能力、无生活来源、无赡养人和扶养人或者其赡养人和扶养人确无赡养和扶养能力的公民，此部分公民的养老，由政府直接建立养老院、政府购买服务和 PPP 模式三种方式实现，不向三无人员收费。

老年人根据其购买养老服务的有效需求分成“三无、低收入、中收入、高收入、高净值”五大类。对于这五类人员的养老服务提供，政府担负的责任是43210，个人是01234。也就是说政府不仅仅担负三无人员的养老服务提供的责任，政府同时担负向全体公民提供养老服务的责任，这种责任就是社会基本养老的提供。

政府需要制定实施老年人照顾服务项目，鼓励地方丰富照顾服务项目、创新和优化照顾服务提供方式。着力保障特殊困难老年人的养老服务需求，确保人人能够享有基本养老服务。

三　养老行业 PPP 操作的现状问题

（一）养老行业 PPP 项目数量比较少，养老行业需求大

养老行业 PPP 项目入库数量占总 PPP 项目数量的2%，示范项目占总示范项目的4.2%。要达到养老服务体系建设的目标，到2020年，每千名老年人拥有养老床位数35～40张，缺口巨大，投资需求巨大。

（二）养老行业 PPP 项目利润率低，对社会资本吸引力不足

目前，养老领域 PPP 项目以机构养老 PPP 项目居多，这类项目投资主要集中在项目建设及养老床位等设施购置等方面，特别是涉及新建项目征拆迁费纳入项目总投资时，社会资本及/或项目公司对该等项目的前期投入支出较大。但是该类 PPP 项目政府方均希望在与社会资本及/或项目公司保持合作的过程中解决当地部分三无人员及低收入人员的养老问

题，这类人员的养老服务均为无利润服务，这样导致社会资本回收投资资金及获取收益的周期拉长，降低了项目收益水平，增加了项目融资的难度；加之养老 PPP 项目整体行业利润率较低，对社会资本的吸引力不足。

（三）养老服务和养老地产界定不明确，引起监管困难

实操中，由于纯粹的养老 PPP 项目合作周期长、利润率低，投资资金回笼慢，加之养老服务监管不严等因素，出现了以提供养老服务之名获得项目却做成了养老地产的问题，部分开发商以养老服务为名义获取土地，将房子建成后以商品房的实质卖给老年人获利后就离开，最为重要的养老服务的提供被忽视。该类操作混淆了商业项目与 PPP 项目之间的关系，既不符合目前 PPP 相关规范文件要求，又不利于养老服务领域的健康发展。

（四）养老 PPP 项目绩效考核难确定

养老 PPP 项目在执行阶段遇到的难点是政府方对项目的有效运营监管难，主要体现在项目绩效考核体系难确定。养老 PPP 项目区别于其他单体 PPP 项目的主要特征就在于其提供的核心服务是一种“软性服务”，是需要提供满足老年人的照料、陪伴、医疗等基本需求的服务，甚至是包含临终关怀在内的特殊需求等服务事项。但是，实操层面的养老 PPP 项目多以养老或医疗床位、运动及医疗器械等硬件设施作为进行绩效考核的关键指标，较少或缺乏对“软性服务”质量的考核。

四　养老行业 PPP 的建议

（一）民政部门制定的补贴政策需要实现同等服务同等补贴

目前各省市针对养老项目制定的补贴政策标准各不相同，且针对营

利性和非营利性的补贴标准也各不相同。养老 PPP 项目大部分在不同程度上均承担了当地部分“三无”人员的养老服务提供，且均承担了大部分基本养老服务功能的提供，建议各地民政部门对提供相同服务的机构采取相同的优惠和补贴政策，而不应区分其总体的机构是营利性还是非营利性，以调动社会资本参与养老服务设施建设和养老服务提供的积极性。

（二）养老与医疗结合，提高养老产业的收益

老人的医疗需求比较多且迫切，在养老机构中设置医疗机构是政策允许且支持的，老人的医疗和养老有时候也很难区分开来。养老机构的内设诊所就是为了方便养老机构内的老年人看病和护理。养老 PPP 项目在方案编制的结构设计时，进行相应的医养结合的策划，同时将养老与医疗、健康等行业进行有效整合，创造项目盈利点。

（三）对养老 PPP 项目进行资源型补偿，与养老地产有机结合

养老 PPP 项目如果为新建项目，则前期投入大，后期运营费用也较大。为吸引社会资本，当地政府可对养老项目进行资源型补偿的配置，把养老项目相关的部分地块的养老地产的开发与养老服务的提供进行结合招标，合理界定养老地产的范围和养老服务提供的范畴，这样既可以提高养老服务项目的吸引力，又可以避免养老地产和养老服务的混淆。

五　案例——叶县盐都养老院 PPP 项目

（一）基本情况

1. 该项目固定资产的建设

项目总占地面积约 85 亩，总建筑面积为 80000m^2。项目分两期建设，一期建筑面积 39359.46m^2，其中康复检查中心 9139.2m^2，康复治疗中心

19731.6m^2，老年公寓 10488.66m^2；二期总建筑面积 32237.2m^2，其中一级养老公寓 11006.4m^2，二级养老公寓 15402.76m^2，三级养老公寓 5828.04m^2。另外，配套建筑面积 8403.34m^2，基底面积 11586.44m^2，机动车位 322 个，非机动车位 363 个。项目建成后将不低于 200 张床位用于政府民政部门安置“三无”老人、低收入老人、经济困难的失能半失能老人提供供养、护理服务。

本项目建成后，将提供 1000 张养老床位和 300 张医疗床位，可有效补充当地医疗及养老资源的不足，极大满足叶县、平顶山及周边地区老龄人口的养老及医疗需要。

2. 该项目提供的公共服务

按照“养老为主，医疗为辅”的基本思路，拟将本项目划分为养老和医疗两大主体功能板块。

养老板块主要是为入住的老人们提供符合老年体能及心态特征的独栋式、低层、低密度养老公寓和高品质、一站式的养老服务，其日常生活、护理保健、休闲娱乐、运动健身、文化学习、自助劳动等各类设施和场所齐全，是老人们安享晚年的“温馨之家”和“世外桃源”。

医疗板块计划建设一所综合性医院，作为养老板块的医疗配套设施，主要设立特色老年病诊疗中心、急诊中心、中医疗养中心、抗衰老中心等，通过引入国内领先的疾病预防、诊疗、康复设施等，为广大老年人提供一站式诊疗及康复服务。

本项目建成后，将集养老、医疗、康复、休闲、娱乐、教育等多功能于一体，并有望实现“以医疗为带动，以养老为支撑，养老与医疗互为依托，相互促进，共同发展”的良好经营格局，使广大老人颐养天年，过上健康、无忧的“晚”美生活。

3. 本项目公益性保障

本项目 1000 张养老床位中不低于 200 张将用于公益性养老床位，为政府民政部门安置“三无”老人、低收入老人、经济困难的失能半失能老人提供供养、护理服务。

（二）项目运作的背景和意义

1. 项目实施的背景

本项目所在地叶县、平顶山及周边地区 60 岁及以上老年人口数量庞大，叶县总人口 89 万，其中，60 岁以上老人 14.2 万，占 15.96%。目前，共有公立敬老院 20 所，入住 830 人；民办养老机构 2 所，入住 134 人：共 964 人。民政部、国家发改委印发的《民政事业发展第十三个五年规划》提出，到 2020 年每千名老年人员拥有 35～40 张床位，叶县需要 5000～6000 张床位才可以达到"十三五"的规划要求，目前差距极大。预计在"十三五"期间，该区域人口老龄化的进程将会进一步加快，为此，叶县提出要加快建立以居家为基础、社区为依托、机构为支撑的社会养老服务体系，努力实现"老有所养、老有所医、老有所教、老有所学、老有所为、老有所乐"的老龄工作目标。但目前，叶县、平顶山及周边区域内现有养老服务机构的数量有限，且大部分养老机构规模小、档次低、设施陈旧、管理落后且模式单一，难以满足广大老龄人群的基础型和改善型养老及医疗需求。因此，本项目的建设不仅应时而生，而且迫在眉睫。

2. 项目实施的意义

本项目建设符合科学发展观要求，是构建和谐社会的产物，体现了以人为本执政理念，以保障和改善民生的目的。项目建设是进一步解决"老龄化"服务滞后于社会需求矛盾、促进本地及周边地区老龄事业发展的需要，满足人们对优质养老社会资源的迫切需求；是实现老年人老有所养、老有所依、老有所乐和保障改善民生的一项重要举措；项目建设将进一步改善基层养老设施条件，完善叶县社会保障服务能力；本项目的实施是实现当地民众脱贫的一个重要措施和重要项目。

（三）投资规模和股权安排

1. 投资规模

经初步估算，项目总投资 30000.18 万元，自筹 9000.18 万元，占总投资的 30%；申请银行贷款 21000.00 万元，占总投资 70%。

2. 股权安排

项目公司（SPV）注册资本 9000.18 万元，约占总资的 30%，全部由中标社会资本自行承担。政府不占有股份。

（四）项目运作方式

本项目拟采用 BOO（建设—拥有—运营）的 PPP 运作方式，即项目公司（SPV）负责本项目的建设、投融资、固定资产及配套设施的运维服务，拥有本项目的产权，并通过为老年人提供养老和医疗服务获取全部收益。

（五）回报机制

本项目回报方式属于“使用者付费”模式。

本项目通过向叶县、平顶山市及周边市县等老龄人口提供高品质养老服务的同时及零距离、一站式、全方位的医疗服务而获取回报，收入来源分为养老和医疗两大主体功能板块。

（六）项目合作期

本项目合作期为 30 年，其中建设期为两年，运营维护期为 28 年。项目公司在合作期内根据《河南省养老机构设立许可管理办法》中的规定提交各项资料获得经营许可。项目公司提供的医疗服务，按规定进行设置审批和执业登记，并按规定获得城镇职工（居民）基本医疗保险和新型农村合作医疗定点范围。

项目合作期满前，项目公司根据自己的实际情况，可向项目实施机构提出延期申请，项目实施机构同意并通过相关程序审批，可以和项目公司签订延期合同。项目合同到期后，项目公司没有提出延期申请，项目合作合同终止。

（七）项目土地使用权获得

本项目用地面积为 85 亩，实施分期建设。项目用地由政府方负责征收，政府方将该项目用地采用招拍挂的方式出让给项目公司，项目公司在整个土地规划使用期内使用本项目的用地。

该土地给项目公司使用后，不得将该土地使用权的全部或部分用于本项目下合作内容之外的其他任何目的和用途。

（八）项目点评

1. 本项目是一个综合性比较高的医养结合项目

政府不需要投入股权和进行缺口补贴，项目公司通过招拍挂获得土地并拥有本项目的所有权和经营权，自行建设、运营本项目，并通过向公众提供养老和医疗服务获取收益。

2. 本项目是实现当地民众脱贫致富的一个重要项目

叶县是省级贫困县，有 11 个贫困乡镇、120 个贫困村，建档立卡贫困户 14674 户，贫困人口 46527 人。根据脱贫攻坚精神，集中供养五保户（即特困供养人员，目前全县五保户约 7000 人）不纳入建档立卡贫困户。要降低贫困发生率，必须提高集中供养率，也就是要增加集中供养人员，减少分散供养五保户。因此，建立集中供养的养老院也是脱贫攻坚的一个分解任务。

民政局在脱贫攻坚任务中发挥社会保障兜底的部分作用，在特困人员（原五保对象）救助供养脱贫的保障方面发挥重要作用，对无劳动能力、无生活来源、无法定赡养抚养扶养义务人或者其法定义务人无履行义务能力的老年人、残疾人以及未满 16 周岁的未成年人予以救助供养。

本项目的实施，将从以下两方面为扶贫攻坚做出贡献。

一方面，本项目属于养老产业的项目，养老产业在运营过程中需要大量的护理人员和服务人员，本项目在运营过程中将解决约 900 人的就业问题，人均收入预计达到 3 万元/年，为当地贫困人员提供养老护理的技能培训并安置贫困人员的就业问题。预计将实现约 300 户贫困户的脱贫致富，做到精准扶贫，共同致富。

另一方面，本项目提供不少于 200 张公益养老床位，为不少于 200 位

“三无”老年人提供养老保障，为叶县的扶贫解决不少于 200 户的脱贫保障任务。

参考文件

参考文件一：《关于加快推进健康与养老服务工程建设的通知》（发改投资〔2014〕2091 号）。

参考文件二：《国务院关于印发“十三五”国家老龄事业发展和养老体系建设规划的通知》（国发〔2017〕13 号）。

参考文件三：《财政部民政部人力资源社会保障部关于运用政府和社会资本合作模式支持养老服务业发展的实施意见》（财金〔2017〕86 号）。

B.11

城镇综合开发 PPP 模式的发展

张志勤　郭晓辉*

摘　要： 随着城镇化进程的深入推进，PPP 模式的独特优势使其在城镇综合开发类项目中被政府和社会资本广泛应用。由于城镇综合开发类项目具有投资金额特别大、投资周期特别长和子项目多的特点，项目过程中存在法律法规、政社关系等亟待厘清的问题，因此，应从确定关系、相互协调、合理分配、健全法律等多个方面着手加以改进，准确识别项目的范围和内容，对项目进行财政承受能力论证及确认其资金来源，确定符合 PPP 精神的回报机制，制定符合城镇综合开发类项目的绩效考核机制，以发挥 PPP 模式在城镇化过程中的最大化作用。

关键词： 城镇化　城镇综合开发　PPP 模式　财政承受能力论证

一　城镇综合开发 PPP 模式发展概述

随着 PPP 模式的推广和对城镇化战略的深入推进，PPP 模式成为城镇开发类项目首选模式。从财政部政府和社会资本合作中心（CPPPC）公布的统计数据看，截至 2017 年 12 月末，在全国入库（管理库）的 7133 个项目中，

---

* 张志勤，北京大成律师事务所合伙人，国家发改委 PPP 专家库专家，中央财经大学 PPP 智库专家。郭晓辉，中央财经大学在读博士生。

城镇综合开发类项目共 417 个，在 19 个项目领域中，仅次于市政工程、交通运输、生态建设和环境保护三个领域，与 2017 年第三季度比数量上超过旅游行业排在第四位。从地域分布看，山东、湖南、四川和贵州城镇综合开发项目数位列前三；城镇综合开发项目投资额与市政工程、交通运输投资额位列前三位，合计占管理库的 71.6%；落地项目投资额前三位的行业是市政工程、交通运输、城镇综合开发，合计占落地项目总投资额的 74.3%。在 597 个落地示范项目中，城镇综合开发类落地示范项目个数为 28 个，占全部落地师范项目数的 4.69%；占城镇综合开发类全部示范类项目的 82.35%。城镇综合开发类行业年度同比净增投资额，城镇综合开发为 4224 亿元，合计占管理库季度环比净增项目数的 10.65%；城镇综合开发类落地项目投资额位列前三位，为 4969 亿元，合计占落地项目总投资额的 10.79%。城镇综合开发类项目年度同比净增落地投资额位列前三，净增投资额 3134 亿元，合计占净增投资总额的 13.22%。在贫困县的管理库项目中，落地项目投资额前三位是城镇综合开发、市政工程、交通运输，分别为 642 亿元、623 亿元、514 亿元，分别占贫困县落地项目总投资额的 22.6%、21.9%、18.1%。从项目规模看，1 亿元以下的项目仅有 1 个；1 ~3 亿元的项目共 51 个；3 ~10 亿元的项目共 123 个；10 ~20 亿元的共 89 个；20 ~30 亿元的 46 个；30 ~100 亿元的共 76 个；100 ~200 亿元的共 16 个；200 亿元以上的仅 1 个。

可见，随着城镇化和 PPP 模式的深入推广，城镇综合开发类项目的数量和投资规模正在逐步扩大，甚至出现了超越其他领域的发展势头。在贫困县的管理库中，城镇综合开发类项目落地项目总投资额更位列第一名，超越了市政工程和交通运输，成为贫困县发展城镇化的重要支柱力量。

二 城镇综合开发类项目的特点及 PPP 模式的应用优势

（一）城镇综合开发类项目的特点

城镇综合开发类项目是以土地开发利用为基础，以投融资作为手段，以绩效作为导向，是对于可开发地区的集中连片统筹开发，是新型城镇化建设和经济结构优化发展的重要手段。城镇综合开发类项目主要包括规划设计、土地整理投资、基础设施及公用设施建设，以及运营服务和产业发展五大内容。作为推进城镇化和优化经济结构的重要方式，城镇综合开发类项目具有如下特点。

1. 投资额巨大

从项目管理库中的项目规模看，1亿元以下的项目仅有1个；1~3亿元的项目共51个；3~10亿元的项目共123个；10~20亿元的共89个；20~30亿元的共46个；30~100亿元的共76个；100~200亿元的共16个；200亿元以上的仅1个。可见，大部分项目均在10亿元以上，占管理库内全部城镇开发类项目的54.68%。投资额与其他项目相比，具有巨大的特点。

2. 周期特别长

从管理库国家示范项目中，城镇综合开发类项目最低合作期限为10年，最高合作期限为50年，合作期限基本在10~30年，平均合作期限为16.842年。尽管PPP项目一般具有周期较长的特点，但城镇综合开发类项目显著比其他类型项目期限更长。

3. 所含子项目类型多样

以河北省保定市易县经济开发区政府与社会资本合作项目为例，项目始建于2009年，于2011年1月被省政府确立为省级经济开发区，规划面积约12.65平方公里，根据经济发展需要和政府意见，扩展到约82平方公里，总投资约319亿元。计划将项目建设成为国内知名、省内领先、环境优美、配套设施齐全、智能化程度高、产业发达、服务高效、人民满意的经济发展示范区和现代化新城。拟采用PPP模式进行片区开发，将提供规划设计咨询服务、土地整理投资、新型城镇化发展服务、基础设施及公共配套设施建设、片区运营管理等公共产品和服务。项目采用分步实施、滚动开发的策略，首先进行启动区的开发建设。启动区占地面积12.65平方公里，其中前期类项目已取得备案证，主要建设内容为土地整理和基础设施建设——启动区域内支路建设及随路管线建设。备案投资额度 21.8 亿元。

河北省保定市易县经济开发区是国家示范项目，是城镇综合开发类项目中投资额最大的项目。在该项目中，子项目包括土地整理服务、基础设施建设、管线建设、支路建设、城镇化建设等，在另一些城镇综合开发项目中，还包括医院、学校、公园绿地和养老院等公共服务项目。子项目丰富且复杂，是城镇综合开发类项目的特点。

4. 注重综合效益

由于城镇综合开发类项目具有子项目多的特点，由于每个项目都具有使自身绩效最大化的特点，因此如何达到总项目的效益最大化是城镇综合开发项目的关键点和重要着力点。

（二）PPP 模式的应用优势

理解 PPP 模式在城镇开发类项目中的应用优势，要先了解过往城镇综合开发类项目所使用的投融资模式。一是通过政府发债的方式投融资，但受限于 43 号文，地方政府受到了严格限制；二是平台公司，同样由于 43 号文，剥离了地方政府跟融资平台之间的债务关系，使地方政府利用融资平台进行融资的缺乏可行性；三是政府购买服务，但 87 号文的严格规定使此融资模式在城镇综合开发类项目中同样乏力。

由政府主导投融资所产生的政府主导模式具有短期内资金缺口大、公益性强、现金流有限、需要筹建工程管理团队及专业运营团队等特性，使项目具有资金缺口、运营能力差等诸多不足。

为克服传统投融资模式的限制，PPP 模式成为地方政府进行城镇综合开发类项目的重要选择。一方面，PPP 模式之下政府不是为项目公司的融资提供担保，且按照绩效考核进行支付可用付费或可行性缺口补助，PPP 模式下政府的付费义务并不计入政府的债务；另一方面，城镇综合开发类项目具有公共产品的属性，且具有周期长、投资额大的特点，PPP 模式中与社会资本的平等合作和长期运营相契合。以 PPP 模式进行城镇综合开发，具有以下优势。

一是政企合作。地方政府与社会资本方签订相关协议，设立双方合作的项目公司，由该公司负责地区的开发建设。其中，社会资本方和地方政府协商，达成关于项目公司注资问题的共识；项目公司成为相对独立的投资与开发主体，主要负责开发区的设计、投资、建设、运营、维护一体化市场运作；管委会被赋予管理职能，主要在决策、制定标准、政策支持、监督监管方面发挥作用。一方面，有利于缓解地方政府资金压力大的问题；另一方面，也有利于解决缺乏人才和相关机制的问题，达成了政府与社会资本的有效契合。

二是特许经营。通过特许协议，地方政府将特许经营权授予项目运营公司，双方形成了长期稳定的合作关系，项目公司的主要职责是借助资本市场运作等方式，募集开发区项目中所需要的投入资金，以保证资金的充分供给。

三是提供公共产品和服务。政府授予社会资本方特许经营权，为开发区在投资、建设、开发、运营等方面提供系列公共产品和服务，主要包括基础设施和公共设施建设、园区产业发展及咨询与运营服务、土地整理等。此运行机制能够发挥政府独具的政策及行政资源管理优势，又能发挥市场中企业的灵活性、竞争性、自主性与创新性，有效地解决过去在城镇综合开发类项目建设中资金、人才、资源优化配置等难题。

三　PPP 模式在城镇综合开发应用中存在的问题

尽管 PPP 模式在城镇综合开发类项目中获得了广泛的应用，但是仍存在许多需要及时关注和纠正的问题。

第一，法律与规章制度的缺位问题。关于 PPP 项目的法律与规章制度由大鼓励阶段开始向规范化转变，规范与严格是 PPP 项目法律与规章制度的最终方向。PPP 法律与规章制度的逐步转变使政策环境方面变化较大，且城镇综合开发类项目子项目多且杂，因此所面临的法律法规问题也是复杂的。首先，政策法规的快速变化期使项目所面临的政策法规环境颇为复杂；其次，子项目多且杂的项目特点，使适用政策法规的识别难度增加，可能存在与政策法规的冲突问题，应引起重视；最后，现存的法律规章制度难以适应 PPP 模式发展的快速变化，使 PPP 模式发展过程中出现了政策法规空白的情况。

第二，双热门话题。无论是 PPP 模式还是城镇化发展，均是政府用以支持经济发展和结构优化的重要工具。在双热门的背景下，如何正确利用 PPP 模式推动城镇化，开展城镇综合开发类项目是关键。当前，PPP 各类项目正在经历蜂拥而上后的清理整改期。同样，城镇化成为地方政府满足经济发展需求的有力工具。因此，如何在双热门的背景下合理利用 PPP 模式发展有利于国家治理的城镇化是 PPP 模式应用于城镇综合开发类项目的问题。

第三，政社关系要理顺。PPP 模式的特色是开拓了政府与社会资本合作的新模式。由于城镇综合开发类项目在政社领域所牵涉的方面深又广，如何使“政 + 社”大于 2 是城镇综合开发类项目乃至各类 PPP 项目所需要关注的重点问题，而城镇综合开发类项目的特点使这一重点问题更加复杂。首先是确定项目的范围和内容；其次是政社间的利益分配机制；最后是绩效考核机制，注意谁考核以及考核谁，厘清利益、绩效等方面的政社关系是保证各方利益的基础。目前，如何理顺政社间的关系仍在实践探索中。

第四，城镇综合开发类项目一个重要的特点是子项目多且杂，所涉及的部门甚多，财政部门、国土资源部门、发改部门、其他管理部门等多个机构，对于项目识别、审批、运营、监督等环节所牵涉的方面众多，由此所引致的问题同样多且杂。

四　PPP 模式在城镇综合开发项目应用的对策建议

随着 PPP 模式的规范化趋势和城镇综合开发类项目需求的增长，对于 PPP 模式在城镇综合开发项目中的应用，需要关注若干关键点。

第一，准确识别项目的范围和内容。由于城镇综合开发类项目具有一定的公共产品性质，所以在项目之外还包含了许多子项目。因此，要以公共性为原则，准确识别总项目和子项目的范围和内容，以确保在 PPP 模式下城镇综合开发类项目可以推进城镇化和优化经济结构这一目标的实现。

第二，进行财政承受能力论证及确认资金来源。城镇综合开发项目投资金额大、融资需求大，但根据中央的相关规定，PPP 项目所使用的政府资金要全部纳入地方政府预算，且所有 PPP 项目的支出不得超过支出预算的 10%。因此，在城镇综合开发类项目动工之前，要对 PPP 项目的财政承受能力进行充分论证，确保有稳定、可靠的自资金来源，以保证 PPP 项目的有序、长期运行。

第三，确定符合 PPP 精神的回报机制。由于城镇综合开发类项目投资周期长、金额大且子项目多的特点，因此，针对不同的子项目，可以根据政府付费、使用者付费、可行性缺口补助选择利益最大化的回报机制。

第四，制定符合城镇综合开发类项目的绩效考核机制。PPP 项目的关键点是绩效考核，根据城镇综合开发类项目的特点，绩效考核机制应充分考虑不同类型子项目的绩效、项目不同阶段的绩效、对于长周期项目的考核、对于考核结果的应用等。

第五，政府部门协调联动。城镇综合开发类 PPP 项目实施涉及项目审批、城镇规划、国土、建设等多个政府部门主管的行政审批事项，当前一些管理规范和做法仅适应传统建设模式，在 PPP 模式下不能机械地按原有规范和做法处理，否则 PPP 模式下的项目推进将困难重重，因此需要相关政府部门协调联动灵活处理。

当前正是 PPP 模式大发展和城镇化大推进时期，城镇综合开发类项目成为地方政府发展地区经济和优化经济结构的重要抓手。总体来看，PPP 模式改进了政府主导模式下资金匮乏、管理与运营机制不健全的不足。但由于 PPP 模式在国内初起步，仍有许多需要规范的地方。因此，在城镇综合开发领域积极应用 PPP 模式的同时，要规范和规避 PPP 模式的弊端，以达到推动绩效最大化的最终目的。

五 案例——天安数码城园区建设 PPP 项目

（一）运营模式及盈利模式

1. 运营模式

核心理念：产业综合服务运营，提供创新创业产业空间 + 综合服务。

2. 运营服务内容

针对入园企业成立企业家俱乐部——优合汇，并搭建优合汇综合服务平台。

（1）优合汇运营服务体系

一大中心：产业转型升级企业体验中心。

三大平台：科技孵化器（加速器）平台、中小企业融资、种子基金服务平台、数码 IT 产业聚集式发展示范平台。

九大空间：灵动创新建筑空间、和谐生态园林空间、创业创富聚集空间、中高级人才展示空间、新兴战略产业组合空间、产业转型升级样板空间、产业链上下游整合空间、社区型（CIC）创新空间、ITTBCL 聚合空间。

六大板块商企联盟：金融投资、医疗机构、地产物业、餐饮酒店、科技企业、休闲娱乐。

（2）核心服务

风险投资协助服务；金融货款协助服务；工商、税务等政务协助服务；高端人才服务；技术科技支持服务；法律咨询服务；高新企业认证协助服务；知识产权代理服务。

（3）基本服务

会员入园 VIP 优惠服务；优惠政策咨询及申报服务；企业家交流互动服务；展示推广服务；会议、培训服务；物业租赁及管理服务；休闲消费优惠服务；商务交通服务。

（4）办公信息服务

企业商务邮箱；网站搭建；商业用户电脑及网络代理维护服务；系统集

成搭建；企业主机托管；园区媒体宣传服务。

（5）商务互动服务

企业高峰论坛；商务群英红酒品鉴会、研发人才招聘交流会；科技园考察；十大最佳创新民企评比；园区主体运动会。

（6）特色服务

最低折扣优惠；物业优先选择；交流合作服务；最新资讯服务；活动参与服务。

入园最低优惠：入会企业专享园区物业购买最低折扣优惠。

物业优先选择：入会企业享受优先选择物业、选择朝向、挑选楼层等各大优先选择权益。

交流合作服务：优合会将定期组织园区企业交流活动，促进企业合作。

最新资讯服务：及时获得天安数码城最新园区信息，最先掌控政府最新优惠政策。

活动参与服务：专享优合会组织的一切商务、交流活动参加权益。

内刊免费获得：免费收到天安数码城集团内刊——《天安内刊》。

3. 智慧园区服务内容

（1）智能通信

智能通信旨在解决园区内的通信智能化问题，能够有效地实现降低沟通成本的服务目标，打造通畅、泛在及融合的信息高速公路。主要建设内容包括多途径的网络互连（包括光线、移动通信、RFID 等）、人与物的交叉互连等。智能通信模示示意见图 1。

（2）智慧云计算

云计算使智慧园区凸显“智慧”特征。服务的主要内容包括云政务、云教育、云交通、云社区等，主要是利用云计算技术实现资源的协调与整合，实现降低成本和实时高效的目标。智慧云计算模式示意见图 2。

（3）智慧产业

智慧产业是智慧园区的核心支柱，主要是利用智能化、信息化等高技术手段，转变生产和运营方式、运营模式等。通过智慧产业的建设，

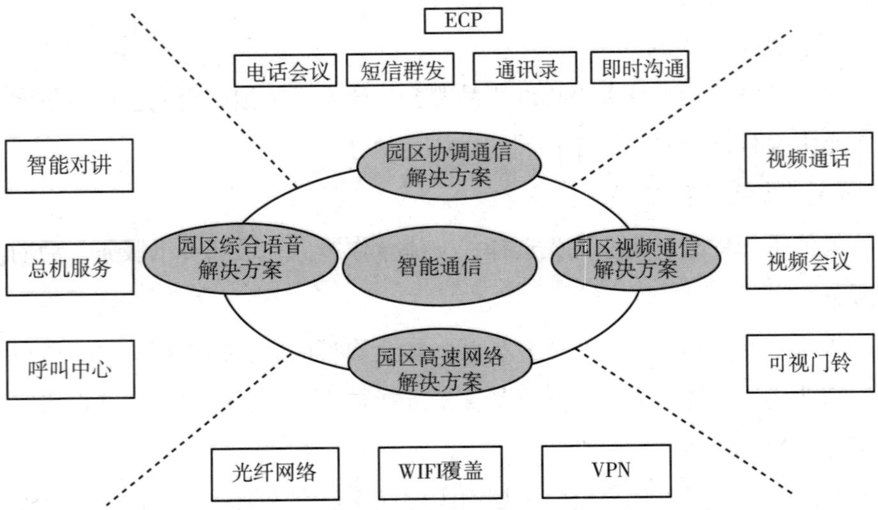

图1　智能通信示意

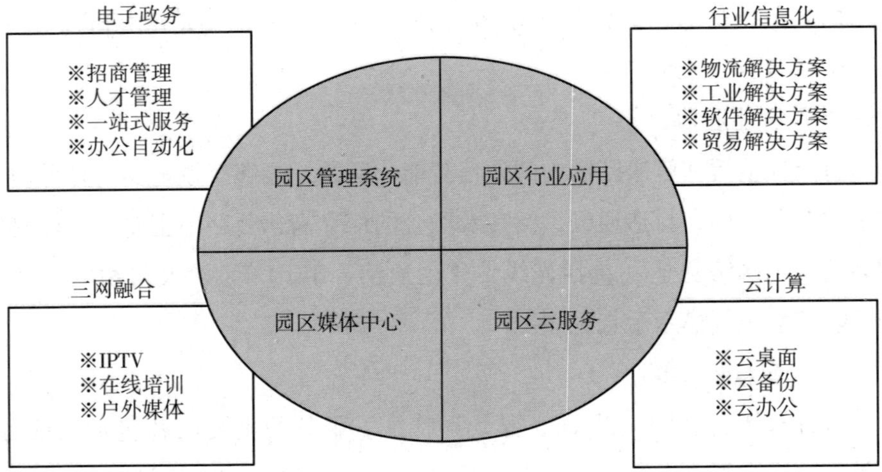

图2　智慧云计算示意

可以提升企业的核心竞争力，在生产效率、转型升级方面形成重要的加速动力源。智慧产业模式示意见图3。

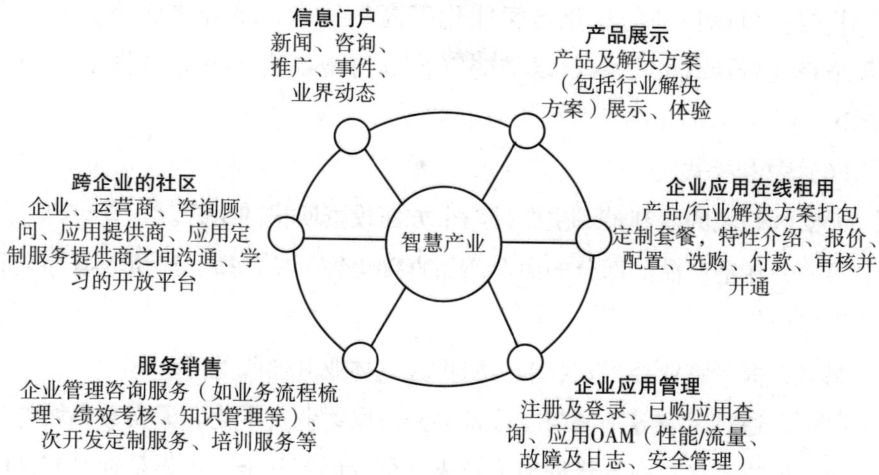

图 3　智慧产业示意

（4）智慧民生

人才是智慧园区的重要战略资源，因此保障园区内区民的日常生活成为支持战略资源发挥作用的重要手段。主要措施包括门禁考核、外勤管理、移动支付、车辆管理、安全与环境监控等。智慧民生模式示意见图 4。

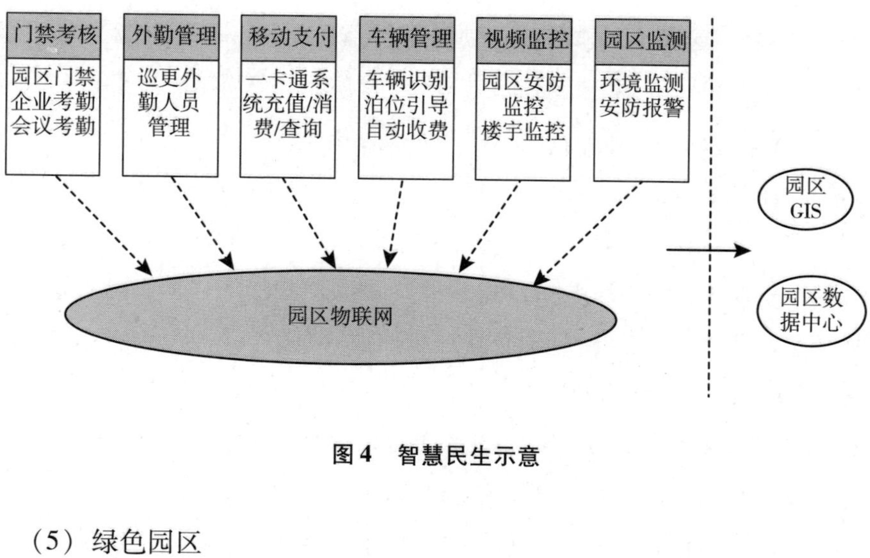

图 4　智慧民生示意

（5）绿色园区

绿色园区主要是指让园区实现节能减排。为实现节能减排、降低能耗的目标，可以借助信息化与智能化等高新技术，结合物联网、云计算等渠道搭建资源优化平台，以构造符合节约型社会、节能减排目标的智慧园区。

（6）盈利模式

天安数码城的盈利模式主要是三个方面投资回报的组合。

第一，住宅产品、部分的商业产品直接销售，总部楼、产研大厦等产品部分直接销售。

第二，部分物业经营、收取出租租金、物业升值收益等。

第三，通过金融等手段与方式将部分所属物业资本化。天安数码城与创投公司有战略合作，在合作框架下新成立全资创新基金，主要是针对园区内企业，以租金与现金等形式，联合政府与其他基金进行股权投资，获取投资收益。

B.12

教育 PPP 模式的发展

徐保满　李沁蔓*

摘　要： 近年来，教育需求规模增大、需求类型日趋多样化以及校园基础设施规模的不足和不均衡，进一步加大了政府的财政压力。引入 PPP 模式可以缓解政府财政压力，同时通过引入竞争可以有的放矢，提高教育质量和效率。我国教育行业的 PPP 模式目前仍处于起步阶段，引入较晚，且占整个 PPP 项目的比重相对较小。现有 PPP 项目主要是针对学校设施建设和配套设施改造，鲜有涉及教育的核心内容。本报告主要将教育行业分为学前教育、义务教育、高等教育和职业教育领域，分别描述各领域 PPP 的发展现状，总结出现阶段我国教育行业 PPP 发展中存在的问题，并针对现存问题提出相应的政策建议。

关键词： 教育行业　PPP　财政压力　社会资本

一　教育行业 PPP 概述

（一）PPP 模式在教育行业的适用性

教育从整体上看是准公共产品，教育是公共基础设施建设最重要的领域

* 徐保满，天津市房地产业协会副会长，南开大学房地产金融与法律研究中心主任，国家发改委 PPP 专家库专家，中央财经大学 PPP 智库专家。李沁蔓，中央财经大学在读博士。

之一。为保持教育的公共属性，学校一般都是由政府直接投资建设。面对我国教育需求规模的不断增长和需求类型的多样化，教育若完全由政府建设、经营和监管，会使政府承受巨大财政压力；且由于国家的垄断使得教育行业缺乏竞争，容易导致学校组织缺乏灵动性，办学及管理质量和效率低下，改进动力不足，从而造成资源的低效利用和不合理分配。但如果将教育行业的提供完全私有化，又会导致其失去公共属性。在面临这种问题的情况下，选择 PPP 模式，政府可以向优秀的教育企业购买相关教育服务，提高教育质量和效率。政府的身份转变为监督者和合作者，明确和细化政府和各参与方的分工，对于政府、学校、企业和受教育者而言是个多方共赢的局面。引入 PPP 模式给教育行业带来的好处是由政府或者市场单独承担是所不能实现的。首先，教育类项目的资金投入大且主要集中在前期，会给政府带来较大的财政压力，运用 PPP 模式有利于平滑政府财政支出，缓解财政压力。其次，政府通过竞争性采购的方式面向社会资本购买服务，社会资本有较强的投资和运营管理能力，从而可以提高产品和服务的质量和提供效率。最后，通过 PPP 模式促进打破教育行业的准入限制，通过现有资源带动社会资本投入，放大教育投入规模，激发教育行业的活力和创造力，同时，企业也可以获得稳定的长期收入。

（二）教育行业 PPP 项目现状

我国教育行业引入 PPP 模式较晚，仍处于起步阶段，教育类 PPP 项目占整个 PPP 项目的比重相对较小。现有 PPP 项目主要是针对学校建设及配套设施改造，以及学校的食堂、超市、医疗、体育场馆等的特许经营，鲜有涉及教育核心内容。国务院于 2017 年 1 月 18 日印发《关于鼓励社会力量兴办教育促进民办教育健康发展的若干意见》，提倡在办学过程中推进合作主体的多元化，探索推广政府和社会资本之间的合作模式，并且鼓励社会资本参与到教育基础设施的建设和运营管理，以及相关专业化服务的提供过程中。

全国 PPP 综合信息平台项目库第 9 期季报显示，截至 2017 年 12 月末，从 PPP 管理库项目数量来看，基本服务领域的 PPP 项目有 1350 个，其中教育行业的项目 343 个，占管理库项目的 4.8%，在基本服务领域排第一位。从 PPP 管理库项目投资额来看，基本服务领域总投资额 1.1 万亿元，其中教育行业为 1753 亿元，在基本服务领域排第二位。教育行业示范项目 25 个，落地 23 个，占所有 597 个 PPP 落地示范项目的 3.9%。教育行业 2017 年 12 月末比 9 月末季度环比净增项目数为 22 个，环比净增投资额为 189 亿元。从落地项目数来看，教育行业落地项目 130 个，占落地项目总数的 8.2%；落地投资额 654 亿元，占落地项目总投资额的 1.4%。民营企业参与教育行业项目数 14 个。PPP 模式在教育行业的运用远远不及市政工程、交通运输、生态建设和环境保护行业。

我们将教育行业细分为幼儿教育、义务教育、高等教育、职业教育四大类，各领域发展情况及 PPP 模式的推进实施情况如下。

1. 幼儿教育

当前我国大多数地区的幼儿教育普遍面临着“入园难、入园贵”的问题。除此之外，幼教投入长期不足。我国的公办幼儿园比例较低，随着企事业单位改革，一部分公办幼儿园走向市场，因此学前教育的市场化程度较高。《国务院关于当前发展学前教育的若干意见》（国发〔2010〕41 号）强调要把发展学前教育摆在更加重要的位置，要求通过多种形式扩大学前教育资源、多种途径加强幼儿教师队伍建设、多种渠道加大学前教育投入，并要求强化安全监管。现阶段我国在学前教育领域引入 PPP 模式主要是依靠创建普惠性民办幼儿园来实现，以此提供平价、优质的幼儿园资源，规范幼儿园行为，保证办园及教育质量，从而缓解幼儿园资源匮乏、“入园难、入园贵”的问题。我国学前教育领域具有 PPP 模式特点的政策主要有将城镇小区配套幼儿园变成普惠性民办园、“民办公助”模式以及“公建民营”模式。目前东部地区和部分中部地区政府都针对普惠性民办幼儿园相继出台了“奖补—限价”的政策，但一些财力较弱的地区尚未出台类似奖补政策。

2. 义务教育

作为一种十分接近纯公共物品的准公共物品，义务教育应当由政府来提供。但我国各地区政府财力的差异，导致基础教育服务的供给在地区间存在着严重不均衡的现象，且部分地区投入明显不足。西部地区经济发展落后，政府财政压力大、财政资金不足，基础教育的供给和需求严重不平衡。在我国的义务教育领域引入 PPP 模式，可以促进多元化投资，减轻政府财政支出压力。同时，引入私人部门先进的教育和管理技术，促进义务教育资源均衡配置，提高资源配置和服务的效率，提高教育质量，并提高竞争力。除此之外，引入 PPP 模式可以使义务教育的运行受到私人目标的监管和制约，有助于教育目标的强化。但由于义务教育的公共物品特性较强、外溢性较弱，财政经费的保障具有义务性，所以当前我国在义务教育领域运用 PPP 模式的推广力度并不大。

3. 高等教育

对高等教育的投资较少，对资金规模的要求高，目前高等教育投资主要由政府主导。但就目前高等教育发展需求来看，仅仅依靠财政资金远远不能满足投资需求。我国高等院校较国际一流高等院校仍有很大差距，主要由于教育经费不足以及管理模式落后。中国的高等教育以公立大学为主，经费来源主要依靠财政支出。在经济压力下行的态势下，高等教育面临经费紧张的压力，因此高等院校的发展在很大程度上受到财政对教育投入的影响。一直以来，直接由政府负责高等院校的建设、运营和监管，使高等教育在外部竞争上有所缺乏，因此没有足够的动力提升办学和管理质量。高等教育从性质上看是一种具有非竞争性和相对排他性的公共服务，其有效供给会给全社会带来显著的正外部效应。高等教育在我国属于非义务教育，所以在理论上，高等教育经费应该由国家和社会共同提供。PPP 模式现在逐渐成为一种推动高等教育发展创新的手段，PPP 模式可以缓解高等教育的财政投入压力、提供先进的管理模式，进而提高项目资金使用效率并且减少时间成本。引入 PPP 模式可以减少各高校依靠银行贷款来筹资的概率，降低高校的高资产负债率，化解资产债务风险。除此之外，由社会资本负责项目的建设、运营和维护，还可以鼓励高校优化其管理模式，精化细化管理结构，减少资源浪费现象，优化资源配置，并且激励高校重视质量和效率。如此，政府和高校便可以将更多的精力投入教育科研。但 PPP 模式在我国高等教育范畴的应用仍处于初始阶段，在高等教育发展中的应用较少。目前 PPP 模式在高等教育行业中的应用大多是通过设施建设和设备购买来实现，主要是在高等学校平台建设方面发挥作用，推进高校教育现代化、信息化水平。例如将社会资本的技术优势和管理优势利用到高等院校的校园硬件建设当中，在教学、科研以及后勤等平台的建设和维护中引入 PPP 模式，由社会资本负责各种设施设备的融资、建设、管理和维护。

4. 职业教育

2014 年 6 月，国务院印发《国务院关于加快发展现代职业教育的决定》（国发〔2014〕19 号），我国开始全面部署加快发展现代职业教育，建设现代职业教育体系。在此之后，《现代职业教育体系建设规划（2014－2020 年）》对现代职业教育体系构建进行了明确规划，具体列出了框架、目标以及重点任务。近几年，落后产能逐渐被淘汰整合，职工转岗与再就业需求刺激职业培训市场，以及产业升级对高技能人才的需求进一步扩大，刺激了我国的职业教育快速发展。目前我国高技能人才占比很小，人力市场存在着严重的供需错配问题。因此，接下来我国将十分重视职业教育的发展。当前我国政府直接举办的职业教育存在运行效率低的问题，而民办的职业教育则以经济利益为导向，容易偏离教育目标。在推进职业教育现代化座谈会上，国务院副总理刘延东曾提出，应更加注重职业教育，以适应经济社会发展和国际竞争大局。支持并发展产教融合与校企合作，鼓励企业积极参与人才培养的过程，鼓励社会力量参与职业教育的运行或举办。形成多方深度参与的质量评价机制，让政府和市场同时发挥作用。随着我国在公共服务领域发展和推广 PPP 模式，有一部分地区已经开始尝试将 PPP 模式引入职业教育领域。就目前来看，我国教育领域的 PPP 项目处于探索阶段，多为硬件方面，如基础设施建设以及设备的购买，而职业学校整体管理方面的 PPP 项目合作很少。目前我国职业教育领域的 PPP 项目还没有成功的经验。

二 教育行业 PPP 存在问题

（一）法律制度不健全

法律制度的不健全目前是阻碍我国 PPP 模式推广和运行的重要阻碍。教育领域开展 PPP 模式只靠个别规范性文件支撑，没有法律以及部门规章的明文规定。当前我国很多地方政府制定了相关规章制度，但缺乏长远的规划和系统性的制度设计。法律法规的缺失和制度保障的不到位增加了教育行业 PPP 模式中各参与主体的风险，阻碍长期发展。法律体系对参与主体的保护力度不够，尤其是 PPP 模式下的资产权属问题并没有法律保护，由社会资本建设、运营、维护并在后期移交给政府的新建项目资产所有权归谁的问题不明确。合同中往往不提及所有权，而只是指出社会资本方的经营权。在教育行业的 PPP 模式中，缺乏健全的法律和制度环境保障可能会导致教育过度市场化、公共财政流失等重大问题。院校的设施建设和设备购买过程中会涉及资产的权属问题。然而在 PPP 模式下资产权属方面的相关法律的空白、产权界定的不明确往往导致项目在执行过程中出现纠纷，打击投资方的参与热情，影响项目融资，也难以保证学校设施建设的稳定和完整，影响师生校园生活。

（二）监管体制不完善

目前教育 PPP 项目的监管体制不完备，管理协调体系不完善。各职能部门的监管权限界定不清晰，且职能、权限和责任划分不合理，呈现部门权责重叠交叉、多头管理等现象。政府往往更为重视 PPP 项目的建设而轻视监管。

（三）区域发展不均衡

一是我国教育类 PPP 项目在地域间分布不均，贵州、山东、四川、河南四个省份的教育类 PPP 项目数量超过教育行业 PPP 项目总数量的一半；二是我国教育类 PPP 项目在项目类型上分布差异较大，主要集中在高中教育与职业教育阶段。

（四）缺乏教育内容服务合作

从参与主体来看，教育类 PPP 项目的企业参与者主要为建筑类企业，而参与 PPP 项目的教育类企业较少。虽然我国教育信息化在“十二五”以来得到了实质性的进展，但根据全国 PPP 综合信息平台入库项目显示，政府大多购买的是教学设施设备、学校后勤设施等，缺乏教育内容服务等软性服务合作。

（五）合同设计不严谨

我国教育行业 PPP 合作合同制定不明，权责不清晰，可能会导致地方政府与私人部门之间的纠纷，难以保障政策的顺利执行。

除上述教育领域普遍存在的问题，各层次的教育还会面临其针对性问题，如在幼儿教育领域，我国普惠性民办幼儿园的建设工作处于起步阶段，在 PPP 模式推行过程中，各地方政府大多直接制定与民办幼儿园的合作目标和具体衡量标准，较少与合作对象特别是民办幼儿园共同商定。除此之外，地方政府对民办幼儿园的合理权益重视度不够，这有可能导致民办幼儿园参与建设普惠性幼儿园的积极性下降，并且影响政府与民办幼儿园的长期合作关系。另外，地方政府重视普惠性民办幼儿园的建设而轻视监管，政府对普惠性民办幼儿园的相关配套服务提供不到位。

三　教育行业 PPP 政策建议

我国教育行业 PPP 的发展应贯彻国家发改委、教育部、人社部联合印发的《教育现代化推进工程实施方案》（以下简称《方案》）（发改社会〔2017〕285 号），积极落实完成《方案》规定的五大建设任务，包括义务教育学校建设、教育基础薄弱县普通高中建设、职业教育产教融合工程、中西部高校基础能力建设、世界一流大学和一流学科建设等。在接下来教育行业中 PPP 模式的推进发展过程中，建议做到以下几点。

（一）健全法律制度

一方面，政府应当建立上位法，制定专门的 PPP 法律，统一、协调下位法冲突的现状。建议政府通过出台相关法律政策，明确划定在教育行业内引入 PPP 模式的具体使用范围。可采用市场准入负面清单制度，参考《国家发展改革委商务部关于印发市场准入负面清单草案（试点版）的通知》（发改经体〔2016〕442 号），将项目划分为禁止准入以及限制准入两大类，明确地规划并列举出政府禁止或限制准入的领域。除此之外，建议政府除考虑社会资本方的建设资质、技术经验、资金实力等现有准入条件外，将企业信用加入准入条件的考虑，禁止失信企业参与教育 PPP 项目。在法律制度层面明确地分配和协调在教育 PPP 模式中各职能部门的监管责任，明确项目各环节监管的内容及方法，充分利用绩效评价，设立详细周全的问责机制。

另一方面，建议政府在今后的 PPP 相关法律和政策制定过程中加强对产权归属问题的重视，严谨制定 PPP 模式法律制度，清晰界定存量项目以及增量项目的权利归属，各环节运作方式及程序。

（二）完善监管体制

清晰界定各职能部门的监管权限，合理划分各部门职能、权限和责任。重视建设的同时也要重视监管。教育部门与财政部门应该完善对教育 PPP 项目的政策引导，并安排专项资金保障其发展。

（三）各地区均衡发展

在今后教育行业基础设施建设的 PPP 模式应用过程中，需要大力改善中西部地区基本办学条件，提高教育质量，促进教育公平发展。以贵州、山东、四川、河南等教育行业 PPP 项目相对较为先进成熟的地区为示范，带动其他地区，尤其是校园设施设备建设需求大但较为落后的地区积极推广 PPP 项目合作。

（四）重点发展校园基础设施建设，加强教育内容合作

在今后教育基础设施的建设过程中，在校园建设、校园改造和后勤管理中充分利用绿色节能技术，重视并积极推动绿色校园建设，发挥教育在公共部门绿色发展中的示范作用；在教育领域广泛运用信息技术、大数据、物联网等技术，注重建设智慧校园；注重推进教育后勤社会化。除校园基础设施建设以外，还应鼓励具有专业特长的教育服务机构参与教育领域的 PPP 项目，增加教育内容的合作，弥补现阶段教育能力的短板。

（五）严谨设计项目合同，保障长期合作关系

在教育行业引入 PPP 模式，需要严谨制定合同，合理确定各参与方的职能和责任，建立透明、公平、连续的管理协调体系。设计合理的超额收益分享机制和政府介入条款，保证政府可以在项目发生失控时合法介入项目，收回项目运营权。

（六）优化绩效考核机制

为了激励社会资本优化其提供服务的内容并提升服务质量，政府应设计具有可操作性并且符合地区实际情况的绩效考核机制。

我国政府在发展幼儿教育的过程中，需要继续保持对学前教育的公共财政投入，提高学前教育体系的“公益善惠”程度。当前我国学前公办幼儿园比例低以及教育善惠性程度低的情况，并不适合扩大学前教育的 PPP 模式。政府应重视提高学前教育公益善惠的程度，调整资源结构，提升办园和教育质量。建议政府控制在学前教育领域引入 PPP 的规模，同时增大公办幼儿园比例。可以在部分公办幼儿园占比大且管理体制健全的地区试行民办公助、政府购买服务等 PPP 模式。

在高等教育领域，要加快大型科学平台、重点实验室、综合实践创新平

台和工程实验中心等在高等学校中的建设，提高教学质量和服务创新能力，为达到我国的创新驱动发展战略对高等学校的要求提供基础设施支撑。

在职业教育领域，由于中等职业教育属于政府公共服务范畴，因此建议在中等职业教育领域，积极引入并应用 PPP 模式。高等职业教育有较强的外溢性，由政府和市场同时参与提供，培养高技能人才也是我国战略性目标，因此在高职学校可以适度推行 PPP 模式以提高人才教育培养的质量，有利于以市场为导向提高人力资源的配置效率。新建的职业院校可以采用 BOT、BOO 或 BOOT 等模式，由社会资本来承担院校的规划、基础设施建设和维护、教育及后勤服务等一系列职责。而对存量职业院校采取 TOT、ROT 等模式，社会资本承担院校的管理经营活动。新建的职业院校可以在教学服务、硬件设施、后勤服务、整体运营领域进行 PPP 项目合作。在教学服务和后勤服务领域可采取政府购买服务或者委托经营管理的模式；在硬件设施以及整体运营领域可运用 BOT、BOO 和 BOOT 的合作模式。

四　案例分析——山东省德州市禹城市城乡教育综合发展 PPP 项目①

（一）项目基本情况

禹城市是山东省德州市的一个县级市，位于山东省西北部。禹城市农村学校的办学条件大多都十分落后，教学设施简陋，建筑年久失修，亟须改建。

2015 年 6 月 1 日，禹城市推出城乡教育综合发展 PPP 项目。该项目为第三批次国家示范项目，目前处于执行阶段。总投资 34379.77 万元，建筑面积为 171567 平方米。建设内容主要为 10 所乡镇学校（李屯中学、辛寨中学、安仁中学、莒镇中学、伦镇中学、辛店中学、房寺镇邢店社区小学、梁家中学、十里望中学、张庄中学）和 4 所城区学校（山师附小、禹城一中、

① 资料来源：财政部 PPP 中心项目库。

综合高中、齐鲁中学）的学生宿舍、食堂餐厅、教学楼、实验楼、宿舍楼、相关配套工程。项目地点位于上述 14 所学校校内。项目为新建项目，建设期 1 年，合作期为 16 年。在 30 个全省首批政府和社会资本合作示范项目中，该项目被省财政厅评为第一名，并被称为“禹城经验”，积极在全省推广。

（二）项目融资方案

禹城市城乡教育综合发展 PPP 项目总投资约 34379.7700 万元，其中：工程建设其他费用 534.23 万元，配套工程费约 6965.19 万元。项目公司由代表政府方的禹城市众益城乡建设投资有限公司和代表社会资本方的山东省禹城市外资机械施工有限公司组成。梁家中学食堂、辛店中学食堂等已由政府组织开工建设，部分投资通过资产转让方式划入项目公司。项目公司资本金为总投资 30%，约 10314 万元。其中，禹城市众益城乡建设投资有限公司投资 3600 万元，占比 35%，其余 65% 即 6700 万元由山东省禹城市外资机械施工有限公司出资，总投资另外的 70% 即 2.4 亿元则由社会资本方山东省禹城市外资机械施工有限公司在 15 年内向银行、基金公司贷款。

（三）项目运作模式

禹城市城乡教育综合发展 PPP 项目的运作采用改扩建、运营和移交（ROT）模式。招标人为市教育局；社会资本方是山东省禹城市外资机械施工有限公司，通过竞争性磋商方式选择出；项目公司为禹城市竣安教育发展有限公司，由中标人与政府指定的出资方禹城市众益城乡建设投资有限公司合资组建而成。

由禹城市竣安教育发展有限公司负责该项目运营期内项目的设计、投资、融资、建设等环节，并且在项目建设完成后向教育主管部门提供能够满足正常教育教学工作的学生宿舍、食堂餐厅、教学楼、实验楼等校舍场所，以及提供安保、保洁、绿化养护、物业维护等服务，同时负责张庄镇中心幼儿园与辛庄镇中心幼儿园这两所幼儿园的经营管理。项目公司禹城市竣安教育发展有限公司在项目期满后，将项目设施完整、无偿地移交给教育主管部门。项目流程示意见图 1。

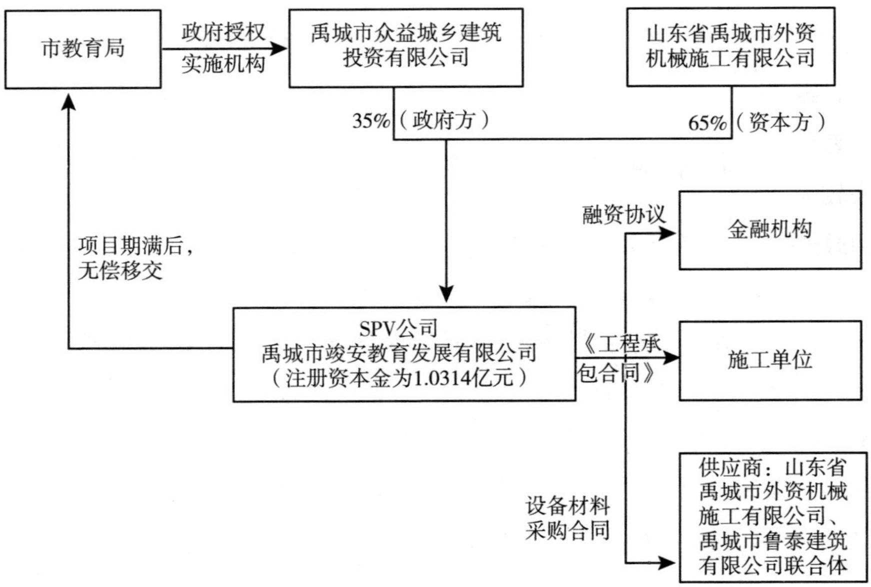

图 1　禹城市城乡教育综合发展 PPP 项目流程

（四）项目回报机制

禹城市城乡教育综合发展 PPP 项目建设期 1 年，运营期 15 年，主要的回报机制是可行性缺口补助，收入来源主要是政府购买和经营收入。具体包括以下内容。

一是政府购买服务。在项目期限内，项目公司负责提供能够满足正常教育教学工作的可用的校舍场所，以及校园内的安保、保洁、绿化养护和物业维护服务。政府须按照项目协议约定内容，向项目公司支付政府购买服务费，逐年付费，期满后收回资产。

二是幼儿园经营收入。在项目期限内，项目公司负责张庄镇中心幼儿园与辛庄镇中心幼儿园的经营管理，收取学生学费，获得正常且合理的回报。

三是相关配套安排。政府部门负责项目用地的选址、规划、拆迁安置和土地征用等工作，与之相关的费用不计入项目总投资。

（五）项目实施意义

1. 缓解财政压力

教育类项目资金投入较大并且主要集中在项目的前期，因而给政府财政带来较大压力。通过采用 PPP 模式吸引社会资本能够平滑政府的财政支出，采用政府逐年付费的方式可以缓解中短期财政支出压力。

2. 权责、风险明确，企业收益回报稳定

为了方便界定社会资本后期维护责任和收益边界，在最后签订协议时，禹城市将权责明确的部分，例如道路、校舍、操场、保洁和绿化等，交由社会资本方经营，获得稳定收益，而从项目中剥离出后期不易维护的教学配套器材部分。这样可以明确权责界限，主要由政府承担如经济调整、税率调整等政策类风险，由社会资本方承担项目的建设风险、运营风险。

3. 借助竞争力量，提高项目质量

为了保证项目的质量，禹城市科学谋划、统筹推进其教育 PPP 项目，严格依法推进项目识别、准备、采购、执行和交接等环节，实行阳光化运作，对各参与方进行有效的约束和监督。该项目严格按照项目招投标和竞争性磋商的规定进行市场竞争，每个环节都通过公告对外公示，以保障社会资本的充分竞争。向具有投资和运营管理能力以及具有竞争优势的社会资本购买服务，借助社会资本所拥有的先进技术、专业知识和管理经验，让专业的人做专业的事，从而提高公共产品和服务的供给效率和供给质量。

B.13
农业 PPP 模式的发展

温来成*

摘　要： 在全国 PPP 项目建设运营快速发展的大背景下，农业行业的 PPP 项目也得到一定的发展，不少项目成为财政部、国家发改委的示范项目，但和基础设施等 PPP 项目相比，农业行业 PPP 项目还存在不少的问题。本报告主要介绍财政部、农业部等主管部门在农业领域推进 PPP 模式的政策要点，包括基本原则、发展重点及项目管理等。在对农业 PPP 发展现状介绍方面，以财政部 PPP 项目库为主，分析了农业 PPP 项目的主要类型、特点和与我国农业农村发展的密切关系，并在此基础上，论述了目前农业行业 PPP 发展存在的主要问题，建议加强调查研究，适当增加农业 PPP 项目的数量；采取有效措施，提高农业 PPP 项目落地率；进一步明晰农业 PPP 项目边界，坚持其公共性；在综合运用政府经济政策工具、提高农业 PPP 项目的合理回报率等方面，提出政策建议。

关键词： 农业行业 PPP　项目管理　项目边界　项目回报率

一　农业行业 PPP 概述

目前，我国经济经济结构已发生重大变化，但农业仍是国民经济基础的地

* 温来成，中央财经大学中财－鹏元地方财政投融资研究所执行所长、财税学院教授、博士生导师，财政部 PPP 专家库专家、北京市 PPP 专家库专家、中央财经大学 PPP 智库专家。

位没有变。经初步核算，2017 年国内生产总值 827122 亿元，按可比价格计算，比上年增长 6.9%。第一产业增加值 65468 亿元，比上年增长 3.9%；第二产业增加值 334623 亿元，增长 6.1%；第三产业增加值 427032 亿元，增长 8.0%。在现阶段，推广和发展 PPP 模式，是我国农业发展和实现现代化的重要手段。

（一）农业 PPP 项目政策

除从财政部、国家发改委发布的 PPP 政策指南外，在农业领域，《中共中央国务院关于深入推进农业供给侧结构性改革加快培育农业农村发展新动能的若干意见》、《国务院办公厅关于创新农村基础设施投融资体制机制的指导意见》（国办发〔2017〕17 号）、《国务院办公厅转发财政部发展改革委人民银行关于在公共服务领域推广政府和社会资本合作模式指导意见的通知》（国办发〔2015〕42 号）、《财政部农业部关于推进农业领域政府和社会资本合作的实施意见》（财金〔2017〕50 号）等文件，构成了农业领域推广 PPP 模式的直接依据，其主要内容如下。

1. 基本原则

——坚持政府引导、规范运作的原则

——坚持明确权责、合作共赢的原则

——坚持因地制宜、试点先行的原则

2. 重点领域

农业 PPP 项目的重点包括：

农业绿色发展领域，如畜禽粪污资源化利用等；

高标准农田建设领域，如土地平整、农田防护与生态环境保持等；

现代农业产业园领域，如聚集现代生产要素、创新体制机制的现代农业产业园等；

田园综合体领域；

农产品物流与交易平台领域，如生产资料交易平台和仓储基地建设等；

“互联网 +”现代农业领域，如农村电子商务平台和智能物流设施等。

3. 项目实施

主要采取以下措施：严格筛选项目、合理分担风险、保障合理回报、确保公平竞争、严格债务管理、强化信息公开、严格绩效监管等。

（二）农业 PPP 项目发展概况

农业 PPP 项目也是我国 PPP 发展的重要领域。据财政部 PPP 中心《全国 PPP 综合信息平台项目库第 9 期季报》统计，截至 2017 年 12 月末，全国政府和社会资本合作（PPP）综合信息平台收录管理库和储备清单 PPP 项目共 14424 个，总投资额 18.2 万亿元，同比上年度末分别增加 3164 个、4.7 万亿元，增幅分别为 28.1%、34.8%；管理库项目 7137 个，储备清单项目 7287 个。

截至 2017 年 12 月末，国家示范项目共 697 个，总投资 1.8 万亿元，全部进入管理库。597 个落地示范项目中，农业项目 1 个，占 0.2%。在管理库 7137 个项目中，农业项目 68 个，占比不足 1%，投资额 627 亿元，占 0.6%；已落地 16 个，占 1%，投资额 106 亿元，占 0.2%。在储备清单 7287 个项目中，农业项目 87 个，占 1.19%。

从财政部入库农业项目的具体类别来看，主要包括以下几方面。

1. 农业基础设施类 PPP 项目

这类项目主要包括农产品展览馆、集贸市场、交易市场，以及为农业生产直接提供服务的道路、桥梁、电网、机井、灌溉设备，以及通信、网络、供热、供气等农业服务设施。在农业发展过程中，这类农业设施项目为农业生产发展提供全面的产前、产中和产后的服务，是农业生产的基础条件，因而在 PPP 项目中有较大的需求。

2. 农业资源开发类 PPP 项目

包括土地复垦、土壤污染防治、生物发电、垃圾处理等项目。在农业、农村经济发展中，农作物秸秆、农村生活垃圾、养殖场粪便等需要无害化、资源化处理。一方面，有效治理农村环境污染，保持农村山清水秀、蓝天白云的自然风光；另一方面，为农业生产和农民生活提供新资源，如电力、肥料、沼气等，创造新的价值，走循环经济和可持续发展的道路。

3. 农业产业园区类 PPP 项目

包括农业示范区、农业科技园区、花卉园区、茶叶园区、水果蔬菜培植示范园区、物流园区、生态园区、农民创业园区等。现代农业发展的重要特征，就是规模化、集约化、产业化，上述各类农业产业园区的发展，就是适应了我国农业现代化的需要。通过各类园区建设，将各类农业生产要素集中进行规模化、集约化生产，提高农业生产的效率和经济效益。而 PPP 项目重点是为各类园区建设提供基础设施，如土地整理、道路建设、供电、供水、供气、公共服务设施、展览馆、博物馆、交易大厅、标准厂房、会议中心，以及其他生活生产配套设施等。这些设施具有一定的公益性，有的项目有一定的现金流，可向使用者收费，适合采用 PPP 模式建设运营。

4. 智慧农业类 PPP 项目

主要包括农业云计算、农业物联网平台、农产品电子商务平台等。随着现代农业科技的发展，特别是信息技术，为农业生产发展提供了广阔的发展空间，云计算、互联网等技术，是下一代新技术发展的重点，农业发展也不能落后，智慧农业类 PPP 项目建设和运营，有利于进一步提高农业劳动生产力。

5. 扶贫开发类 PPP 项目

主要包括改善贫困地方基础设施、发展扶贫产业、增加贫困人口收入等。目前精准扶贫也是农业、农村和农民问题的主要内容。扶贫开发也需要开拓思路，摆脱单纯依靠政府财政资金输血的道路。而充分利用贫困地区的资源条件，在政府的支持下，充分利用 PPP 模式，吸引社会资本参与扶贫开发，也是精准扶贫、在 2020 年前实现整体脱贫的重要途径。通过扶贫 PPP 项目的精心设计，有效建设和运营，实现贫困户脱贫、社会资本方获得合理回报、政府实现经济社会发展战略目标的共赢局面。

6. 农业、旅游、休闲、文化、康养田园综合一体化 PPP 项目

包括以农业开发为主体，全境旅游、观光农业、休闲农业、农耕文化、养老医疗、田园综合一体化开发等项目的有机集合。这类项目的建设，体现了现代农业发展的新趋势，即以农业为基础，向旅游、娱乐、文化、养老、

医疗等相关领域延伸，一体化发展，进一步提高项目的综合经济、社会和生态效应。

7. 特色小镇 PPP 项目

包括特色小镇的农业开发、小镇供电、供水、供气、道路、桥梁、环境绿化，以及其他配套设施建设等。特色小镇建设是中国特色城镇化进程中一个重要内容。近年来，我国城镇化速度进一步加快，2017 年已达到 58%。同时，北京、上海、广州、深圳等特大型城市病开始显现，如交通拥堵、环境污染、房价飞涨、群体性事件等。在我国新型城镇化过程中，发展特色小镇，合理配置公共资源，可以实现我国大中小城市和城镇协调发展，抑制大城市病的蔓延。同时，特色小镇的建设和发展，也有利于推进农业的产业化经营、提高农业生产效益，就近解决农民就业，实现农民市民化的转换。特色小镇 PPP 项目发展过程中，以基础设施建设等公共服务类项目为主。

8. 新农村建设 PPP 类项目

包括农村基础设施建设、体育文化设施建设、环境治理、农业技术教育等内容。按照生产发展、生活宽裕、乡风文明、村容整洁、管理民主的要求开展新农村建设，是解决我国目前城乡发展不平衡、城乡居民收入差距过大的重要措施。通过 PPP 项目的建设运用，充分利用市场机制，吸引社会资本投资于农村基础设施建设，是加快新农村建设、尽快解决我国“三农”问题的重要途径。

二　农业行业 PPP 项目存在的问题

如前所属，在全国 PPP 项目建设运营快速发展的大背景下，农业行业的 PPP 项目也得到一定的发展，不少项目成为财政部、国家发改委的示范项目，但和基础设施等 PPP 项目相比，农业行业 PPP 项目还存在不少的问题，主要体现在以下四方面。

（一）农业行业 PPP 项目少，发展较为缓慢

我国政府将“三农”问题列为经济社会发展的重中之重，农业发展是整个国民经济和社会发展的一个短板，需要大力促进农业发展及其现代化建设，但受各种条件制约，农业发展也面临诸多困难。在此情况下，农业 PPP 项目发展相对缓慢，在财政部、国家发改委项目库中，农业 PPP 项目所占比例很低，与农业在国民经济中的地位不太相吻合。

（二）农业行业 PPP 项目落地率低

和农业行业 PPP 项目少、发展较为缓慢相一致，其项目落地率也低。在财政部示范项目中，仅有一个农业 PPP 项目落地建设。在财政部项目库中的农业 PPP 项目，大多处于采购执行阶段，也体现了农业 PPP 项目推进较为缓慢。

（三）有些农业 PPP 项目边界不够清晰

从现有入库的农业 PPP 项目看，有些项目中包含较多的经营性内容，与 PPP 项目，主要是为企业和居民提供优质公共服务之间，仍有一定差距。如项目边界不够清晰，在建设和经营中就可能出现与市场商业化经营项目发生冲突的现象，扰乱市场秩序，不利于国家经济社会的发展。

（四）农业 PPP 项目回报率较低

现有农业 PPP 项目以服务农业生产、农产品加工销售为主，受农产品价格的影响，其运用收入较低，进而影响到项目的回报率，就会对项目招投标及融资带来影响。这在一定程度上，也是农业 PPP 项目发展较为缓慢的主要原因。

三　农业 PPP 项目发展的对策建议

从我国产业结构看，第三产业产值已超过第二产业，初步呈现知识经济

的一些特征，高新技术产业、新兴战略性产业发展速度很快，但农业仍是国民经济的基础，十多亿人口的衣食问题仍然要靠农业。党的“十九大”报告指出：“农业农村农民问题是关系国计民生的根本性问题，必须始终把解决好‘三农’问题作为全党工作重中之重。要坚持农业农村优先发展，按照产业兴旺、生态宜居、乡风文明、治理有效、生活富裕的总要求，建立健全城乡融合发展体制机制和政策体系，加快推进农业农村现代化。”因而推进农业领域的PPP项目发展，也是我国农业农村现代化建设的重要内容。根据上述农业PPP项目发展存在的上述问题，提出以下对策建议。

（一）加强调查研究，适当增加农业PPP项目数量

我国地域辽阔，农业资源丰富，各地区发展极不平衡，近年来国家在不断增加农业开发投资。通过调查研究，掌握各地区农业资源的具体情况，动员各级政府和社会资本，针对国内外市场对农产品的需求，以及农村居民生产生活的实际需要，发起适合开展PPP的农业项目，增加进入财政部和国家发改委项目库的农业PPP项目数量，使之成为我国现阶段农业农村发展的重要推动力。

（二）采取有效措施，提高农业PPP项目的落地率

对目前已入库，完成了物有所值论证、财政承受能力论证的项目，采取各种措施推广宣传，加大政府采购的力度，帮助解决项目融资等方面存在的困难，加快项目落地的进度，使更多的项目进入建设、运营阶段，尽快发挥项目效益，助力农业发展，改善农民生活服务，推进我国农业现代化建设。

（三）进一步明晰农业PPP项目的边界，坚持其公共性

在市场经济条件下，凡是能由企业和农民自主经营，能够自负盈亏的市场化运作项目，政府就不必要干预。PPP项目是政府和社会资本合作，为居民和社会组织提供公共服务的项目，必须严格界定商业经营项目和公共服务项目，保证农业PPP项目的发展方向。

（四）综合运用政府经济政策工具，提高农业 PPP 项目的合理回报率

农业是面临市场和自然双重风险的弱质产业，受市场需求和农产品价格等因素影响，农业 PPP 项目回报率较低，为了吸引社会资本投资于农业 PPP 项目，政府需要综合运用税收减免、政策性银行贷款支持、土地政策等多种政策工具，大力支持农业 PPP 项目，提高其投资回报率，有力促进农业 PPP 项目的发展，适应新时代农业现代化的需要。

四　案例：江西省智慧农业建设 PPP 项目①

（一）项目概况

江西省智慧农业建设 PPP 项目总投资估算为 21791.827 万元（其中新增投资 20791.827 万元，纳入本项目中政府拟作价入股资产 1000 万元）。总体建设内容主要包含两方面。其一，已完成建设内容：三个中心（农业应急指挥中心、12316 综合信息服务中心、江西农业云计算中心）、三大平台（农业物联网平台、农产品质量安全监管追溯平台、农产品电子商务平台）、若干应用系统和信息进村入户试点工程（5～10 个示范点）。其二，新增项目建设内容：江西智慧农业云扩容建设、江西智慧农业应用系统及支撑设备建设及益农信息社建设。为加快推进现代农业强省建设战略目标，应加快农业生产方式转变，创新农产品流通渠道，实现农业管理的高效透明，推进农业信息服务进村入户，建立起全面支撑现代农业和城乡一体化发展的信息化新格局。

（二）项目合作范围

本项目采用 BOT 模式进行运作。江西省农业厅通过公开招标的方式引

① 资料来源：财政部 PPP 中心项目库。

入社会资本，与政府方出资代表共同组建 PPP 项目公司，项目公司由政府方出资代表南昌鑫富维农业发展有限公司拟已建成部分资产作价 1000 万元入股、社会资本方出资约 5666.67 万元组建。江西省农业厅与 PPP 项目公司签署 PPP 项目合同，约定政府方将江西省智慧农业 PPP 项目的建设权、经营权交由项目公司，由项目公司承担项目的设计、融资、建设、运营、维护等工作，保障智慧农业项目的正常运行。项目合作期内，政府拥有项目固定资产的所有权和软件、系统等著作权，项目公司负责项目产出与运营维护等。本项目合作期限为 15 年，建设期 2 年，运营期 13 年。在运营期内，政府根据项目公司的运维绩效给予项目公司可行性缺口补助。

（三）论证情况

根据财政部有关政策文件，采用定性分析——专家评分法，本项目设置的评价指标主要包括全生命周期整合程度、风险识别与分配、绩效导向与鼓励创新、潜在竞争程度、政府机构能力、可融资性、全生命周期成本测算准确性、行业示范性 8 个指标。江西省财政厅选取物有所值评价专家小组，并召开了专家小组会议，根据专家组打分，按照指标权重计算加权平均分，得到项目评分结果为 72.03 分，大于 60 分，专家小组原则上同意通过物有所值定性分析。专家组评审意见为：本项目在全生命周期内，项目的设计、投融资、建造、运营等环节基本能实现整合；风险识别与分配在项目全生命周期内能够得到有效识别并在政府和社会资本之间进行了合理分配；以基础设施及公共服务供给数量、质量和效率为导向的绩效标准基本建立，但需进一步完善项目监管机制；但项目内容对社会资本参与竞争的吸引力方面有待加强；本项目能够促使政府转变职能、优化服务，最终体现社会效益。

（四）交易结构

股权投资支出：项目公司注册资本金为 6666.67 万元，其中政府方出资代表南昌鑫富维农业发展有限公司拟已建成部分资产作价 1000 万元入股，占股 15%。因此本项目中政府股权支出为 1000 万元。

本项目为政府可行性缺口补助项目，运营期内，政府可行性缺口补助金额为 3050 万元/年。

风险承担支出：由于项目风险支出数额和概率难以准确测算，按照项目的全部建设成本和全生命周期内运营成本的一定比例确定风险承担支出。

配套投入支出：本项目属于“互联网+”农业项目，政府不存在项目配套工程等其他投入责任。根据江西省年度财政预算，按照《财政承受能力分析指引》的要求，每年 PPP 项目支出责任不超过一般公共预算支出的 10%，本项目的评估结果为“通过论证”，适宜采用 PPP 模式。

金 融 篇

Finance Reports

B.14
金融支持 PPP 发展的现状

尹昱　耿帅*

摘　要： 本报告首先介绍了目前介入 PPP 项目的各类金融机构，归纳了市场上可用于 PPP 项目的多种融资工具，并与国外进行了比较。然后描述了金融机构逐步从融资平台贷款时期依靠政府信用转向控制项目自身的风险的现状，指出金融服务仍滞后于 PPP 实践发展的现实，主要表现在融资的覆盖面不足、结构不合理、效率不高。

关键词： 金融服务　金融支持　PPP

* 尹昱，就职于中国建设银行山东省分行，财政部、国家发改委 PPP 专家库定向邀请专家，中央财经大学 PPP 智库专家。耿帅，就职于齐鲁工业大学（山东省科学院）生态研究所。

截至2017年12月末，根据全国政府和社会资本合作（PPP）综合信息平台收录管理库和储备清单的PPP项目共14424个、总投资额18.2万亿元，其中管理库项目7137个、总投资10.8万亿元。以项目签约为标志的管理库落地率为38.2%，按照国际通行的以签署融资协议为标志的落地率较低。落地难的背后是融资难，特别是资本金筹措难，金融服务对PPP的发展很重要。

2014年9月21日，国务院颁布《关于加强地方政府性债务管理的意见》（国发〔2014〕43号），剥离融资平台公司政府融资职能，鼓励采用PPP模式，PPP模式成为基础设施和公共服务重要的供给方式。金融机构不能再为地方融资平台融资，只能通过给社会资本融资来参与基础设施项目融资。同时在经济下行、工业企业产能过剩的形势下，金融机构缺乏优质的、稳定的信贷投向，面临着“资产荒”。PPP市场前景广阔、资金需求巨大，给各类金融机构带来了巨大的发展机遇，有政府背景的PPP项目成为金融机构积极介入的目标。对金融机构而言，虽然PPP项目总体收益率不高，但参与PPP项目能够与地方政府建立良好合作关系，还会带来其他项目商机。各类金融机构都紧抓国家大力发展PPP的机遇，积极介入PPP的金融服务。

一　金融机构积极介入，但金融服务不足、不平衡

2014年10月以来，金融机构积极研究PPP模式，前台和后台都加深了对PPP模式的认识理解，逐步熟悉了PPP项目运作流程和方式。从金融机构参与PPP融资的融资金额来看，商业银行占据了半壁江山，政策性银行、信托公司、证券公司、保险公司、融资租赁公司和资产管理公司等分享另外一半市场。经过3年的探索和实践，各类金融机构基本上都推出了各自的PPP金融服务产品。大型商业银行出台了PPP项目营销指引和PPP类项目信贷审批指引，部分商业银行从总行设立了统一的PPP贷款授信品种，规定了PPP贷款的区域、客户和项目条件，有的还针对采用PPP模式建设的海绵城市、综合管廊、城镇化、棚户区改造和特色小镇等行业领域，出台了专门的产品制度，提高了贷款授信的可操作性。政策性银行成为支持PPP

模式发展的主力军，能为 PPP 项目提供长期限、低利率的信贷支持。信托公司、基金公司等金融机构能为 PPP 项目提供股权融资和债权融资，证券公司在 PPP 项目的资产证券化方面取得长足的进步。

但总的来说，金融服务滞后于 PPP 实践发展，PPP 项目缺乏足够的资金支持，部分融资需求得不到满足。金融服务不足主要表现在融资的覆盖面不足、产品结构不合理、效率不高。各类金融机构热衷于服务央企和地方国企，中小民营社会资本的融资需求难以得到满足，即使某些大型国企的财务风险较高，金融机构仍然盲目地为其增加财务杠杆。金融机构提供的贷款等债务融资多，而真正的股权融资太少，对社会资本的金融支持不够有力。另外，由于 PPP 项目不确定性大，金融机构普遍要求借款人提供抵押担保，要求的提款先决条件也较多，致使融资效率较低。

从国际比较来看，国内金融机构对 PPP 的金融服务也稍显不足。欧美国家有发达的资本市场、较完善的金融体系和丰富的融资工具，各国政府部门提供融资支持，多边金融机构和商业银行相互配合，政策性资金带动商业性资金，为 PPP 项目提供了较好的融资支持。在国外的 PPP 项目融资实践中，保险机构和政策性金融机构能为融资提供担保，有助于借款人从商业银行融资；政府的 PPP 有关机构会通过补贴、帮助申请 PPP 基金等方式对 PPP 项目融资提供支持，也会大幅度提高项目的商业可行性和对金融机构的吸引力。国外的 PPP 项目融资方式也是以商业银行的长期借款为主，但国外商业银行能提供项目融资等更适合 PPP 项目特点的融资方式。项目融资贷款不体现在借款人母公司的资产负债表上，对于母公司来说是表外融资，项目融资是非常适合 PPP 模式的融资方式。国内金融机构应解放思想，针对 PPP 模式的特点进行创新，以便更好地为 PPP 项目提供融资支持。

二　各类金融机构支持 PPP 模式的相关金融产品

PPP 项目融资可以采用贷款、理财产品、信托计划、融资租赁、债券、基金、出口信贷和世行贷款等多种融资工具。目前，商业银行的中长期借款是国内的 PPP 融资的主渠道，商业银行固定资产贷款期限较长、利率较低、融资规模大、融资可获得性较高，是基础设施和市政公用设施项目的主要资金来源。在融资方式创新方面，部分银行开发了特许经营权质押贷款，沿着项目融资的正确方向跨出了第一步。商业银行还通过理财产品或资管计划为项目提供债务融资或资本金融资，通常银行投资于 PPP 项目资本金部分的资金都来源于此，理财产品或资管计划的融资规模较小、期限较短、资金成本较贷款稍高。

国家开发银行和中国农业发展银行等政策性银行能为 PPP 项目提供利率较低、期限较长的贷款，是 PPP 项目重要的融资渠道。信托公司的资金信托计划是 PPP 项目的融资渠道之一，资金信托计划门槛较低，选择面广；资金信托计划的利率、期限、融资规模和可获得性均处于中等水平。近几年，由于政信合作模式受到限制，地方政府不能再提供信用支持，信托计划多作为其他金融机构投资 PPP 项目的通道。融资租赁特别是售后回租成为部分使用大型设备的 PPP 项目的融资渠道之一，租赁的综合成本、融资规模和可获得性处于中等水平，期限也较长。

各类债券发行综合成本一般低于同期贷款基准利率，债券融资规模大、期限较长，但发行门槛较高，适用于大型企业和大中型项目。企业债券是依靠企业整体信用发行的债券，而项目收益债券、项目收益票据以项目公司为发行主体，与企业整体信用相隔离。项目收益债由国家发改委审批，在银行间债券市场发行；项目收益票据由中国人民银行下属的交易商协会审核，在银行间债券市场发行。项目收益债券、项目收益票据发行募集的资金可用于新建 PPP 项目，项目收益较低甚至没有收益的市政交通、工业园区等项目，不适合发行项目收益债券和项目收益票据。另外，各类专项债券也是相关行业 PPP 项目可以使用的融资工具。

PPP 资产证券化是项目建成运营后，以其在项目运营阶段的收益权或合同债权等作为基础资产发行的资产证券化产品，在证监会审核的叫作资产支持专项计划，由交易商协会审核的称为资产支持票据。通过资产证券化，社会资本可以盘活 PPP 项目存量资产，提前收回资金，提高了持续投资的能力。国家发改委、财政部先后与中国人民银行和证监会联合下发通知，共同推动 PPP 领域的资产证券化发展，拓宽了 PPP 的融资渠道。但是由于资产证券化的基础资产并非特别优质、证券化结构设计也有问题，主要还因为国内投资者对资产证券化产品的风险偏好问题，目前市场上已发行出来的资产证券化项目普遍存在母公司的差额补足，尚不能实现母公司出表。

PPP 基金能以股权投资形式入股 PPP 项目公司，为 PPP 项目提供资本金，可以有效地解决 PPP 项目的资本金融资难题。产业基金期限较长，作为财务投资者可减轻 PPP 项目的财务压力，在合同有效履行的情况下，投资收益稳定。另外，中央财政出资设立的中国政企合作融资支持基金和各地地方政府发起的政府引导基金的子基金入股，可以为 PPP 项目起到增信的作用，有效地带动其他社会资金的进入，并有助于项目取得银行贷款等金融机构的融资。中国政企合作基金入股了呼和浩特轨道交通二号线 PPP 项目等，为大型 PPP 项目提供了资本金。山东、江苏、河南和重庆等省份政府较早设立了政府引导基金，政府通过引导基金对专项子基金出资并与社会资本组成专项子基金，为本地区的 PPP 项目提供了资本金支持。各地 PPP 基金遍地开花，但基金落地的项目并不多。在实际运作中，政府引导基金面临着政策性基金和商业运作间的矛盾；根据财政部《关于财政资金注资政府投资基金支持产业发展的指导意见》和国家发改委《政府出资产业投资基金管理暂行办法》，政府出资的优先合伙份额不能为从社会募集来的优先级合伙份额充当劣后，优先级的社会资金募集出现了一定困难。2017 年 11 月初，中国证券投资基金业协会发布了《私募基金管理人登记须知提示》，要求不得搞名股实债、明基实债，也将对 PPP 基金的募集和投资 PPP 的方式产生影响。从各部门的政策导向来看，PPP 基金的运作将会越来越规范。

保险资金投资 PPP 项目是指保险资产管理公司作为受托人，发起设立基础设施投资计划，面向保险机构等合格投资者发行受益凭证来募集资金，向已签订 PPP 项目合同的社会资本提供融资。保险资金期限较长、金额巨大，适合 PPP 项目收益稳定、周期长的特点，但由于保险资金对安全性要求较高，投资门槛也较高。

世界银行、亚洲开发银行等多边金融机构的融资也是国内 PPP 项目可以利用的融资渠道，其利率优惠、期限长，是 PPP 项目理想的融资方式。使用国际金融机构的融资也是社会资本管理政策风险的一种方式，也就是说如果国际金融公司、亚洲开发银行等国际金融机构投资入股或提供债权资金，地方不会轻易对社会资本违约。但多边金融机构主要支持公益性较强的项目，且往往要求中央政府提供主权担保，其融资程序复杂、申请周期较长，可获得性不强。常见融资产品分析见表 1。

表 1　融资产品分析

融资来源	利率	综合成本	期限	周期	可获得性	是否公开	对母公司是否出表
贷款	低	低	中	短	高	否	仅项目融资出表
理财产品	低	低	短	短	高	否	股权类出表
信托	中	中	中	中	中	否	否
租赁	中	中	长	中	中	否	否
债券	低于	低	长	长	门槛高	公募是	否
基金	股权投资	高	中	中	中等	否	出表
出口信贷	低	低	长	长	低	否	否
世行贷款	低	低	长	长	低	否	否

B.15
金融支持 PPP 发展存在的问题

尹昱　耿帅*

摘　要： 本部分深入分析了 PPP 项目的融资面临着政策法律、信用环境和金融机构创新不足三方面的问题。PPP 融资的政策性风险较高。目前 PPP 模式尚处于推广示范过程中，尚无统一的 PPP 管理部门。法律环境尚不成熟，PPP 模式缺乏法律救济途径。一些地方政府重引资轻运营，社会资本急功近利，看重施工利润，无视运营风险，最终风险都集中到金融机构身上。金融机构对 PPP 模式认识不足，部分金融机构没有参透 PPP 融资的特点。

关键词： PPP 项目融资　政策法律　信用环境　创新

2017 年 7 月全国金融工作会议以来，在守住不发生系统性金融风险的底线和全国范围内降杠杆的大环境下，地方政府和央企、地方国企通过 PPP "加杠杆" 受到了各部门严控，PPP 的融资也更加注重风险防控。PPP 的融资面临着政策法律、信用环境和金融机构创新不足三方面的问题。

一　政策环境不稳定，法律环境不成熟

PPP 融资的政策性风险较高。目前 PPP 模式处于推广示范过程中，尚无

* 尹昱，就职于中国建设银行山东省分行，财政部、发改委 PPP 专家库定向邀请专家、中央财经大学 PPP 智库专家。耿帅，就职于齐鲁工业大学（山东省科学院）生态研究所。

统一的 PPP 管理部门。财政部和国家发改委分别制定 PPP 模式的政策规定，住建部、交通运输部等行业主管部门也出台了 PPP 相关部门规章和规范性文件，许多省份也出台了地方规章。三年多来，政策文件频出，政策环境不稳定。政策前松后紧，地方政府入库把关不严，两部委 PPP 项目库合计达到 20 万亿元。少数地方政府通过保底承诺、回购安排、明股实债等方式进行变相融资，将项目包装成 PPP 项目，而金融机构难以判断项目的合规性，普遍将项目是否入国家库、省份库为合规标志，PPP 项目入库成为贷款的重要条件。

PPP 政策变化快，2017 年从鼓励发展转为大力规范。2017 年 4 月，财政部会同有关部门印发《关于进一步规范地方政府举债融资行为的通知》（财预〔2017〕50 号），严禁借 PPP 变相举债融资的行为。2017 年 4 月 10 日，银监会发布《中国银监会关于银行业风险防控工作的指导意见》，规定金融机构合规开展政府与社会资本合作等新型业务模式，不能通过各种方式异化形成违规政府性债务。中国人民银行、证监会、银监会和保监会 11 月 17 日发布资管新规，金融监管趋紧，对 PPP 融资特别是资本金融资、各类基金的募集都有影响。12 月 4 日，财政部发布《关于规范政府和社会资本合作（PPP）综合信息平台项目库管理的通知》，要求 2018 年 3 月 31 日前清理 PPP 综合信息平台项目库。这虽然是长期利好，但社会资本和金融机构担心政策多变，加剧了社会资本和金融机构的观望态度。已入库的项目可能被清理出库，已发放贷款融资的项目更面临违规和财政不付款的巨大风险；正在谈判的项目，也都在等 2018 年 3 月 31 日“靴子”落地才敢正式签约。

实际上，国家有关部门一直鼓励金融机构对 PPP 项目融资。2014 年 11 月 16 日《国务院关于创新重点领域投融资机制鼓励社会投资的指导意见》鼓励社会资本参与 PPP 项目，指出通过创新融资方式，进一步拓宽融资渠道。2014 年 12 月 2 日《国家发展改革委关于开展政府和社会资本合作的指导意见》鼓励金融机构为 PPP 项目提供综合金融服务。2016 年 8 月 30 日《国家发展改革委关于切实做好传统基础设施领域政府和社会资本合作有关工作的通知》提出鼓励金融机构支持基础设施 PPP 项目建设。这一系列的文件鼓励金融机构为 PPP 项目融资，但金融机构现在更需要的是保障。

法律环境尚不成熟，PPP 模式缺乏法律救济途径。目前 PPP 条例尚未颁布，PPP 有关的法规体系有待建立。PPP 模式法律关系复杂，目前对于 PPP 合同的法律属性存在争议，一般认为应按两分法，涉及 PPP 合同授予提前终止等重大问题的适用行政法律关系，对政府监管过程的争议可按行政法处理；而政府和社会资本合作过程中的具体争议则应适用民商事法律关系，PPP 合同是一个民事合同，关于 PPP 合同履行过程中的法律救济，应通过民商法解决。社会资本担心一旦与地方政府产生纠纷，不能平等地打官司。对社会资本的权益保障不力，也就保障不了站在社会资本后边的金融机构的利益，这也造成了金融机构对 PPP 融资持谨慎态度。

另外从具体法律问题上看，我国作为大陆法系国家，没有合同权益转让和浮动抵押的概念，金融机构对 PPP 项目办理有限追索项目融资仍有法律障碍。

二　信用环境尚待改善、信用支持不足

信用环境是制约金融机构对 PPP 项目贷款融资的重要因素，金融就是信用、风险和杠杆。一些地方政府重引资轻运营，社会资本急功近利，看重施工利润，无视运营风险，最终风险都集中到金融机构身上。由于 PPP 项目周期长，跨越几届政府任期，而 PPP 项目的政府付费只能逐年纳入预算，社会资本和金融机构都担心地方政府新官不理旧账。2016 年 12 月 22 日，国务院发布《关于加强政务诚信建设的指导意见》，要求地方政府加强诚信建设，但实践中仍有少数地方政府契约意识淡薄，造成社会资本和金融机构无法保障自身权益。

目前金融机构参与 PPP 项目，重点支持政府负债水平低、履约记录良好、金融生态环境良好的地区，地方政府的诚信成为金融机构对 PPP 项目融资的重要关注问题。金融机构投资基础设施与公共服务项目，首先关注地区信用，其次才是项目本身的风险和建设方、运营方本身的风险。现实中，欠发达地区对 PPP 的需求更旺盛，中西部地区过度使用 PPP 模式带来了各

种风险。一些地方政府超出财力许可大搞 PPP，未来的政府付费难以落实；一些地区的地方财政收支不公开不透明，难以判断其能否履行未来财政支付责任，使金融机构望而却步。

地方政府应为 PPP 社会资本提供的信用支持不足。由于基础设施建设的超前性，地方政府有责任为社会资本提供最低使用量保证等保证。政府保证（government guarantee）是国际上私人资本介入基础设施建设的通行做法，最低使用量保证并不是简单的固定回报。国家发改委、财政部和中国人民银行等六部委联合发布的《基础设施和公用事业特许经营管理办法》第二十一条规定："政府可以在特许经营协议中就防止不必要的同类竞争性项目建设、必要合理的财政补贴、有关配套公共服务和基础设施的提供等内容做出承诺，但不得承诺固定投资回报……"这三类承诺并不是《关于进一步规范地方政府举债融资行为的通知》（财预〔2017〕50 号）所禁止的融资性保函，前者是政府行业主管部门或 PPP 实施机构出具给社会资本的，内容是最低使用量保证等三类承诺；后者是财政部门出具给金融机构的，内容是为融资平台从金融机构融资担保。当前存在对 50 号文过度解读、混淆这两类保证的倾向，造成地方政府不愿出具最低使用量保证等三类承诺，甚至对于政府付费的 PPP 项目，一些地方政府都不同意将政府付费和可行缺口补助纳入财政预算。这很大程度上造成 PPP 项目的信用支持不足，使得项目难以获得金融机构融资。

三　金融机构自身的问题

首先，金融机构对 PPP 模式认识不足。PPP 模式参与方较多、运作环节多、程序复杂，PPP 贷款涉及政策面广、政策性风险较高，融资金额大、期限长，金融机构内部管理制度、人才和经验都准备不足。PPP 融资一开始就与金融机构固有的信贷审批政策和信贷产品制度发生碰撞，PPP 项目贷款仍按给融资平台融资的老思路，习惯于依靠当地政府信用，希望地方政府出具安慰函、支持函等保证；不能识别和接受 PPP 项目的风险，控制不了项目的第一还款来源，沿用以往为工业企业贷款的经验，要求社会资本提供抵押和担保，使一些自身现金流很好的PPP项目，因不能提供足额抵押和担保单位，而无法得到融资支持，最终导致社会资本因无法取得融资而放弃项目。

其次，部分金融机构没有参透PPP融资的特点。PPP融资的最大特点在于，相对于工业企业，PPP项目公司存在“担保难”和“抵押难”的问题。在PPP模式下，投资者要在异地专门为项目成立一个项目公司，通常难以在异地找到足额有效的担保；公用事业、市政公用设施是划拨用地，地上附着物不能单独抵押，存在“抵押难”的问题，因此传统的需要抵押、担保的公司融资方式不适合PPP模式的特点。实际上基础设施、市政公用事业项目具有长期、稳定的现金流，经济强度可以预计，便于投资人和贷款银行预测项目风险和收益，是很好的融资对象。与工业企业项目相比，在投资者履约和地方政府履约的前提下，PPP项目的市场风险较小，PPP项目合同项下的收费权是支持其融资的最大优势。但PPP项目的收费权又是瑕疵的，不构成一项无条件收取现金的权利，收费权质押无法成为一种独立的担保方式。总之，金融机构应针对PPP项目具有PPP项目合同项下的收费权这一优势，将其“预期收益作为还款来源”作为解决PPP项目“融资难”的思路，从而提高PPP项目的增信与可融资性。

针对PPP这一特点，部分金融机构创新了PPP融资方式，取得局部的创新突破。主要是创新了担保措施，接受PPP项目的收益权质押作为一种保证方式，将项目预期收益作为应收账款进行质押，作为项目贷款风险的控制措施，这相对于传统的信用贷款和抵押担保融资是一种进步。虽然最高人民法院指导案例53号确认了特许经营权的收益权质押的效力，特许经营权的收益权可依法质押；根据新修订的《应收账款质押登记办法》，特许经营权项下的收益权也可依法办理质押登记，但其估值的确是个大难题。考虑到收益权的不确定性及权力流转、质权实现受限，并且实践中各地规定不统一、操作复杂等障碍，目前仍应谨慎对待PPP项目收益权质押融资。

特许经营权项下的收益权质押融资距离项目融资还有较大差距，要害在于没有把风险分摊给建设承包商、产品购买者、原材料供应商等与项目有利益关系的参与方。项目融资是国际通行的大中型基础设施的融资方式，在我国 20 世纪 90 年代利用外资大型 BOT 项目中已有成功实践。在项目融资中，项目公司作为借款人，不需要母公司或第三方的担保和项目之外的抵质押物，贷款不体现在母公司的资产负债表上，对于母公司来说是表外融资，贷款银行则承担着比传统公司融资更大的风险。

实际上，大多数项目尤其是基础设施项目，控制风险的基础在于项目本身的经济强度、对建设风险的合理规避和对运营期现金流量的有效控制。项目融资发展了一整套风险分摊技术，用于识别和控制项目本身的风险，贷款银行侧重于项目自身的风险、借款人的还款能力和还款意愿，能更为主动地控制风险。金融机构应该解放思想，借鉴山东日照 BOT 电厂、山东中华电力 BOT 电厂的项目融资成功经验，推广项目融资，使金融机构将来可以更好地服务于 PPP 项目。

B.16 加强金融服务的政策建议

尹昱 耿帅*

摘 要： 本部分提出了加强信用环境建设、创新金融产品、提高 PPP 基金运作效率及借鉴国外介入权制度四个方面的政策建议。尽快出台 PPP 条例，消除现有政策法规与 PPP 模式之间的冲突和矛盾，建立起制度性的保障措施，为社会资本和金融机构提供稳定的法律环境。项目融资从项目本身出发防范风险的思路和做法，对金融机构做 PPP 项目的融资有很好的借鉴意义。希望政府性基金运作越来越规范。

关键词： 政策法律环境 信用环境 金融创新 PPP 基金

随着国家对地方政府举债融资管理的进一步规范，未来基础设施及公共服务项目建设投资，除了部分公益性项目可以依靠有限的发债额度之外，地方政府搞建设的合规路子只剩下 PPP 一条。未来城镇化建设有巨大的资金需求，地方政府的发债额度远不够用，PPP 模式仍有很大的发展空间，加强对 PPP 项目的金融服务仍然是金融机构拓展业务的重要机遇。

一 改善政策法律环境，加强信用环境建设

尽快出台 PPP 条例，消除现有政策法规与 PPP 模式之间的冲突和矛盾，

---

* 尹昱，就职于中国建设银行山东省分行，财政部、发改委 PPP 专家库定向邀请专家、中央财经大学 PPP 智库专家。耿帅，就职于齐鲁工业大学（山东省科学院）生态研究所。

建立起制度性的保障措施，为社会资本和金融机构提供稳定的法律环境。进一步落实国务院关于加强诚信建设的要求，加强信用环境建设，明确地方政府在 PPP 项目中的责任，给各参与方稳定合理的预期。政府和社会资本方都应守信践诺，履行所签的合作协议。PPP 项目合作协议的履行，不受政府换届、政府有关部门机构调整的影响。政策法律环境的改善将能增强社会资本和金融机构的保障，提振社会资本和金融机构参与 PPP 项目的信心。

二　金融机构应创新金融产品和服务方式

金融机构要想通过经营获得收益，就必须承担风险。金融机构为基础设施和公共服务 PPP 项目融资，应打消政府会兜底的幻觉，从过去依靠政府信用转向控制项目本身，将银行授信风险控制的重心将转向项目的第一还款来源。项目融资从项目本身出发防范风险的思路和做法，对金融机构做 PPP 项目融资有很好的借鉴意义。实际上，抵质押物、保证人本质上是“第二还款来源”，对“第二还款来源”的追偿操作难、变现难、执行难、回收率低。忽视对借款人的实际偿付能力分析是“典当行思维”。贷款银行要侧重于项目本身的风险、借款人的还款能力和还款意愿，更为主动地控制风险。《基础设施和公用事业特许经营管理办法》第二十三条规定，“探索利用特许经营项目预期收益质押贷款，支持利用相关收益作为还款来源”，因此政策鼓励、行业主管部门允许以收费权质押融资，因此金融机构应该积极开展项目融资；对社会资本增值在于，项目融资更适于希望以表外融资方式融资的客户。

三　建议提高 PPP 基金的运作效率

希望政府性基金运作越来越规范。目前政府引导基金政策规定和制度设计的行政化色彩较浓厚，强调体现地方政府的调控意图及对事关地区发展的重大项目进行投资，对子资金的投资方向限制较多。政府引导基金是政策性基金，而社会资本追求资金安全和收益；政府推荐的基础设施和公用事业项目，大部分投资大、盈利低且投资回收期长，社会资本参与热情不高。建议在政府引导基金的运作中，政府引导而不主导，处理好政策性和营利性的矛盾。应充分发挥基金管理人在项目选择上的专业优势，引导基金避免干预基金管理团队的投资决策，真正坚持基金市场化运作。

培育偏好 PPP 项目的长期股权投资者，改变“明基实债”的局面。目前参与 PPP 产业基金的资金主要为银行理财计划和资管计划，从市场募集来的优先级合伙人期限一般在 5 年以下。由于银行理财计划多为中短期且老百姓的钱有刚性兑付的要求，因此基金投资普遍采取中短期“明股实债”的方式；但 PPP 项目建设期加运营期基本为 15 ~ 25 年，需要更长期限的资金来源才能相搭配。希望 PPP 基金市场上出现麦格理基础设施基金这样真正偏好投资基础设施的长期基金，相应的基金募集对象应该是寿险资金、养老金、教育基金、家族基金等长期权益性资金，这样才能逐步改变基金“明基实债”的现状。

建议中国政企合作基金和各省份政府引导基金开办融资担保业务，如果 PPP 项目出现财务风险或地方政府违约、失信等政策风险，造成金融机构贷款融资不能归还，由基金承担还款义务。这样更能发挥政府性基金对 PPP 融资的增信和放大作用，还能依靠商业性金融机构评估项目的专业性，更好地体现依靠市场进行资源配置，提高 PPP 融资的效率。

四 借鉴国外介入权制度，提高金融机构的可控制力

贷款人介入权（Step - In Right）指当借款人违约时，金融机构有权介入、临时接管项目公司，对 PPP 项目进行有效控制，以保证金融机构在 PPP 项目中的权益。

在有些司法管辖体系下，通过直接协议等合同安排将项目公司的控制权转移给银行，也可在融资协议中写入。直接协议由银行等金融机构与项目公司的主要合同方直接签订，允许将它们与项目公司签订合同的权益转让给贷

款银行。PPP 项目形成的资产是公共资产，一旦借款人违约，金融机构融资很难将资产处置，实际上项目的收入是还本付息的唯一来源；同时项目的经济价值不是其作为抵押的有形资产，而是使项目运转的一系列合同安排，所以介入权被视为贷款银行控制项目并救济违约情形的最好措施。介入权先后被许多国家纳入 BOT 法令，支持了 PPP 项目的融资，也提高了 PPP 融资的效率。

建议国内引入介入权和直接协议的概念，使介入权成为贷款银行等金融机构控制项目公司资产和权益的重要方式，为贷款银行提供更好的保护机制，使金融机构能够围绕收费权进行融资创新，金融机构必将可以更好地支持 PPP 模式的发展。

税　务　篇

Taxation Reports

B.17
PPP 税务管理现状

应文杰　耿卫新*

摘　要： 自2014年开始，国务院相关部委先后出台多项政策推动PPP的发展，目前尚需通过进一步完善财政、税收、金融、土地等方面的配套政策来解决PPP发展中的瓶颈和问题，其中健全税收政策，建立税务风险管控体系，是推进PPP模式健康持续发展的有效途径。本部分梳理了PPP相关税收政策基本情况、PPP模式涉及的税收政策分类情况，指出社会资本方的PPP税务风险管理尚处于起步阶段。

关键词： PPP税收政策　税收政策分类　税务风险管理

* 应文杰，北京华政税务师事务所合伙人、中天运会计师事务所（特殊普通合伙）合伙人，中央财经大学PPP智库专家。耿卫新，河北省社会科学院副研究员。

当前，中国政府推进管理创新、改革公共产品和服务提供机制的一项重要举措是引导社会资本进入公共产品和服务供给领域，鼓励社会资本与政府进行公私合作，进而达到转变政府职能、提高供给效率的目的。自 2014 年开始，国务院相关部委先后出台多项政策推动政府和社会资本合作模式（PPP）的发展，但 PPP 模式的发展仍然遇到一些瓶颈和问题，需要通过进一步完善财政、税收、金融、土地等方面的配套政策来解决，其中健全税收政策、建立税务风险管控体系，是推进 PPP 模式健康持续发展的有效途径。

一 PPP 相关税收政策基本情况

目前，我国没有出台统一的 PPP 税收政策。涉及 PPP 模式的税收政策，零散地分布于公共基础设施建设、资源综合利用以及节能环保等领域。国家为了鼓励和推动这些领域的发展，规范出台了一系列不同层次的税收优惠政策，旨在减轻社会资本从事国家鼓励行业的税收负担和减少社会公众使用公共产品或服务的成本。

法律法规类，我国颁布了企业所得税法及其实施条例（国务院令第 512 号）、资源税暂行条例（国务院令第 605 号）。公共基础设施领域，国家出台了重点扶持的公共基础设施项目企业所得税优惠文件（国税发〔2009〕80 号）、基础设施企业所得税优惠目录和优惠政策的补充通知（财税〔2008〕46 号、财税〔2014〕55 号）、企业参与政府统一组织的棚户区改造支出企业所得税税前扣除和政策问题的相关文件（财税〔2012〕12 号、财税〔2013〕65 号）、公共基础设施项目和环境保护节能节水项目企业所得税优惠政策（财税〔2012〕10 号）。资源综合利用领域，国家出台了关于国家鼓励的资源综合利用认定管理办法（发改环资〔2006〕1864 号）、资源综合利用产品和劳务增值税优惠目录（财税〔2015〕78 号）、企业资源综合利用所得税优惠管理问题的政策（国税函〔2009〕185 号）、资源综合利用企业所得税优惠目录的通知（财税〔2008〕117 号、财税〔2008〕47 号）、资源综合利用及其他产品增值税政策的相关通知（财税〔2009〕163

号、财税〔2008〕156 号)、调整增值税即征即退政策相关文件(国家税务总局公告 2011 年第 60 号)、关于享受资源综合利用增值税优惠政策的纳税人执行污染物排放标准的相关文件(财税〔2013〕23 号)、调整资源综合利用产品增值税政策(财税〔2011〕115 号)。节能环保领域,国家出台了关于中国清洁发展机制基金及清洁发展机制项目实施企业有关企业所得税政策问题的相关文件(财税〔2009〕30 号),企业节能节水专用设备、环境保护专用设备所得税优惠目录(财税〔2008〕115 号),与节能环保相关的设备企业所得税优惠目录(财税〔2008〕48 号),环境保护节能节水项目企业所得税优惠目录(财税〔2009〕166 号),公共基础设施项目和环境保护节能节水项目企业所得税优惠政策(财税〔2012〕10 号),环境保护节能节水安全生产等专用设备抵免企业所得税的相关文件(国税函〔2010〕256 号),节能服务产业相关税收政策的文件(财税〔2010〕110 号),节能服务企业合同企业所得税优惠政策的文件(国家税务总局、国家发展改革委公告 2013 年第 77 号),加快煤层气抽采有关税收政策问题的相关文件(财税〔2007〕16 号),促进合同能源管理及节能服务产业发展的文件(国办发〔2010〕25 号),关于城市公交企业购置公共汽电车辆免征车辆购置税的相关文件(国税发〔2012〕61 号),关于调整重大技术装备进出口税收政策的文件(财关税〔2014〕2 号)。

二 PPP 模式涉及的税收政策分类情况

现行涉及 PPP 模式的税收政策大致可分为五类:第一类是减免企业所得税相关政策。对于涉及环境保护、公共基础设施、节能节水等领域的 PPP 项目,符合条件的可以享受"三免三减半"企业所得税优惠政策。此外,项目公司向境内居民企业分配股利时,可以免征企业所得税;项目公司跨境分配股息给境外非居民企业,适用 10% 预提所得税。第二类是投资抵免相关政策。企业购买安全生产、环境保护、节能节水等专用设备,允许按投资额的 10% 抵免企业所得税,假如当年抵免不完的,允许在之后的 5 年个纳税年度继续抵免。企业利用自筹资金和银行贷款购买的该类设备的投资金额，允许抵免企业所得税。第三类是增值税的相关政策。PPP 项目能够享受到增值税优惠政策的，大多为垃圾处理、污水处理、风力等涉及环境保护和资源综合利用的项目，例如从事污水、垃圾、污泥处理和销售自产再生水的企业可以免征增值税；销售企业自产的电力或热力，销售以焚烧垃圾生产的电力或热力的企业，允许享受增值税 100% 即征即退的政策。第四类是投融资领域的税收相关政策。一是企业自然人、个体工商户取得的 2012 年及以后发行的地方政府债券产生的利息收入，允许免征企业所得税和个人所得税。二是来源于境内居民企业间的股权投资收益、在中国境内设有机构场所的非居民企业取得与该机构、场所有实际联系的权益性收益，所得免税。由于 PPP 项目涉及的公共基础设施等领域投资规模大、回报低、回收期长，因此，现行的很多投融资优惠政策也对该模式具有促进作用。第五类是其他相关税收政策。PPP 项目中，建设铁路线路、公路线路、飞机场跑道、停机坪、港口、航道等占用耕地的项目，其占用的耕地可减按每平方米 2 元征收耕地占用税。此外，各级地方政府和有关部门还制定和出台了一些财税政策，来鼓励和支持 PPP 模式的发展。很多地方设立了 PPP 专项资金和 PPP 相关的发展基金，同时实行财政补贴、运营补贴、融资利息补贴、投资补贴等措施，来激发社会资本方参与 PPP 项目的踊跃性和积极性。此外，受税收立法权的限制，在地方政府的文件中，大多数文件不能指出 PPP 项目可享受的具体税收优惠政策。

三　社会资本方的 PPP 税务风险管理尚处于起步阶段

在 PPP 模式下，政府与社会资本形成了利益与风险共担机制，全流程合作，形成在政府监管下，由社会资本方具体运营的互利互惠格局，但存在多方面的复杂因素。作为 PPP 中的重要一方，社会资本方参与 PPP 过程，需要全生命周期加强税务风险管理。比如，在 PPP 的识别阶段，社会资本方要对项目的整体税收情况进行总体预测；在评估阶段，社会资本方要建立项目的投资测算模型，考虑税收负担的情况下，通过指标测算判断项目可行性；在谈判阶段，要考虑到交易结构的复杂性，防止各方主体对税收风险责任承担产生分歧，影响项目的进展；在运营阶段，不同模式所适用的核算准则、具体税收规定又有所不同；在退出阶段，需要考虑资产移交的税收负担等。PPP 项目的复杂性对 PPP 税收管理提出了新的挑战，对中选社会资本等各方项目主体产生了直接影响。目前，参与 PPP 项目的社会资本方对税务风险管理的研究普遍处于起步阶段。

B.18

PPP 税务管理工作中存在的问题

应文杰　耿卫新*

摘　要： 从总体上来看，我国对 PPP 模式的税收政策支持力度仍显不足，没有制定形成专门针对 PPP 模式的税收政策，各级政府、社会资本方所依据的只能是散落在其他行业或其他领域的相关政策。当前针对 PPP 项目如何征税，税务机关也未形成统一认识，且各地 PPP 项目情况复杂多样，倘若处理不当，将会带来很大税务风险。

关键词： 重复征税　税收优惠政策　政府补助　利润分配

一　PPP 项目中特殊资产存在重复征税问题

PPP 项目包括 BOT、TOT 等运行模式。目前大部分新增的 PPP 项目使用 BOT 模式运作，根据财政部《企业会计准则解释第 2 号》规定，项目公司取得收入的同时，将该项目资产在会计上确认为金融资产。项目公司的固定资产由于被确认为金融资产，大量的进项税不允许从项目公司的销项税中抵除，出现重复征税。在 TOT（转让—运营—移交）的运行模式下，以往形成的存量项目的资产所有权会在政府和社会资本之间两次转移，也存在重复征税问题。

---

* 应文杰，北京华政税务师事务所合伙人、中天运会计师事务所（特殊普通合伙）合伙人，中央财经大学 PPP 智库专家。耿卫新，河北省社会科学院副研究员，中央财经大学 PPP 智库专家。

二　税收优惠政策覆盖范围有限

前文提到的税收优惠政策，并不是专门针对 PPP 模式出台的。PPP 模式广泛运用于社会公共服务、公共交通以及公用设施等领域，包括公路、铁路、机场、港口、垃圾处理、污水处理、供电、供气、供水、保障房、医院、养老、学校等多种项目；而财政、税务部门制定的鼓励企业投资的税收优惠政策，并没有将上述领域的所有项目全部涵盖在内。此外，对于 PPP 模式，这些政策优惠期限较短，不适用于 PPP 项目较长的生命周期。当前的所得税优惠政策是“三免三减半”，而 PPP 项目多数合同期限都在 10 年以上，优惠期限不能满足 PPP 项目期限长的需要。

三　未明确规定社会资本获得的政府补助如何征税

为保证 PPP 项目在商业上可行，政府通常会向社会资本提供一定程度的补助，如投资补助、价格变动补贴等。针对这种补助补贴，国家并没有明确规定是否可以免税；如果对此征税，将增加 PPP 项目的纳税成本。进入 PPP 项目建设阶段，政府提供的投资补贴，较容易被判定为不征税收入，但是在 PPP 项目的运营阶段，政府向社会资本提供的价格变动补贴，则不能被直接判定为不征税收入。根据《国家税务总局关于中央财政补贴增值税有关问题的公告》，来源于中央的财政补贴不征增值税，而来源于地方的财政补贴，是否不征增值税尚未明确。

四　利润分配存在税务问题

PPP 模式下，大多数项目采用有限合伙企业或有限责任公司两种形式，由政府和社会资本共同出资创立 PPP 项目公司。《财政部国家税务总局关于合伙企业合伙人所得税问题的通知》规定：合伙企业的各个合伙人为所得税的纳税义务人，该企业的生产经营所得、其他所得，采取“先分后税”的原则，而合伙企业不作为纳税义务人，由各个合伙人在承担纳税义务，缴纳企业所得税或个人所得税。项目公司企业所得税的税后利润，向有限合伙企业的合伙人进行利润分配时，存在重复征税问题。

B.19
完善支持 PPP 模式的税务政策建议

应文杰　耿卫新*

摘　要： 鼓励出资人积极参与 PPP 项目是当前政策设计应当考虑的一个重要问题。目前，能够享受投资抵免主体的纳税人主要是项目的建设和运营企业，而其真正的出资人并不能享受该项优惠政策。本文指出，要提高出资人投资 PPP 项目的积极性，首先应扩大投资抵免税金的适用范围，其次优化项目运营期的税收优惠。

关键词： 投资抵免主体　税收优惠　免税期限

一　加大对 PPP 项目的投融资税收优惠

首先，扩大投资抵免主体范围。鼓励出资人积极参与 PPP 项目是当前政策设计应当考虑的一个重要问题。在 PPP 模式下，运营主体为项目公司或平台公司，真正的出资人为投资于该项目的政府、国有企业、私人企业和个人。目前，能够享受投资抵免主体的纳税人主要是项目的建设和运营企业，而其真正的出资人并不能享受该项优惠政策。

因此，要提高出资人投资 PPP 项目的积极性，首先应扩大投资抵免税

* 应文杰，北京华政税务师事务所合伙人、中天运会计师事务所（特殊普通合伙）合伙人，中央财经大学 PPP 智库专家。耿卫新，河北省社会科学院副研究员，中央财经大学 PPP 智库专家。

金的适用范围。将投资抵免适用范围覆盖 PPP 项目的各种投资者和融资者，按实际投资金额减免相应比例的所得税。同时，对于为 PPP 项目提供融资服务的金融机构，给予一定税收优惠，减计利息收入，减征或免征增值税和所得税，让投资者享受更大幅度的税收优惠政策。具体操作可借鉴《企业所得税法实施条例》第九十七条，对投资 PPP 模式的企业和个人，可以按照实际投资金额，在一定期限后，抵扣部分企业所得税、个人所得税或增值税。当年抵扣不完的，允许在以后纳税年度继续抵扣。

其次，建议对 PPP 模式中通过发行股票、发行债券模式融资的，制定税收优惠政策。可借鉴加拿大可抵税流转股票和美国税收债券抵免的做法，对投资人通过发行股票、发行债券进行 PPP 项目的投资，对取得的收入减免税收，同时给予一定的投资金额抵免。

二　优化项目运营期的税收优惠

（一）扩大税收优惠项目的范围

在增值税方面，PPP 项目如涉及公共服务、资源综合利用、环境保护，建议不采用即征即退方式的增值税优惠政策，改为采用免税方式，以减少对企业的资金占用，提高企业资金利用效率；此外，应扩大减免税税收优惠范围，使优惠范围拓展到 PPP 所涉及的更多行业和更多领域。同时，也应扩大 PPP 所涉及的企业所得税的税收优惠政策范围，从当前的安全生产、节能节水、环境保护等行业和领域，拓展到更大范围的 PPP 模式应用领域。

（二）延长免税期限

现行的公共基础设施项目企业所得税“免征、减半”的政策，对于企业筹备期和前阶段经营期，并不能起到应有的激励作用，究其原因，公共基础设施项目投资金额大，投资期长，且项目投产后较长一段时间只能取得经营收入而获取不了利润。因此，为增加企业投资 PPP 项目的积极性，建议减免企业所得税，应从实际“获利年度”作为起始点，并适当延长免税期和减半征收期。

（三）明确项目移交相关税收问题的处理

我国已颁布的税收政策中，关于 PPP 项目运营期结束后的“资产交易”如何纳税，没有给出明确的规定，存在引起税企纠纷的隐患。PPP 项目到了执行期末，如果项目公司是政府与投资方成立的合资公司，约定期满，将资产无偿移交给政府或政府指定的接收公司时，如果对转让或移交时的“资产交易”征税，则可能产生大额的税收成本，但在实际交接中是没有现金流产生的，大量的税款会增加企业负担，阻碍投资方的顺利退出。对此，建议有关部门修改相关政策规定，明确 PPP 项目按协议约定进行资产交割时，因其不同于一般销售货物交割，应免征增值税。同时，针对资产交割的计税定价，不适用无偿赠送或价格明显偏低的理由，不按资产的公允价值进行计税价格调整，对于相应的企业所得税亦应免征。

（四）明确 PPP 项目中的“政府付费”和“财政补贴”税收处理

PPP 项目中的政府付费是指政府出资购买公共产品和服务，包括政府本身不实际使用而为实际使用者付费和政府作为实际使用者付费。政府本身不实际使用而为实际使用者付费是指，使用者接受公共产品或服务不付费，而由政府出资付费。政府作为实际使用者付费是指，政府部门或人员出资购买产品或者接受服务。财政补贴是指使用者付费不能完全收回项目成本，或不能保证项目取得合理回报，政府给予全部或部分财政补贴、补助、贴息等形式的补助。在实际税务机关征管税款过程中，经常会出现把社会资本方获得的政府补贴，作为应税收入的价外费用而征收增值税。因大多数 PPP 项目公司提供的产品具有公共属性，因此建议给予 PPP 项目公司或实际投资主体取得的政府为实际使用者付费和财政补贴，免征或不征增值税的待遇，给予企业所得税的免税待遇。

B.20

社会资本方加强税务风险管控的建议

应文杰　耿卫新*

摘　要： PPP项目业务具有综合性和复杂性，其涉税主体多、涉税环节多、涉税事项复杂，税收成本对PPP项目的盈利影响大，因此，本文提出社会资本方PPP项目的税务管理应当是涵盖PPP项目的前期阶段、项目融资阶段、项目建设阶段、项目运营阶段、项目移交阶段的全流程、多主体、全税种管理。

关键词： PPP项目　社会资本方　税务风险　政府补贴

一　PPP项目前期阶段

PPP项目的复杂性，决定了社会资本方在项目前期阶段就对PPP项目的基本情况、相关要求及自身实施项目的建设有了初步的了解。社会资本方应结合采购文件中的相关资料，建立PPP项目的投资测算模型，通过测算净利润、现金净流量，根据现金净流量测算项目投资内含收益率和项目资本金内含收益率指标，综合考虑各项税收负担因素，以确定PPP项目是否可行。具体包括项目公司股权结构对纳税的影响，项目前期费用的票据取得及进项税抵扣，征地拆迁费是否可以税前抵扣，项目公司纳税地点的税收环境，可能涉及的税收优惠政策等。

* 应文杰，北京华政税务师事务所合伙人、中天运会计师事务所（特殊普通合伙）合伙人，中央财经大学PPP智库专家。耿卫新，河北省社会科学院副研究员，中央财经大学PPP智库专家。

二　PPP 项目建设阶段

当前 PPP 模式较普遍的情况是，项目公司往往同时承担 PPP 项目的建设方和运营方两个角色。项目公司需要从项目整个生命周期全面考虑增值税不同计税方法给 PPP 项目带来的整体影响。具体包括：施工管理模式选择方面，总承包方三种不同施工管理模式（总分包模式、集中核算模式、内部授权施工模式）对工程结算及发票开具、资金管理、纳税申报带来的影响；土地取得方式方面，项目用地的不同取得方式（划拨用地、招拍挂出让土地、协议出让土地、租赁土地）造成耕地占用税、土地使用税、契税不同的税收负担；项目拆迁费方面，政府和社会资本方作为不同的拆迁主体，拆迁成本自负盈亏或收取固定收益，形成不同税收征收政策的问题等。

三　PPP 项目运营阶段

（一）试运营阶段税务管理

PPP 项目正式进入运营阶段前，需要进行试运营，同时完工后要进行竣工决算，这些过程应提前测算运营阶段收入构成的相关涉税事项，享受符合条件的税收优惠，并按相关规定办理相关备案手续等，以顺利过渡到生产经营期，并达到有效的防范税收风险、降低纳税成本的目的，为企业创造价值。

（二）收入的税务管理

PPP 项目正式进入运营阶段后，应重点关注收入的涉税管理内容，主要包括合理确定试运行时间、不同收入的适用税率及税目等，同时力争及时、顺利地享受各项税收优惠。

（三）成本费用的税务管理

除PPP项目主合同外，项目公司还会与项目的承包商、融资方、原料供应商、专业运营商、保险公司等其他参与方之间，围绕PPP项目合作签订一系列合同来明确彼此之间的权利与义务。项目合同会约定社会资本主体承担的成本和费用范围，诸如财务费、人工费、修理费、燃料动力费、管理费、保险费、相关税费等，这些成本税费如何税前扣除需要系统规划。另外，PPP项目公司取得的增值税进项税税额大、需要抵扣的周期长，在PPP项目建设期增值税进项发票需集中留抵，在PPP项目运营期逐步抵扣，项目公司需做好发票的管理和认证。

四　PPP项目移交阶段

在PPP项目的移交阶段，政府和社会资本按照合同约定进行项目验收、资产交割等工作。依托各类股权、产权交易市场，通过资产证券化、股权转让等方式，实现PPP项目投资退出。PPP项目最常见的退出方式主要有资产移交退出、股权转让退出两种。在资产移交形式下，项目公司移交资产时，需考虑约定资产的交易作价，以及相关联的债权、负债和劳动力转移等税收负担。在股权转让形式下，根据PPP合同约定，经政府同意，项目公司股东将所持股权转让给政府、其他股东或第三方，项目公司章程和股东发生变更；建议在股权转让前先分配利润和转增资本，降低股权转让所得；发生股权转让损失时，按照《企业资产损失所得税税前扣除管理办法》的规定及时办理财产损失专项备案。

五　政府补贴

政府补贴在PPP项目中比较常见，并且形式多样。项目公司在项目投资建设期或运营期内，通常会获得政府提供的一次或多次各种形式的补贴。

各种形式的政府补贴是否涉及增值税和企业所得税，是社会资本方比较关心的问题。政府补贴增值税管理要点：针对取得的中央财政补贴，项目公司应该要求政府方提供批复文件，作为不征税的依据；针对取得的地方财政补贴，要与当地主管税务机关沟通，能否适用中央财政补贴的政策，作为不征税处理；保管好相关文件，享受不征增值税政策规定时，要按照税收征管的要求提供相关资料，按时备案。政府补贴企业所得税管理要点：项目公司要根据不征税收入适用条件，要求政府提供给予补贴资金具有专项用途的批复文件，以及财政部门或其他拨付资金的政府部门对该资金专门管理办法或具体管理要求，并且对该资金及支出单独进行核算；要保管好相关文件，享受不征企业所得税政策规定时，要按照税收征管的要求提供相关资料，按时备案。

风 控 篇

Risk Control Reports

B.21
PPP 项目风险概述

李成林*

摘　要： PPP 项目与其他工程项目相比，其投资规模大、周期长、参与主体较多，合同体系复杂。此外，其建设和运营期间的不可预见因素多，风险较大。PPP 项目提供公共产品和服务，与社会公众的利益密切相关，社会影响大，矛盾和纠纷涉及的面较广。本报告主要讨论 PPP 项目面临的主要风险和分担原则。

关键词： PPP 项目风险　合规和合同风险　政策和法律风险　项目风险分担

* 李成林，建纬律师事务所合伙人，财政部、国家发改委 PPP 双库专家，中央财经大学 PPP 智库专家，中国国际经济贸易仲裁委员会和中国海事仲裁委员会仲裁员。

PPP 项目包括投资、建设、运营和移交等环节，项目的周期长，一般为10 年以上，因此潜在风险较多。PPP 项目的风险有不同的分类，但按照项目的地域划分，包括中国境内投资 PPP 项目的风险和中国企业在“一带一路”沿线国家投资 PPP 项目的风险。这两种风险有许多相似之处，但也有明显的区别。

中国企业在国内实施 PPP 项目过程中，面临的风险主要表现为政策频繁变化，政策与法律的矛盾，PPP 项目的程序不规范，项目合同观念淡薄等。项目合同观念淡薄主要表现为重大项目不签合同，或虽然签订合同但合同主要条款缺失，权利义务不明确等。

由于中国经济的快速发展，海外基础设施的投资成为中国经济新的增长点和经济发展的引擎。但与国内 PPP 项目风险相比，“一带一路”沿线国家 PPP 项目的投资，面临更多的潜在风险。这些风险主要表现为沿线各国的法律、文化、宗教、习惯和社会制度差异，市场竞争及我国企业合同观念淡薄等。

为了避免和降低上述风险，本文将着重分析中国境内投资 PPP 项目和中国企业在“一带一路”沿线国家投资 PPP 项目的风险，以及通过完善 PPP 项目合同条款为主要手段的防范措施。

PPP 项目的主要特点是投资规模大、周期长、参与主体较多，且合同体系复杂。基础设施和公共服务的 PPP 项目主要提供公共产品和公共服务，项目本身具有很强的公共属性和特征。如果项目的总投资越大，周期越长，其不可预见的因素越多，风险也就越大。在实践中，许多项目的失败原因主要有：项目可研阶段的基础文件没有进行科学论证，技术资料不准，财务测算缺少依据；项目招标阶段的程序不规范；建设阶段建造成本超支，工期延误；运营阶段市场需求发生巨大变化，政策和法律发生重大变更，政府或社会资本出现重大违约，商业环境变化等。因此，应对项目准备、投资、建设和运营等阶段的风险需要足够和充分的预见，并采取合理的分担、转移等措施，有效地化解相应的风险，使项目顺利、平稳地运行。以下将主要讨论项目的主要风险、分担原则和地域风险。

一 PPP 项目各阶段的主要风险

PPP 项目一般分为前期准备、社会资本选择、融资和实施阶段。在前期准备阶段，主要风险表现为可行性研究报告不当风险。项目确定的基本依据是可研报告，如果可研报告不够精准，项目必然先天不足，所带来的风险难以化解。在社会资本选择阶段，其主要风险是中标社会资本的标准和选择程序是否合规。中标社会资本作为 PPP 项目的实施方，是否具备项目实施能力，直接关系到项目能否成功履行。而项目的成功履行，其核心是项目合同条款的完善。在项目融资阶段，融资方案是否合理，关系到项目的资金能否及时到位，项目能否正常运行。实施阶段，主要涉及工程的设计、建造、运营、维护。项目实施的每一个环节都存在较大风险隐患，需要合理预见并提出相应的解决方案。上述阶段的风险一般可归结如下。

（一）合规和合同风险

PPP 项目的合规和合同风险主要体现为：合同体系不完备，重要内容缺失，条款约定有歧义，不严谨，权利义务边界不清晰，合同履行的重大节点不清晰等；社会资本选择不规范，主要有违反招投标、竞争性谈判等程序，如设置障碍排斥其他地区的潜在投标人等；项目中标人确定后，合同谈判改变项目实质性条款等；项目公司组建及法人治理结构不合规，如中标社会资本擅自转让项目合同，项目公司的资本金不能按期投入，项目公司不能按期组建等，法人治理结构不符合公司法的规定，随意性较强等；担保物权中涉及的抵押权、质押权未经登记或者存在权属瑕疵、担保效力瑕疵等；在合同履行中，项目合同主体违约，如承包方、发包方、项目公司违约等；未有效设定公司僵局化解机制，导致公司僵局或清算、破产等。

（二）市场和收益风险

PPP 项目的市场和收益风险主要体现在：项目收益无法收回投资；市场

对产品的需求发生变化；产品或服务使用费收入下降；其他收入不足；所依赖的原材料或基础供应数量和价格发生变化；政府对利润和收费价格的限制等。

（三）建造风险

PPP 项目的建造风险主要体现在：土地拆迁与补偿，设备、材料进口限制等成本严超支；融资成本大幅增加；项目工程质量不符合标准；项目合同主体违约；工程变更所引起的工期延长、成本增加等；应对环境变化，采取文物保护措施，遭遇不可抗力，造成工程延误、损失等。

（四）运营风险

PPP 项目的运营风险主要体现在：政府方、项目公司或运营方诚信缺失；项目运营方的运营经验欠缺或出现其他问题；项目合同提前中止、终止、解除等；运营期间发生不可抗力；运营期间出现劳资纠纷；运营技术不符合标准；运营期间原材料价格上涨；项目运营管理能力不足；项目运营期间市场需求下降等。

（五）财务风险

PPP 项目的财务风险主要体现在：通货膨胀；融资利率上升；汇率变化；收益下降及政府限制无法调价等。

（六）政策和法律风险

PPP 项目的政策和法律风险主要体现为：项目中途取消；涉及项目的法律和政策发生重大变更；政府审批延误；政府领导班子调整、换届而引起的违约；税收政策和法律调整引起税负的增加；政府违约，不按期支付费用等。

（七）不可抗力风险

不可抗力事件发生，导致 PPP 项目延期并造成双方的损失，构成了项目实施的重大风险。

以上是一般 PPP 项目在不同阶段所遇到的主要风险。对于不同类型项目，其风险也会有所不同。

二　项目风险分担的主要原则

PPP 项目的风险分担主要是通过合同条款的约定，设定政府与社会资本的权利义务关系，有效地降低和转移项目风险，使项目得以顺利实施。通过合同分担双方的风险，应坚持公平原则，具体的分担原则如下。

（一）对于不同阶段的风险，应由对风险最有控制能力的一方承担

例如，对于项目建设期的风险，承包商或者社会资本方一般承担项目的质量和按期完工的风险；政府一般承担项目土地的提供，政策和法律变更等风险。

（二）风险由具有管理、控制能力的一方承担

由对风险具有控制能力、管理水平和能力且所付出的成本最低的一方承担风险。

（三）风险与利益相匹配

风险与利益同行，这是风险分担的基本法则。在 PPP 项目履行中，承担的风险越多，则该方所获得的利益就应当越多，这充分体现了法律的公平原则。

（四）风险的承担应不超过上限

由于 PPP 项目的长期性和复杂性，未来的潜在风险具有一定范围的不可预见性，一旦出现此类风险，由一方承担，也不符合政府与社会资本进行

合作的目的。因此当风险实际发生，一方无法承受时，双方可以根据法律的情势变更原则，通过协商修改已订的合同条款，合理变更和调整双方的权利义务，以保证项目的成功履行。

在项目的风险责任划分上，应保持风险分配的合理性，即应防止一方承担的责任过多和过大，如果出现此类情形，项目容易引起纠纷或其他问题。PPP 项目的平等合作决定了政府与社会资本应合理分配风险，防止任何一方损害另一方的利益，造成不公平和不合理现象的发生。

三 不同地域的 PPP 项目，其风险也有所不同

社会条件、经济和政治环境、市场框架体系和政府管制措施等方面的差异决定了不同地域 PPP 项目的不同特点。

我国境内和海外的 PPP 项目的风险差异。按照 PPP 项目所在的地域划分，风险分为中国境内投资 PPP 项目的风险和中国企业在“一带一路”沿线国家投资 PPP 项目的风险。这两种风险有许多相似之处，但也有明显的区别。

中国企业在国内实施 PPP 项目过程中，面临的风险主要表现为政策频繁变化，政策与法律的矛盾，PPP 项目的程序不规范，项目合同观念淡薄等。项目合同观念淡薄主要表现为重大项目不签合同，或虽然签订合同但合同主要条款缺失，权利义务不明确等。

由于中国经济的快速发展，海外基础设施的投资成为中国经济新的增长点和经济发展的引擎。但与国内 PPP 项目风险相比，“一带一路”沿线国家 PPP 项目的投资，面临更多的潜在风险。这些风险主要表现为沿线各国的法律、文化、宗教、习惯和社会制度差异，市场竞争及我国企业合同观念淡薄等。

为了避免和降低上述风险，本篇将着重分析中国境内 PPP 项目和中国企业“一带一路”投资 PPP 项目投资的风险，以及通过完善 PPP 项目合同条款为主要手段的防范措施。

B.22
中国境内 PPP 项目的风险

李成林*

摘　要： 自 20 世纪八九十年代以来，我国在基础设施领域实施的 BOT/BT 项目，由于缺少国家层面的法律法规，在履行中出现了大量问题。2014 年以来在全国推广的 PPP 模式，政府虽颁布了大量文件，但其层级低，互相矛盾，调整频繁。以上因素给 PPP 项目的成功履行带来诸多困扰。在实践中，项目履约双方诚信缺失、合同观念淡薄，也是项目履行中矛盾和纠纷的主要根源。本报告主要讨论政策法律矛盾、政策变更、政府信用、合同条款等 PPP 项目的履行风险。

关键词： 境内 PPP 项目　政府定价　价格听证制度　政府违约

自 20 世纪八九十年代以来，由于国家没有统一适用的法律法规，中国 BOT/BT 项目的履行一般依据地方政府的文件，因而暴露出诸多问题。这些问题主要集中在政府信用、政府文件的频繁修改、融资、收入与回报及项目合同条款不完善等方面。虽然 2004 年建设部公布了《市政特许经营管理办法》，但它也仅是部门的规章，其法律层级较低，适用范围也仅限于城市供气、供水、供热、公共交通、污水处理、垃圾处理等市政设施。而 2014 年年底国家推广 PPP 模式以来，国务院和有关部委公布了大量贯彻 PPP 模式

* 李成林，建纬律师事务所合伙人，财政部、国家发改委 PPP 双库专家，中央财经大学 PPP 智库专家，中国国际经济贸易仲裁委员会和中国海事仲裁委员会仲裁员。

的文件，其中比较全面和具体地规范 PPP 项目的文件为国家发改委等六部委于 2015 年公布的《基础设施特许经营管理办法》，但该办法与《市政特许经营管理办法》的关系并不清晰。国务院各部委为了推广 PPP 模式，先后频繁发布各类文件，由于这些文件之间互相矛盾，因此增加了 PPP 项目的不确定风险。这些风险包括政治、政府定价、调价、社会公众反对、政府违约、合同条款不完善等方面。

一 政府文件频繁变更的风险

政府政策的调整对 PPP 项目合同的履行有重大影响。由于国家缺少统一的 PPP 法律和法规，我国 PPP 项目的实施一般依据国家部委的规章和文件。这些文件内容的频繁调整，往往引起 PPP 项目合同的争议和纠纷。如《国务院办公厅关于妥善处理现有保证外方投资固定回报项目有关问题的通知》（本文以下简称《通知》）（国办发〔2002〕43 号）[①] 提出："保证外方投资的固定回报不符合中外投资者利益共享、风险共担的原则。"给予外商固定回报不符合中外合资、合作经营有关法律和法规的规定。因此要求地方政府对固定回报问题进行清理，其采取的措施如下：修改合同，回购项目，将外方的投资转为外债等形式及对于经营亏损的企业予以撤销等。但《通知》却没有给固定回报以具体的界定。

该文件的下发，引起了许多地方政府与外商之间的污水处理项目合同纠纷。江苏某污水 BOT 处理项目，原计划于 2002 年开工，但由于合同中的"固定回报"条款，项目合同签订双方针对投资回报等问题，进行了重新协商，但无法取得一致意见。上海大场水厂和延安东路隧道等项目也出现了类似的问题。[②]

① 《国务院办公厅关于妥善处理现有保证外方投资固定回报项目有关问题的通知》已被《国务院关于宣布失效一批国务院文件的决定》（国发〔2015〕68 号）宣布废止。

② 亓霞、柯永建、王守清：《16 个案例看中国 PPP 项目失败的主要风险，涉及公路、桥梁、隧道等多个领域》，中国工程建设网，www. chinacem. com. cn。

二　政府定价与项目公司收益不足之间的矛盾

依照我国《价格法》的规定，基础设施和公用事业等 PPP 项目的定价由政府决定。如果政府定价和调价依据与实际不符时，将损害投资者的利益，使项目合同无法履行。如山东中华发电项目，1997 年项目公司成立并投入运营后，项目合同履行得比较顺利。但运营一定年限后，项目的电价却被政府调低了。具体情况如下：国家计委于 1998 年在其出具的谅解备忘录中确认，项目建成的第一期和第二期的上网电价为 0.41 元/度，但该项目于 2002 年 10 月，新建电厂机组运营使用时，山东省物价局批复的价格却降低到了 0.32 元/度，电价的降低使项目公司难以收回其投入的成本。

三　调价方式与价格听证制度的矛盾

水价的调整直接关系项目公司的利益。在实践中，因项目供水价格无法调整而导致项目亏损的情况较多，使许多从事该项目的外商纷纷撤出中国市场。比较著名的失败项目案例有泰晤士水务和 Anglian 的项目提前终止。泰晤士水务最终出售了其在大场水厂的股份，Anglian 也退出其在北京第十水厂的项目股份。

根据《政府制定价格听证办法》（2008 年 10 月 15 日国家发展和改革委员会令第 2 号，原国家计委令第 26 号）第二条规定："实行政府指导价或者政府定价的重要商品和服务价格前，由政府价格主管部门组织社会有关方面，对制定价格的必要性、可行性进行论证。"根据上述规定，PPP 项目在进行收费价格调整时，一般应履行听证程序，同时需征求消费者、经营者和其他参与主体的意见，以保证项目调价的合理性，必要性和可行性。

在实践中，项目合同中双方已经协商和制定了项目收费价格及调价的公式，如项目执行 3 年后，物价上涨到一定程度，项目合同双方可以对原来价格予以调整，但合同中的调价条款与国家价格听证制度并不一致而引起许多纠纷。

如城市水业项目，如果项目的水价低于项目的成本，项目合同双方就应考虑对水价进行调整，但在实践中不同地区的水务项目在进行水价调整时，都毫无例外地遭到公众的抗议。例如，南京供水水价的上涨方案在 2003 年举行听证会时因公众的反对而无法实行；上海水务项目在进行价格调整时也遭到了人大代表的反对，这使项目合同中关于上海水价上涨的方案无法得到履行。

从项目合同约定与听证制度的矛盾可以看出，项目收费的定价和调价应当考虑政府、投资人和社会公众的诉求，以协调他们之间的利益关系。在实践中，可以采取如下解决办法：如果合同明确约定调价公式和调价条件的，当调价条件成就时，应当允许调价；如果因听证未获通过，政府应当给予社会资本一定的补偿，以免项目履行中的矛盾，影响社会公众的利益。

四　PPP 项目知识和人才的缺乏，导致项目谈判和履行拖延的风险

PPP 项目合同的签订和履行，需要融资、设计、建造、运营和移交等专业知识和人才。在实践中，PPP 项目专业人才十分缺乏，尤其是政府官员对于具体项目的专业知识和经验不足，因此政府在项目谈判中处于不利的地位，如在青岛威立雅污水处理项目谈判时，因青岛本地政府官员对污水 PPP 项目的建设和运营经验的欠缺，延迟了该项目污水处理费的谈判，进而拖延了项目合同的履行。其他类似的污水处理项目，北京第十水厂、大场水厂和廉江中法供水厂等项目也产生了此类纠纷。

五　社会公众抗议的风险

PPP 项目合同在履行过程中，因项目影响社会公众利益或对公众的利益造成了损害，而引起公众抗议和反对导致了项目的建设和运营成本提高、项

目拖延或合同无法履行，例如许多垃圾焚烧厂的厂址与居民区较近，垃圾发烧造成空气的污染，损害了附近居民的生活环境；污水处理厂的不合理排放污染了居民的生活用水；高速公路及高铁项目的噪声扰乱了周边居民的正常生活等。

对于以上可能损害公众利益的项目，在选址时应当尽量避开居民区或与居民区作合理和有效的隔离；在项目的设计上，制订和完善污染减损方案；制订项目履行中发生紧急和突发情况的预案。对于由此而增加的成本，可以计入项目的总投资，并考虑适当延长项目的运营期限或由政府给予适当的补贴等。

六　PPP 项目履行中，使用者付费不足的投资风险

经营性 PPP 项目是指投资者以项目使用者付费的方式收回项目投资并取得利润的一种运营模式。在实践中，如果项目前期使用者数量测算与实际差距较大或在项目履行期间发生变化较大，或由于其他竞争性项目的出现，项目的使用者付费将无法保证投资人的收益。如京通高速公路建成之后，由于相邻辅路不收费，而使京通高速公路的车流量不足，项目的收益无法保证收回投资。其他类似的案例如南京长江三桥、杭州湾跨海大桥和福建泉州刺桐大桥等亏损项目。

为了避免上述风险，双方可以协商在使用者付费不足的情况下，政府给予一定的补贴或政府授予项目公司周边的经营权或项目的综合开发权等，以避免项目公司遭受使用者付费不足的风险。

七　合同关键条款规定不明确，使合同无法履行的风险

PPP 项目合同涉及项目投资、设计、采购、建设、运营和移交等多个环节，而且不同项目合同具有不同的特点，因此起草一部严密和完整的项目合同的难度较大。

在起草项目合同时，双方应结合项目的特点，完善合同的具体条款，以防止重大条款的遗漏。在必要时合同双方可以聘请专业顾问给予帮助，以免因合同条款不完备引起的纠纷。在天津双港垃圾焚烧发电厂项目中，天津市政府虽承诺提供补贴，但在合同中并没有明确规定，也没有明确规定补贴的数额和支付方法。在项目履行中，双方对补贴的数额和支付方式发生了争议，但最终无法达成一致意见，项目公司最后承受了投资收益不足的风险。

八 项目合同条款的规定与实际需求差距巨大，而使项目遭遇无法履行的风险

项目合同的规定与项目的实际相符，才能保证合同的顺利履行。如果项目合同的规定与实际差距较大，则合同履行中难免出现一些重大问题。在廉江中法供水项目中，政府与社会资本签订了 30 年期限的《合作经营廉江中法供水有限公司合同》。在合同中双方约定，于项目运营的第一年，政府方应购买水厂每日不少于 6 万立方米的用水，而且应逐年提高。但廉江市本年用水的需求量仅为 2 万立方米，于是政府方的每日购水量远远大于其实际需求量。双方在合同中规定的条款即实际使用水量与合同规定的量与当地需求产生矛盾，不符合当地的实际，也使政府的支出大为增加，造成了浪费，影响了双方的合作。

九 项目合同缺少唯一性或该条款界定不明确的风险

PPP 项目合同的“唯一性”或“不竞争性条款”是 PPP 项目投资回报的有效保障措施。尤其是以使用者付费为单一收入来源的经营性收费公路 PPP 项目，项目的唯一性是项目合同的核心必备条款。如果缺少了该项条款或该条款规定不明确，投资人的利益将难以得到保障。如全国著名的福州刺桐大桥纠纷案，由于政府和社会资本没有签订项目合同，项目履行期间政府

又在同一区域新建了几条免费公路，使刺桐大桥项目的收益明显不足。[①] 杭州湾跨海大桥项目合同，虽然规定了该条款，但不明确，在履行中也发生了纠纷。杭州湾大桥在运营不足两年的期间内，政府又在附近 50 公里左右的绍兴，批准建设了杭州湾大桥，使项目的运营收益明显下降。[②]

十　政府违约的风险

诚信守约是合同履行的保障，但在项目履行中，政府因换届等原因违约的情况不断发生。如鑫远闽江四桥项目，福州市政府虽在项目签约时承诺，在项目投入运营后的前 9 年期间，保证进出福州市的车辆都经过闽江四桥收费站；如果政府无法兑现其承诺，使项目公司亏损时，福州市政府有责任提前收回项目，补偿外商的损失。政府同时也承诺，为项目公司提供可行性缺口补助。但是，在项目实际履行时，福州市政府并未履行其上述承诺，其在闽江四桥项目的周边连续批准了二环路的第二期和第三期。这几期公路通车后，进出福州的车辆因具备多种选择，使闽江四桥项目公司的收费无法达到合同签订的预期，项目的投资也无法按期回收。但此时，政府既不履行回购项目的承诺，也不支付项目公司的补贴，由此双方发生纠纷。[③]

十一　政府没有提供项目的配套设备，使项目合同无法履行

如果没有配套设施，有些 PPP 项目建成后也无法实际运营。如 2001 年的汤逊湖污水处理厂项目，在合同中双方约定凯迪公司以 BOT 模式建设并

---

① 王宁、蒋成柳：《刺桐大桥："第一个吃螃蟹的，却被螃蟹夹了"》，《经济参考报》2015 年 1 月 27 日。

② 肖夏：《杭州湾跨海大桥通车 5 年入不敷出　民企纷纷退出》，《21 世纪经济报道》2013 年 9 月 23 日。

③ 李伟雄、詹了光、李桂茹：《福州市政府与港商投资企业的一起专营权纠纷引人深思》，《法制日报》2004 年 7 月 13 日。

运营汤逊湖污水处理项目。项目的周期为 22 年，其中建设期两年，运营期为 20 年。项目运营期结束后，凯迪公司应将项目无偿移交武汉高科。但项目一期建成完工后，政府方无法解决项目所需的管网等配套设施和收取排污费等问题，使污水处理厂一直闲置，最后项目被迫提前终止。另外，在河南新陵公路建设投资有限公司与河南辉县市政府的公路项目纠纷中，因政府没有解决配套设施，项目建成后无法运营而产生纠纷。最高人民法院在（2015）民一终字第 244 号裁决中查明，辉县市人民政府与社会资本签订了《关于投资经营辉县上八里至山西省省界公路项目的协议书》。根据该协议书，乙方即投资人出资设立河南新陵公路建设投资有限公司（以下简称新陵公司）。项目公司成立后，由项目公司承担新陵公路项目的投资、融资、建设和项目的运营维护。项目的运营期限需经河南省人民政府批准。项目运营结束后，移交辉县市政府的交通行政主管部门。在双方的义务分配上，政府方负责协助社会资本办理项目投资、建设、经营等有关手续；项目合同也约定了一方出现违约时一个赔偿另一方的经济损失。2007 年该项目建设完成，完成投资 12600 万元，具备通车条件，并获得河南省发改委批准颁发的《收费许可证》。但新陵公司提出："辉县市政府没有履行道路两端的协调工作"使新陵公司承担的项目建成后，无法实现收费运营，不能达到合同的履行目的。新陵公司遂向河南省高院提起民事诉讼，要求辉县市政府回购项目并支付新陵公司就该项目的融资本息及相应罚息。

十二 PPP 项目的腐败风险

基础设施和公共服务领域的项目是腐败的高发区。为了防止腐败现象的发生，国务院和各部委纷纷发布文件要求 PPP 项目应通过公开的竞争程序选择社会资本。

如果 PPP 项目投资人的选择程序不透明，就会滋生腐败。而项目合同签订和履行中的腐败行为，也会直接导致项目投资成本的增加，而增加的成本又会转嫁给公共设施和公共产品的使用者。如由沈阳某公司承建的水厂

BOT 项目，政府与社会资本进行了多次谈判，双方对投资回报率做出如下安排：在合同履行初期的第 2 ~ 4 年，投资回报率设定为项目总投资的 18.50%；在合同履行的第 5 ~ 14 年，投资回报率设定为项目总投资的 21%；在合同履行的第 15 ~ 20 年，投资回报率设定为项目总投资的 11%。双方约定的畸高回报率使该市政府支付的水价为 2.50 元/吨，但该市同年的均供水价才 1.40 元/吨。由于合同规定的高回报和水价，截至 2000 年，该市政府方实际支出的亏损额达到 2 亿多元。在实践中，对投资者的过高回报率往往与地方官员的腐败有密切联系。

B.23
“一带一路”沿线国家 PPP 项目的风险

李成林*

摘　要：　目前，“一带一路”与 PPP 海外投资成为全球关注的焦点。世界各国经济的低迷为我国海外 PPP 项目投资提供了良好的发展机遇，但同时也面临巨大的风险。这主要包括国别、法律变更、经济运行、PPP/BOT 项目选择、合同观念淡薄等风险。本报告主要分析中国企业在境外投资 PPP 项目的风险。

关键词：　“一带一路”PPP 项目　境外投资　项目风险

“一带一路”倡议实施以来，我国与对“一带一路”沿线国家投资合作稳步推进。根据商务部统计，今年前三季度，我国企业对“一带一路”沿线 57 个国家的投资已接近百亿美元，是同期境外投资总额的 12.3%，比去年同期增加 4%。我国对“一带一路”沿线 61 个国家的新签工程承包额已达 967.2 亿美元，是同期总额的 57.5%。

当前，“一带一路”“PPP 与中国企业海外投资”已经成为全球广为关注的焦点。其中 PPP 模式得到普遍青睐，主要源于两个因素：一是企业在转型升级过程中，投融资是促进我国承包企业提供利润的主要动力；二是“一带一路”沿线国家日益青睐国外投资，以发展本国经济，特别是借助

* 李成林，建纬律师事务所合伙人，财政部、国家发改委 PPP 双库专家，中央财经大学 PPP 智库专家，中国国际经济贸易仲裁委员会和中国海事仲裁委员会仲裁员。

PPP 模式加快基础设施建设的意愿更加强烈。发达国家和拉美国家普遍采用 PPP 模式，并制定相关法律；亚州和非州国家等分别制定了促进 PPP 项目投资的有关法律，试图运用 PPP 模式促进其所在国基础设施和公共服务业的投资和发展。同时中国企业在海外的投资也有几个鲜明的特点：一是有关投资和综合开发的 PPP 项目逐年增加，我国企业在海外经营的规模和效益逐步显现。二是并购成为国际市场布局、优化业务结构的重要手段。三是我国企业积极探索以 BOT 或 PPP 模式参与大型国际项目，并取得初步成效。随着我国企业在国际市场上的成长发展，一批具丰富经验 PPP 运作经验的企业运用其技术、运营、资源、投融资的优势在境外 PPP 项目的投资上取得了可喜的成绩。例如，中国铁建成功地中标了埃塞俄比亚的四个工业园区开发项目。该工业园的成功中标为其进一步开拓非洲市场提供了良好的机遇。中建集团和中交建分别收购了美国知名承包商 PLAZA 建筑公司，澳大利亚 John Holland 建筑公司，成功进入欧美市场，实现了跨越发展。中国港湾运用 PPP 模式成功中标哥伦比亚马道斯高速公路项目。该项目是我国企业在美洲夺得的第一个真正的 PPP 项目。

根据国际市场的情况，当前中国境外 PPP 投资面临难得的发展机遇，如能源、电力、交通和环保等项目将成为吸引我国投资的新的亮点。投建营一体化将成为行业发展的“新常态”。在这样的国际市场大环境和趋势下，许多企业把握机遇，实现海外业务的提质增效。但是中国企业在境外投资基础设施 PPP 项目工作中将遇到一系列的风险主要包括两个方面：境内和境外的风险。境内的风险如我国国内监管和政策制定部门多，且不统一。企业一般面对外交部、商务部、国家发改委、国家铁路局、国资委，外管局等；工作和批准流程比较长，有时甚至复杂，导致 PPP 项目投资的低效率。①

境外投资的主要风险一般有国别、法律变更、经济和 PPP/BOT 项目选择等风险。下面将主要分析中国企业在境外投资 PPP 项目的风险。

① 吴继邦：《“一带一路” PPP 与中国海外投资》，财政部 PPP 中心网站，http：//www. cpppc. org/zh/pppyw/5922. jhtml/2017-10-31。

一　国别风险

中国企业在走向海外的过程中，由于项目所在国的差异，从事 PPP 项目的投资、建设和运营将面临诸多风险，这包括政治、法律、经济和项目本身的风险。

国家风险也称为政治风险。在投资前，投资者应当收集项目所在国政府的产生、更迭及该国的民俗、民族矛盾、宗教、文化以及项目所在国是否发生过战争、内乱、政府变更频繁、政府办事效率低、项目国有化、项目征用等方面的问题和纠纷等。投资者也可收集项目所在国与外国投资者合作的情况，如是否发生纠纷，并对项目的可行性做进一步分析，必要时可以向有关的咨询机构咨询。如中东地区的宗教冲突，非洲地区的种族矛盾、政权更迭的冲突；亚洲的泰国、缅甸等国的政治动荡等。根据以上收集到的信息可以分析并判断该国政治风险的程度。

二　法律制度的风险

法律是否公开和稳定是衡量一国法律风险的主要尺度。一个国家的法律应当公开透明，具有可预见性。如果项目所在国的法律不透明，凡事都通过潜规则处理，公民缺少守法意识，执法者不依法办事，就存在不确定的法律风险。

一个国家的法律需要稳定，不能朝令夕改。如果项目所在国的法律修改频繁，该国法律的不确定风险较大。一般在民主制度的国家里，法律的透明度高，也相对稳定，法律的可预测性也高于非民主国家，因此投资的风险小。

为了减少和降低投资风险，投资者还应对项目所在国的外商投资法、涉及工程或 BOT/PPP 等相关立法情况有所了解。如果该国没有以上法律，则应研究 PPP 项目所在国是否具有相关的法律、法规、司法判例等提供对 PPP

项目投资者的保护。另外，也应了解PPP项目所在国是否加入《联合国有关投资的多边投资保护协定》，我国是否与其订有双边投资保护协定等。上述工作可以保障我国企业与当地政府发生争议时，可以获得投资保护协定的帮助。

三　经济风险

经济风险可以从该国金融市场开放程度、资信评级、税收优惠等法律和政策中得到一些判断依据。我国工程承包商和企业投资者在国外投资建设，其投资回报需要汇回国内，因此一个国家是否外汇管制，是否允许投资所得顺畅地汇出，是投资风险的一个判断标准。如果PPP项目所在国是外汇管制国家，则应由该国政府主管金融部门做出承诺并在PPP项目合同中约定保证投资者的投资收益汇出的条款。

通过项目所在国的资信评级，可以看出该国的信用程度。这可以凭借世界上著名的资信评级机构公布的资料，如标准普尔等评级机构的资信评级报告，据以判断该国的经济风险。此外，税务优惠和安排，也是避免和减少我国企业投资风险的一项有利措施。项目所在国对PPP项目是否给予税收优惠，两国是否签具免除双重征税的有关协定。为了降低所在国PPP项目的投资风险，我国企业在项目投资中应尽量聘请专业的税务师或会计师进行投资税务筹划，并争取将所在国政府在谈判中提供的优惠政策作为PPP项目合同条款或附件。

四　BOT/PPP项目选择的风险

PPP项目的收益率是决定是否投资某类项目的一个尺度。PPP项目在基础设施和公共服务领域被广泛应用，如交通、能源、电力、污水、文化、教育等。但以上不同领域的项目的收益率有很大差别。根据项目的收益率，PPP项目的选择顺序如下：矿产资源开发—水务、电力等项目—通信项目—道路、桥梁、港口和码头等基础设施项目—制造业和公共服务领域设施等。

除了项目的收益率，还需要考虑项目投资的成本。决定投资成本的因素很多，一般包括 PPP 项目投资的层次高低，期限长短，难易程度，投资人是否具有工程承包能力、资金实力以及管理、技术和人才等。

项目是否营利，也应考虑项目所在地的国别差异。如在中东地区的科威特等国家实施大型燃气电站和污水处理厂等，此类 PPP 项目的风险可控，因为当地政府的资金比较雄厚，项目资金的回流有保障；与此相反由于该国的人口较少，在该国从事轨道交通项目如地铁等，可能因为客流较小和价格等原因，项目的收入不足以支付投资的成本，除非当地政府提供高额的补贴或给予回报承诺。

此外，项目的运营模式也对项目的收益有重大影响。沙特、科威特的新城区和大规模住房配套 PPP 项目，由于项目的回报周期较长，有的多达 45 年，项目投资回报是通过住房销售和商业用房的租金，该类项目的回报可能不足以补偿项目的投资。但该类项目比较适合以 BT（建设—移交）模式运作，中国企业在有条件的情况下，可以建议当地政府采取适当的项目运营模式，以减少或降低项目投资所带来的风险。

B.24
PPP项目风险的化解

李成林*

摘　要： 根据PPP项目的地域差别，其风险的防范方式有所不同。化解国内PPP项目风险，可以不断完善PPP项目的法律法规，增强合同观念，完善合同条款。在合同履行中，双方应信守承诺，遇到问题时应采取充分协商和谈判等手段以解决分歧。对于“一带一路”PPP项目的风险防范，应做好项目投资国的政治、经济、法律、宗教和文化情况等资料的收集和分析，对重大风险加以识别，并准备应急方案。

关键词： PPP项目合同　“一带一路”PPP项目　风险防范　公开竞争

项目投标阶段，应仔细研究项目的招投标文件，结合文件的要求，评估项目的风险及收益，决定是否投标。在项目竞标和谈判阶段，应注意完善合同条款以保障投资者的合法权益。但是，无论是国内项目还是“一带一路”PPP项目，在起草、审核合同及项目谈判过程中，都应注意以下问题和解决方法。

* 李成林，建纬律师事务所合伙人，财政部、国家发改委PPP双库专家，中央财经大学PPP智库专家，中国国际经济贸易仲裁委员会和中国海事仲裁委员会仲裁员。

一　PPP 项目合同中应注意的问题

（一）是否具备合同的必要条款

PPP 项目合同应包括合同主体、标的、价款、履约时间、地点、违约、合同变更和解除、争议解决等必要条款。

（二）是否约定了合同的特殊条款

如以使用者付费为主的经营性项目合同，一般应约定项目唯一性或不竞争条款。该条款应对政府审批相同和同类竞争性项目，附加条件限制。以政府付费为主的非经营性项目合同，应考虑政府付费的来源与支付方式，如政府是否将付费列入地方财政的中长期规划等。

（三）项目收费价格和标准是否合理

如果项目的收费定价和调价公式比较合理，则可基本控制项目收益的风险。在实践中，可以订立项目收费的调价机制和调价公式，以应对市场变化和通货膨胀的风险。如约定收费价格，并明确调价公式、调价程序、协商谈判的原则等。

（四）其他化解合同风险的条款

有些电厂项目，需要项目产品的购买方与项目公司签订购电的包购或包销协议。协议中应规定购买产品的数量与价格，价款的支付方式，以化解项目产品的市场风险。

特许经营期结束后，项目资产的处置方式也应给予明确的约定。

当法律和政策变化频繁时，社会资本可以通过设计较高的投资回报率的安排，作为其投资于回报的补偿；社会资本也可以提出当所在国的政策、法律变化时，当地政府应承担的责任和采取具体的措施以减少投资者的损失。

关于税收。为了鼓励社会资本的投资，很多地方政府对于 PPP 项目的投资承诺了税收上的优惠条件，因此双方应将这些承诺写入项目合同。

二　风险的合理预见和分担是化解项目投资风险的有效手段

PPP 项目投资者能否收回项目的投资，关键在于双方是否能够充分预见并合理分担项目面临的风险。合理分担的原则是指风险分配可以有效地减少和降低风险的发生，风险的承担方有能力控制该风险。

社会资本在与政府进行项目合同谈判时，还应注意以下原则。

（一）对风险具有控制力的一方承担风险

PPP 项目由社会资本投资、建设和运营，其风险由社会资本承担。政府作为公共服务的提供者和管理者，具有法律和政策变更、项目审批的控制权，因而应承担上述风险。对于双方都无法预见和无法控制的不可抗力等风险，则由双方共同承担。

（二）项目合同的风险承担，应与承担方的项目合同的范围相适应

因此双方在合同起草和谈判时，应明确项目合同的范围。项目合同的风险不应超出合同的范围。

（三）风险承担的程度应与承担方的合理预见、过错相适应

在收费公路项目中，如果因政府违反项目唯一性条款，审批了其他竞争性项目而给投资者带来损失的，政府应当承担违约责任。在污水处理项目中，政府违约不支付污水处理费或不支付补贴，应承担相应的违约责任。

（四）权利与义务相适应

PPP 项目的投资、建设、运营和移交风险由社会资本承担，与之相适应社会资本也应取得相应的收入和回报。

（五）PPP 项目合同的违约责任应约定上限

在 PPP 项目合同中，双方应约定合同违约责任的最高限额。如工程建设、运营延期的违约责任，不应超过项目合同额的一定比例。如果社会资本的违约责任约定过高，其投资成本就会相应提高，其提供的公共设施和服务的价格也会相应提高。这不仅导致投资人利益受损，也会损害社会公众的利益。

根据上述风险分配原则，除了将项目的风险在双方之间进行合理的分配外，还应尽量通过购买保险或项目分包的方式向第三方转移。

三　项目合同谈判应注意的问题

公平、合理的风险分担，应结合项目的具体特点和风险点。为了有效地把握项目的风险点，在谈判时双方应认真地进行资料准备，如制订详细的预案，对关键性条款，既要有谈判的底线，也应留有退让和妥协的余地。

项目合同的风险防范，还需要项目谈判团队成员具备相关的专业知识和经验。谈判人员应当熟悉 PPP 项目合同相关的法律、法规和国家的政策文件，并具有 PPP 项目实施的工作经验。因此在项目合同谈判的团队中，一般应配备熟悉项目技术、商务、财务的专业人员和精通项目合同的律师等。

在项目合同的谈判中，双方还应保持良好的心态，维护双方的合作关系，但也应根据项目合同的特点，据理力争，维护自身利益。

此外，双方在谈判时应耐心并掌握谈判方法，切忌在责任和风险上互相转嫁。否则双方将无法达成一致意见，或虽达成一致，但为之后的合同履行留下纠纷的隐患。

四 完善以公开竞争方式选择社会资本的程序，避免因选择程序违法而影响合同的效力

我国《招标投标法》规定，政府投资的项目和大型基础设施项目必须通过招标的方式选择中标人。《基础设施特许经营管理办法》和其他政府文件也规定，PPP 和特许经营项目应当通过竞争程序选择合作者（投资人）。因此政府在 PPP 项目的采购阶段，应遵守国家的有关法律，以免在项目合同履行中因程序违法而丧失合同的效力。海南省高级人民法院在（2012）琼行终字第 4 号裁决书中判定：未经过招投标程序的特许经营权，不具有法律效力，不受法律保护。该案争议的焦点为：未经竞争性采购程序，政府是否有权授予投资者城市管道燃气的特许经营权。该案的案情为：儋州市政府未按照《行政许可法》《市政特许经营管理办法》规定的竞争程序选择投资人，而是通过下发政府的一系列行政文件的形式，确定港华燃气公司儋州分公司为项目的投资者并与之签订了《开发儋州管道燃气工程项目协议》，将该市行政区划范围内的管道燃气特许经营权授予港华燃气公司儋州分公司。但该协议签订后不久，该地方政府又授权该市滨海新区管委会与另外一家公司签订了《关于投资建设儋州滨海新区燃气管网供气工程协议》。而港华燃气公司、港华燃气公司儋州分公司认为儋州市政府的上述行政许可行为侵犯了其享有的特许经营权，遂提起诉讼要求法院撤销儋州市政府授予另外一家公司的行政许可。海南省高级人民法院经审理后认为：（1）依据《行政许可法》和《市政特许经营管理办法》的有关规定，本案所涉管道燃气特许经营权依法应当经过招标等市场竞争机制授予投资人特许经营权；（2）海南中石油昆仑港华燃气有限公司提供的主要证据《关于开发建设儋州市管道燃气项目的批复》（儋府函〔2003〕72 号）、《开发儋州管道燃气工程项目协议》以及其他行政批复并不足以证

明其已依法获儋州市政府特许其经营儋州市和该市滨海新区管道燃气项目；（3）海南中石油昆仑港华燃气有限公司主张其拥有儋州市行政区域内管道燃气特许经营权没有事实依据和法律依据。[①]

从法院的判决上看，公开竞争的方式是 PPP 项目投资人选择的必经程序。如果未通过该程序，PPP 项目合同的效力将面临不确定的风险。在实践中，许多地方政府和投资人采用战略合作协议的方式进行 PPP 项目的合作，并未通过公开的竞争程序。上述合作方式可能面临 PPP 项目合同无效的法律风险。

为了避免项目合同效力不确定的风险，使投资者遭受巨大经济损失，建议双方有关人员在审核项目合同时，应对 PPP 项目经营权的获得是否通过公开竞争的程序和是否具备相关的有效文件，进行认真的审查。

此外，对项目管理者和员工的人身和项目资产的风险等，可以通过购买责任、财产和寿险的方式实现风险的转移。对于不可抗力及政治风险，可以通过购买信用保险等方式加以解决。

总之，除了上述 PPP 项目的风险防范措施外，还应结合项目自身的特点，采取具体的风险防范措施。

---

① 北大法律信息网，http：//www. chinalawinfo. com/ 2012-05-24。

专 题 篇

Special Reports

B.25

PPP促改革 关键是规范发展

厉以宁*

摘 要: 在中国PPP发展过程中，法律法规到现在为止并没有真正出台，只是临时性的规范，要在中国发展好PPP模式，需要规范PPP发展，落实政策法规，推行合理的法人治理结构，给予民间资本公平竞争的机会，并完善民间资本退出机制，拓宽民营资本的融资渠道。

关键词: PPP 法律法规 法人治理结构 民间资本

* 厉以宁，著名经济学家，北京大学光华管理学院名誉院长、博士生导师。

一 中国 PPP 的现状

PPP 虽然不是新生事物，但在中国的发展还处于初级阶段，而且已经成为推进国家治理现代化的重要选择。在中国 PPP 发展过程中，一个普遍的现象就是民间资本对 PPP 不感兴趣。为什么会这样？我们进行了一些考察调研后发现，第一个原因是民间资本总认为国有企业占大头，民营企业只是陪衬，兴趣不大；第二个原因是他们认为民营企业关心的是盈利性而不是公益性，而 PPP 对外号召的是公益性，所以民间资本认为既然是公益性，那我们的盈利目标是不是就此被冲淡；第三个原因是民间资本普遍感觉参加 PPP，套进去以后很难出来，退出机制并不存在，形同虚设。

二 中国 PPP 不规范

PPP 不能说实现了规范化，因为 PPP 项目若想吸引到民间资本，就必须是规范化的。理由简要概括如下。首先，法律法规不健全。在这里最突出的是法律法规到现在为止并没有真正出台，只是临时性的规范，至少国务院公布的是法规。其次，PPP 模式推行以后，一般认为法人治理结构形同虚设，基本没有法人治理结构。最后，国投企业占主要控股优势，民间资本不愿意介入后受其控制。这样会给民营企业以疑惑：我们进来以后算什么呢？PPP 国有企业占了大部分，而民营企业认为是一些不好的项目让他们承担，就会被套上了，套住了就很难有机会出来，所以中国 PPP 不规范，形成这样的结果。

要在中国发展好 PPP 模式，需要规范 PPP 发展，落实政策法规，推行合理的法人治理结构，给予民间资本公平竞争的机会，并完善民间资本退出机制，拓宽民营资本的融资渠道。

规范 PPP 发展，激励民间资本参与 PPP 的意义在于：其一，促进供给侧改革的内在要求；其二，在招商引资和走出去战略中，规范化发展能够促进国际合作，充分吸引外资；其三，完善知识产权保护，以知识产权入股，有利于吸引和留住人才。

中国迫切需要大力发展公益性事业和准公益性事业，来提高政府的公共服务能力。医疗、养老、基础设施、职业技术教育、交通、港口等领域都适合通过商业化操作来吸引民间资本进入。

诚信建设是中国发展 PPP 的基本条件。国务院正在出台一些激励民间资本与国有企业公平竞争的条例，但这还不够。在中国最需要建设的是诚信。法律是极限，道德也有极限，诚信就是法律道德之外的极限，是靠大家来维持。一定要在诚信方面下功夫。人的社会性决定了在 PPP 模式的推广过程中是需要协商配合的，不管是强强联合还是强弱联合，都有合作的空间。

三　民营资本对 PPP 不放心

民间资本之所以对 PPP 不放心，是因为以下几大方面。一是国有企业始终处于控股优势地位，弱化了民营资本参与的话语权。二是 PPP 项目本身的公益性，令以赢利为目的的民营资本不愿参与。三是参与 PPP 后，没有建立有效的法人治理结构，缺乏科学的管理制度。四是 PPP 的退出机制尚不健全，由于基建等公益性项目的长期性，资本回收周期长，民营资本担心短期内难以看到投资回报，因此民营资本天然认为民间资本在 PPP 发展中只是“陪衬”。五是国有企业混合所有制改革进展速度慢，多数民营资本持观望态度。六是在 PPP 债券市场，民营资本也不是发行债券的主力。尽管 PPP 项目通过发行债券的方式融资成本更低，期限更长，但仍然主要以地方政府发行债券为主。这些因素均限制了民营资本参与 PPP 的热情。

四　债券市场的参与程度

PPP 项目融资难是较为普遍的现象，债券市场融资成本较低，期限较长，民营企业欢迎债券投资。这至少有两个好处：第一，债券投资企业减少负担，成本负担降低；第二，债券时间比较长，有利于时间调配。地方债券融资风险较大，所以应慎重。现在对地方债券感兴趣的是地方政府而不是企业，地方政府发债券一般比企业发债券更容易，但是风险往往在这个地方，这种情况下民营企业很难真正利用债券市场募集资金，能够发债券的是政府和国企，民营企业发债券没有结果。监管机构应对地方债券的发行加强监管。

五　中国 PPP 是有前途的，但一定要规范化

规范化是指先有条例，再有法规，最后是法律，一定要按步走。我们要和企业同甘共苦，但实际上同甘是同甘，共苦就不一定了。企业红利怎么分靠制度，如果企业亏损，股东撤股靠制度是不行的，要靠法律来约束和规范。中国现在正在进行结构性调整，PPP 应当适合于规范性运作。

PPP 不仅是一种融资手段，更关系体制机制的变革及公共服务效率的提高。如果 PPP 项目不规范，不但影响改革目标的实现，还会带来地方政府债务风险，危害不可谓不大。为此，在大力推广 PPP 模式时，必须强化规范发展，同时要处理好政府与市场的关系。

一方面，要坚持市场化原则。PPP 模式是通过引进社会资本、利用市场力量做好公共服务，也就意味着必须发挥市场在配置资源中的决定性作用。在此过程中，政府不应越位、错位，不能不当干预，而是要坚持市场化方向，强化公开透明，促进公平竞争，保障社会资本合法权益，增强市场信心。

另一方面，要完善制度、规范发展。在这一方面，政府必须做到不缺位。近年来，有关部门着力建立健全 PPP 制度体系，这项工作应该持续推进。对社会呼声较高的 PPP 立法工作，也需要加快步伐。据有关部门近日透露，PPP 条例草案将向社会公开征求意见，这有助于集思广益，促进最终形成规范 PPP 健康持续发展的“良法”。

同时，还应加大对一些地方通过“假 PPP”违法违规举债的处罚力度。今年以来，财政部对一些地方存在的此类问题提出了整改要求，对违法违规举债担保行为问责。防范地方政府债务风险事关经济安全大局，对违法违规行为应保持高压态势。总之，推广 PPP 模式须坚持“促发展”与“防风险”并重，更好地发挥其在推动经济增长和深化供给侧结构性改革中的重要作用。

B.26
PPP 要规范发展必须抓住四条线

史耀斌*

摘　要：进一步推进 PPP 规范发展工作，是落实中央关于防范化解系统性风险一系列决策部署的重要内容。PPP 规范发展要统一思想认识，按照风险共担、利益共享、物有所值、绩效导向的原则，在项目入库、前期论证、政府采购、预算管理、绩效监管、信息公开等方面，不折不扣地执行有关规定，坚持做规范的 PPP 项目。同时，要抓好重点工作，要压实管理责任，切实推进 PPP 规范发展。

关键词：PPP　风险共担　利益共享　物有所值　绩效导向

对当前 PPP 发展不规范问题，大家已经分析得很到位，讨论得很深入，也对下一步推进 PPP 规范发展提出了很多好的意见和建议。我结合大家的讨论，再讲四点意见。

一　要统一思想认识

针对地方政府债务管理、PPP 规范发展问题，财政部在近几年提出了一系列政策要求，全国金融工作会议、国务院常务会议近期也做出了专门部署。做好下一步 PPP 规范发展工作，关键是要深刻领会党中央、国务院有

---

* 史耀斌，财政部副部长、PPP 工作领导小组组长。

关会议精神，把思想认识统一到中央的决策部署上来，统一到财政部的工作要求上来。具体要做到“三个统一认识”。

一是统一对防控风险重要性的认识。防范化解风险，是经济持续发展的根本保障。在这次全国金融工作会议上，习总书记和李克强总理多次强调了防控风险的重要性、紧迫性，也都点到了地方政府债务问题。目前，一些地方政府通过 PPP、政府购买服务等方式，变相举借债务，导致债务规模增长较快，债务率甚至超过了警戒线，形成潜在的风险触发点。为此，我们要按照中央有关要求，把防风险放在更加重要的位置上，防控地方政府债务过快上升，坚守不发生系统性风险的底线。

二是统一对 PPP 发展形势的认识。要看到 PPP 发展总体形势是好的。近年来，在党中央、国务院的高度重视下，在各地区、各部门尤其是各级财政部门的大力推进下，PPP 工作取得明显进展，不仅市场环境逐步优化，项目落地不断加快，为稳增长、促改革、惠民生发挥了积极作用，而且也促进了政府工作和政府治理结构的改革。可以说，在经济发展进入新常态、经济下行压力依然存在的背景下，取得这样的成绩实属不易，应当倍加珍惜。

三是统一对 PPP 发展方向的认识。在当前严控地方政府债务风险的形势下，部分地方政府和市场机构对 PPP 发展前景表示担忧，认为政府付费类 PPP 与政府购买服务一样，都属于被政策限制的范围。事实上，中央始终将 PPP 定位为一项长期性、系统性的改革，当前提出的一些政策要求，是对短期内一些错误认识和违规行为的修正，有利于 PPP 事业的长期、健康、可持续发展。为此，我们要抓住当前的发展机遇，继续坚定不移地推进 PPP 工作，进一步取得更大成绩，发挥更大的效益。

二　要坚持规范发展

我们推广 PPP 模式的初心，是要推动公共服务领域供给侧结构性改革，引入市场的机制和资源，提升管理能力，促进公共服务提质增效，而不是单纯地解决融资问题。2016 年年底，我在昆明的全国会上就讲过，当前 PPP

项目出现了变相融资等不规范现象，需要引起高度重视。结合大家刚刚介绍的新情况、新问题，我认为 PPP 发展不规范可以归纳为“四个问题”。

一是支出责任“固化”问题。一些地方政府为了吸引社会资本和金融机构快上、多上项目，通过 BT、政府回购、承诺固定投资回报等明股实债方式，实施 PPP 项目。一些政府付费类项目，通过“工程可用性付费” + 少量“运营绩效付费”方式，提前锁定政府大部分支出责任。实际上都是由政府兜底项目风险。

二是支出上限“虚化”问题。对于 PPP 项目支出责任不得超过预算支出 10% 的规定，一些地方政府认识不到位，把关不严、执行不力，还有些地方政府能力不匹配，对当地财力和支出责任测算不准确，导致财政承受能力论证流于形式，失去了“安全阀”功效，很可能加剧财政中长期支出压力。

三是运营内容“淡化”问题。PPP 项目要以运营为核心，发挥社会资本的优势，提高公共服务供给效率。但从实际情况看，当前参与 PPP 项目的多为施工企业，既不愿意承担运营风险，也不具备运营能力，主要通过施工获取利润。同时，一些地方政府也更看重“上项目”的短期目标。两方“一拍即合”，导致部分项目“重建设、轻运营”的倾向仍然严重。

四是适用范围“泛化”问题。一些地方政府将房地产等纯商业化项目拿来包装成 PPP，借助有关部门和金融机构对 PPP 的“绿色通道”，实现快速审批和融资，会绕过相关产业政策监管，影响宏观调控效果。

造成上述问题的，既有相关各方观念转变不到位的主观因素，又有地方政府融资路径依赖的客观因素。“求木之长者，必固其根本”，规范发展是推进 PPP 事业可持续的基础。只有做真正的、规范的 PPP，才能为 PPP 发展注入持久的动力和活力。所以，我们不能只求速度、不求质量，否则可能会“欲速则不达”。为此，我们要按照风险共担、利益共享、物有所值、绩效导向的原则，在项目入库、前期论证、政府采购、预算管理、绩效监管、信息公开等方面，不折不扣地执行有关规定，坚持做规范的 PPP 项目。

三　要抓好重点工作

进一步推进 PPP 规范发展，不能“眉毛胡子一把抓”，必须要突出重点、抓住关键。下一步，各级财政部门在坚持规范发展的过程中，要重点把握好 PPP 工作的“四条线”。

一是要严控“红线”。要强化财政承受能力论证 10% “红线”的硬性约束，统一执行口径，加强信息公开。所有项目都必须在 PPP 综合信息平台中，及时公开财政承受能力论证报告及有关数据。未按规定公开的，要从项目库中清退。各地要建立 PPP 项目财政支出责任统计监测体系，中央财政和省级财政对接近或超出 10% 红线的地区，要进行风险预警。

二是要守住“底线”。要落实财预〔2017〕50 号文要求，严禁各类借 PPP 变相举债的行为。要审慎开展完全政府付费的项目。对于不包含运营内容、无绩效考核机制、社会资本不实际承担项目建设运营风险的项目，不得安排财政资金。

三是要搭好“天线”。要全面了解掌握本地区 PPP 项目总体情况，对于项目总量、财政支出责任总额及占比、规范实施情况等，做到“心中有数”。这里的项目不仅包括入库项目，也要包括未入库的项目，真正做到全口径统计。

四是要明确“界线”。对于不属于公共服务的纯商业化项目，以及仅涉及建设、无运营内容的纯工程项目，要准确界定，从识别、论证、入库等环节严格把关，不能继续任由其打着 PPP 的旗号“混淆视听”。

四　要压实管理责任

有权必有责、有责必担当、失责必追究。为了切实推动 PPP 规范发展，必须要压实责任、强化问责。

一是要明确地方政府主体责任。要按照党中央、国务院决策部署，强化地方政府债务规模限额管理，查处违规担保行为，加强对融资平台、产业引导基金、PPP 等的规范化管理，制止变相举债。对于借 PPP 变相举债的项目，地方政府要承担主体责任。

二是要强化财政部门管理责任。PPP 是党中央、国务院交给财政部门的一项重要改革任务，各级财政部门要继续发挥主导作用，认真履行物有所值评价、财政承受能力论证、政府采购管理、预算资金管理、政府债务管理等部门职责，明确 PPP 不规范操作的负面清单，逐级细化责任范围和责任主体。另外，我们也将建立常态化风险监控和监督问责体系，确保 PPP 规范实施。

进一步推进 PPP 规范发展工作，是落实中央关于防范化解系统性风险一系列决策部署的重要内容。大家要把规范发展作为今后一段时期 PPP 工作的基本要求，将 PPP 改革不断引向深入。我相信，通过大家的努力，PPP 工作一定能在现有工作的基础之上，更好地完善，更好地发展！

（文章来源：史耀斌副部长 2017 年 7 月 31 日在进一步推进 PPP 规范发展工作座谈会上的讲话）

B.27

推广 PPP 模式　增加公共产品供给

郑新立*

摘　要：推行 PPP 模式是增加公共产品供给的根本途径，在当前需求不足、投资增速连续多年下降的情况下，启动公共产品投资，对拉动经济增长具有重要意义。推行 PPP 模式，关键是找到公共产品价值补偿机制，PPP 项目应以不增加政府债务负担为前提条件，鼓励民营企业参与 PPP 项目，需要政府各个部门担当和配合。

关键词：PPP 模式　公共产品供给　公共产品价值补偿机制

公共产品供给不足，是供给结构中存在的突出矛盾。解决这一矛盾，是供给侧结构性改革面临的一项重大任务，必须通过改革投资体制，推广政府与企业合作的 PPP 模式，吸引社会资金投入。要认真研究有关 PPP 模式的理论、政策和操作方式等问题，为 PPP 模式的推广创造良好的政策环境和体制机制。

一　引导社会资金投向短缺领域

目前，在个人消费品领域，存在着全面产能过剩状态，但是，公共消费品领域面临的状况完全相反——严重供给不足。人们的食衣住行等基本生活需求已经基本得到满足，但是，空气污染，交通拥堵，就医难，上学贵，

* 郑新立，中共中央政策研究室原副主任。

入托难，进养老院难等问题给广大居民带来很大烦恼。公共产品包括公共服务供给不足的主要原因，在于长期以来主要靠财政投资，财力有限，投入不足，导致供给不足。“十九大”报告提出社会主要矛盾已经转变为人民对美好生活的需要与不充分、不平衡发展之间的矛盾，公共产品供给满足不了人民的需要就是典型表现。必须建立一种市场机制，通过财政资金的鼓励和诱导，能够有效地把社会资金引导到公共产品的投资上来，否则，增加公共产品供给就只能停留在口号上。

二　推行 PPP 模式是增加公共产品供给的根本途径

党的十八届三中全会《决定》提出，要通过政府和社会资本合作的模式来增加公共产品的投入，这里所说的就是 PPP 模式，其基本含义是政府对需要建设的公共产品和公共服务项目进行精准的投入产出分析，并赋予相应的政策，使项目投资能够取得合理的回报，通过招投标选择具有资质的企业承担投资经营任务。运用这种 PPP 模式，政府把应该干的事情交给企业来干，从而补上公共产品供给短板。在当前需求不足、投资增速连续多年下降的情况下，启动公共产品投资，对拉动经济增长具有重要意义。环保、医疗、教育、养老、交通、信息、文化等领域，都有大量群众渴望解决的问题。许多地方政府也有为群众做实事、做好事的愿望，但又苦于没有资金。如能恰当利用 PPP 模式，政府和群众的愿望就能得以实现，社会大量闲置的资金也能找到投资出路，避免对股市、房市的冲击。

三　推行 PPP 模式关键是找到公共产品价值补偿机制

增加公共产品供给，必须形成一个公共产品的价值补偿机制，使投资公共产品能够得到合理回报。公共产品的作用主要体现在社会效益和生态效益上，投资人往往难以从市场上获得收益。如何使公共产品的价值得以补偿，使投资公共产品所消耗的成本能够收回，并能获得社会平均的资本利润率，这是全部问题的关键所在。只有建立起了公共产品的价值补偿机制，公共产品的投资才能形成良性循环，实现可持续发展。我们中央财经大学的老师们应当开动脑筋，找到这样一个机制。由于公共产品的具体情况不同，有的属于经营型，有的属于公益型，有的属于半经营半公益型，需要对每一个项目进行具体的技术经济分析，对每一个项目实行不同的政策。以环境治理为例，政府已反复承诺要为广大人民提供清洁的空气、干净的水，但是，如果沿用旧体制，治理污染的企业由于增加了成本而在竞争中吃亏，不治理的企业由于节省了成本而在竞争中得利，就等于形成一个逆向调节的价值取向，是不可能达到环境治理目标的。我们可以要求企业树立社会责任，自觉地为清洁的空气和干净的水做出贡献，并严格执法监察，但从根本上说，还是需要建立起以价值补偿为基础的市场机制，这就是党的十八届三中全会《决定》提出的："坚持谁污染环境、谁破坏生态谁付费原则"，"推行第三方治理制度。"将对排放的污染物征收的费用，作为治理污染的投入。政府再通过招标，选择有资质的企业进行治理。这就能形成一个市场机制，把环保产业培育成一大支柱产业，从而兑现政府为广大居民提供"清洁的空气、干净的水"的承诺。

四　PPP 项目应以不增加政府债务负担为前提条件

近期，财政部发布了 87 号文，对地方债务管理提出了更严格的要求。我们不能因为搞 PPP 项目抬高地方政府债务率。怎样做到既扩大 PPP 项目规模，又不增加政府债务呢？这就需要我们想办法，而且办法肯定能找到。无非是增加对项目投资的价值补偿力度。而且这种价值补偿，也不能增加政府的隐性债务。政府掌握的最大资源就是政策。通过设计不同领域、不同力度的优惠政策，使项目投资人取得合理回报，是政府管理职责和技能要求。价值补偿可以体现在项目本身，也可以体现到其他领域；可以是货币形态补偿，也可以是资源补偿；可以是当期补偿，也可以延期补偿。总之，通过政府与企业充分协商，找到双方满意的补偿办法。

五　鼓励民营企业参与 PPP 项目

目前在实施的 PPP 项目中，地方政府总是把眼睛盯住国有企业，民营企业参与较少。应当调动民营企业参与 PPP 项目的积极性，因为民营企业已经积累了相当大的实力，具有承担大部分 PPP 项目的能力。例如江苏太平洋集团，就是一家专门从事公路 PPP 项目建设的民营企业，2016 年施工完成项目金额达到 4000 亿元，在全球 500 强企业中排在 200 多位，近两年先后同四川凉山自治州、湖南湘西自治州、湖北恩施自治州、云南大理自治州签订了公路等基础设施建设合同，采取 BT（“建设—转让”）的方式，为扶贫攻坚做出了重大贡献。

六　推行 PPP 模式需要政府各个部门担当和配合

PPP 模式能不能推广开来，关键在政府。在政府与企业这对矛盾中，政府是矛盾的主要方面。政府要有发展公共服务事业、满足人民需求的紧迫感与责任感，要有担当精神。不能抱着多一事不如少一事的态度，流于懒政庸政。同时，PPP 项目涉及规划、财政、金融、国土、环境等多个部门，单靠哪一个部门都不可能包办，需要由规划部门牵头，各个部门互相协调，形成合力，共同把这件大事做好。

B.28
全面贯彻十九大精神，促进PPP事业可持续发展

孙晓华*

摘　要：　PPP是一次推进国家治理方式现代化的体制机制变革，是供给侧结构性改革的重要部分。经过三年实践，改革共识广泛形成，PPP大市场初步建立，综合牵引成效明显，成果超过预期。PPP已成为地方稳增长、促改革、调结构、惠民生、控风险的重要抓手。但是，在PPP改革实践中，一些地方对新发展理念贯彻还不到位，产生和积累了一些隐性风险，在新的历史方位下，我们要敢于直面问题和矛盾，按照“十九大”整体部署精神和要求，提高规范意识，维护市场秩序，强化管理，严控风险，推动PPP事业可持续发展。

关键词：　PPP　供给侧结构性改革　控风险

党的“十九大”深刻阐述了新时代中国共产党的历史使命，确立了习近平新时代中国特色社会主义思想的历史地位，明确了我们党必须长期坚持的指导思想。党的十九大报告进一步指明了党和国家事业前进方向，是我们党团结带领全国各族人民在新时代坚持和发展中国特色社会主义的政治宣言和行动纲领。我们要把党的“十九大”精神作为推动党和国家事业发展的强大思想武器，把

* 孙晓华，中华全国工商业联合会原副主席。

党的“十九大”提出的目标、任务落到实处。当前，中国特色社会主义已经进入新时代，这是一个伟大的历史方位，我们要以习近平新时代中国特色社会主义思想为行动纲领，不断深化改革，努力推进 PPP 事业可持续发展。

党的“十八大”以来，以习近平同志为核心的党中央开启了新一轮全面系统、深层次、根本性改革，取得了全方位、开创性的历史成就。PPP 是一次推进国家治理方式现代化的体制机制变革，是供给侧结构性改革的重要部分。作为贯彻全面深化改革的一项具体举措，财政部、国家发改委等部门按照党中央、国务院的部署，坚持问题导向、创新导向、效率导向，在基础设施和公共服务领域统筹推进 PPP 改革，转变政府职能、放宽市场准入、鼓励竞争创新，充分释放市场活力，增加发展新动能，着力提高公共服务的供给质量和效益，满足人民群众日益增长的多样化的美好生活需要。这项改革是一项公共服务供给市场化社会化综合性改革，是供给侧结构性改革的一部分，目的是全面落实依法治国，发挥市场在资源配置中的决定性作用和更好地发挥政府作用，推进国家治理体系和治理能力现代化。

从宏观层面看，PPP 改革把国家治理体系和治理能力现代化的要求在公共服务领域落实为一项实实在在的、可操作的政策机制，在科学划分政府和市场关系的基础上，通过政府转变职能，政府和市场平等合作，充分发挥市场在资源配置中的决定性作用，激发社会资本创新活力，实现公共服务供给动能的转换。

从中观层面看，PPP 改革推动了行政体制、财政体制和投融资体制改革。在行政体制改革方面，PPP 改革通过放宽准入，打破垄断，实现国有企业、民营企业、外资企业公平竞争，把“放管服”行政改革落地。在财政体制改革方面，把政府在 PPP 合同中承诺的支出责任纳入中期财政规划，编入政府预算，防止“新官不理旧账”，打消社会资本对政府换人换届的顾虑，在机制上让社会资本对长期投资有信心。在投融资体制改革方面，凡是允许社会资本进入的，要鼓励社会资本竞争供给，政府要从补建设转向补建设运营使用一体化，并按最终产出绩效结果付费，切实提高政府投入效率。

从微观层面看，PPP 改革倡导物有所值理念，在项目管理层面，通过公平竞争、全生命周期管理、风险分配、绩效付费、透明公开等创新管理手段，鼓励社会资本创新提质增效，使政府少花钱、多办事、办好事。

经过三年实践，改革共识广泛形成，PPP大市场初步建立，综合牵引成效明显，成果超过预期。PPP已成为地方稳增长、促改革、调结构、惠民生、控风险的重要抓手。主要体现在三个方面。一是制度体系初步建立。按照依法行政原则，目前已建立了包括法规、政策、指南、合同和标准等五个层面的制度体系，做到改革路径明确、流程顺畅、节点可控，具有可操作和可执行性。二是PPP大市场初见雏形。截至2017年9月末，按照要求审核纳入项目库的项目即全国入库项目14220个，累计投资额17.8万亿元，覆盖31个省（自治区、直辖市）及新疆兵团和19个行业领域。7442个项目处于识别阶段，尚未完成物有所值评价和财政承受能力论证的审核，纳入储备库，投资额7.7万亿元。管理库中，已落地即处于执行和移交阶段的项目2388个（目前移交阶段项目0个），投资额4.1万亿元，增幅分别为18.2%和24.1%，落地速度加快。其中，国家示范项目共三批合计697个，总投资1.8万亿元。2014年第一批22个，总投资714亿元；2015年第二批162个，总投资4861亿元；2016年第三批513个，总投资11943亿元，总体推进良好。三是改革综合效应初步显现。从政府侧来说，促进了政府治理理念和方式的转变，把“放管服”改革落到实处，加快了法治政府、信用政府、服务政府建设。从市场侧来说，打破垄断，释放活力，催生了各类社会资本公平竞争的PPP大市场，增加了改革发展的市场新动能。从公众侧来说，通过全生命周期标准化和公开透明管理，让老百姓在公共服务领域有渠道和手段行使参与权、监督权和发言权。PPP改革推动了政府、市场和社会公众三方互动共治的活泼局面。

但是，我们也要清醒认识到，在PPP改革实践中，一些地方对新发展理念贯彻还不到位，特别是把PPP模式简单化作政府的一种投融资手段，产生了风险分配不合理、明股实债、政府变相兜底、重建设轻运营、绩效考核不完善、社会资本融资杠杆倍数过高等泛化异化问题，积累了一些隐性的风险。对此，我们应高度警惕并要切实加以解决。

在新的历史方位下，我们要敢于直面问题和矛盾，按照十九大整体部署精神和要求，提高规范意识，维护市场秩序，强化管理，严控风险，推动 PPP 事业可持续发展。

一是完善法规政策体系，加强顶层设计。加快推进 PPP 条例制定工作，完善顶层设计。出台 PPP 税收政策，制定金融支持政策，完善要素市场化定价机制。加强市场自律建设，规范第三方专业服务市场。发挥高校科研院所理论研究优势，更好地发挥智囊作用。

二是规范管理，严格风险控制。严把 PPP 模式的适用范围和边界，防止将商业项目和纯工程项目包装成 PPP 项目进行融资，坚决剔除不规范项目。完善风险分担机制，防止风险不合理转移。加强财政支出责任监测，严守财政支出 10% 的“红线”。控制实体企业融资杠杆倍数，严防表外业务风险。加强部门监管协同，防控金融财政风险。

三是全面实施绩效管理，提高经济运行质量。细化绩效考核标准，完善按效付费机制，优化全生命周期一体化管理。对无运营内容、无绩效考核机制、社会资本不实际承担建设运营风险的项目不得安排财政资金。

四是营造公平有序环境，提高民营企业参与度。强化支持民营企业的认识，清理废除妨碍统一市场和公平竞争的各种规定和做法。保证企业合理投资收益，政府要带头遵法履约。细化财政、金融、价格等支持措施，提高民营企业的竞争能力。建立全面规范透明的预算制度，完善政府支出责任预算约束管理。加快市场透明度建设，提高市场整体运行效率。

五是利用互联网，提升透明度。用好“互联网 +”和大数据技术，推进信息透明工作。细化披露标准，统一披露内容，用好全国 PPP 综合信息平台，为 PPP 全行业提供信息基础设施。

新时代要有新气象，更要有新作为。我们要认真贯彻“十九大”精神，奋发有为，真抓实干，为 PPP 事业可持续发展做出贡献！

B.29

“一带一路”PPP项目的政治风险管理

王守清*

摘　要：　PPP项目是长期合同，自然有很多风险，关键是如何谈判签约，把风险转移、降低等。如果不能转移，就要看合同是否有控制力，如果控制力不够，就看是否在承受力之内。对政府风险的主要应对措施，至少要求当地政府不能有歧视，应为一些关键合同提供担保，还有汇率、可兑换和可汇出风险，政府得提供担保，另外，如果有争议，尽量接受国际调解和仲裁，不要在当地国家裁决。同时，政府应给予私人资本免除一些关税，对外商投资简化流程，提供获取土地和配套设施的支持和担保。

关键词：　“一带一路”PPP项目　政治风险　政策性银行　多边金融机构

做一个PPP项目，特别是国际项目，风险很多。对于做具体工作的人来说，项目层面和公司层面的风险都很熟悉，而且有控制力，而国家层面和行业层面的风险大家都不太熟悉，也没有控制力。国家层面最大的问题之一就是政治风险。政治风险涉及中央或地方政府、政治团体或政府官员的行为，有些可以买保险，但不是所有可以买保险的都买，例如政治风险的保险

---

* 王守清，清华大学建设管理系教授、博导，清华大学PPP研究中心首席专家。

非常贵，不同国家的政治风险的保险费是保额的7%到15%；但如果不买保险，万一发生这种风险，后果是很可怕的。有些风险是没有保险可买的，只能分担或做好应对措施，如准备应急费。

一　东南亚国家/地区的政治风险

政治风险是一个广义的概念，可以分为国家层面的、市场层面的、项目层面的。风险管理也是一个系统工程，每个国家每个项目会碰到哪些风险，需要团队尽职调查和分析，自己不懂，可以请咨询。政府违反合同风险在很多发展中国家（地区）都可能有。政治动荡风险应该说在中国不会发生，但是“一带一路”沿线有很多国家（地区）可能就有这个风险，法规政策不协调、政府机构不作为等问题也依然存在。还有不是政府行为所导致的政治风险。大家可以想到，新加坡风险肯定最低，在亚洲排第一，日本第二。还有一个很有意思的结论就是，一个国家（地区）的政治风险越大，其 PPP 机遇也越大，当然不完全是线性关系。

其实风险管理的理论也有类似的意思，所以我们叫风险和机会管理。如果不冒风险，也就很难挣钱，但投资 PPP 不是赌博，我们应该是理性冒风险，冒有控制力和在承受力之内的风险。PPP 项目是长期合同，自然有很多风险，关键是如何谈判签约，把风险转移、降低等，如果不能转移，就要看自己有没有控制力，如果控制力不够，就看是否在承受力之内。这些内容理解透了，工作也就相对简单了。

二　政治风险的几个重要应对措施

做好政治风险的应对管理，是学术界十几二十年前就研究的内容，例如：要转变观念，要搞清楚在特定国家做特定 PPP 项目，有什么风险，这就是识别和评估；企业一定要有公关意识，因为在很多发展中国家，政府可能会迫于老百姓的反对，不得不改变一些做法甚至变更合同款目，而有些国家甚至可能发生政治动荡。对当地政治形态和趋势的了解越深入，越客易避开这些风险。所以要建立全面的风险管控体系。

政治风险的几个重要应对措施如下。要加强与政府、NGO 和公众沟通，尤其是遵守国际惯例，这是很重要的，每个国家的 PPP 做法有一些区别，但正确做法在任何国家大体类似，不正确的东西才多是不一样的。因为有不同的做法，所以要用特定的措施去应对特殊的风险。“走出去”做 PPP，千万不要再把自己当成央企和国企；千万不要把国内做 PPP 的方法带到国外去，因为国内 PPP 的有些做法是不合规的，在西方国家看来可能就是乱来；但是有发展中国家的特殊性，我们作为投资者要考虑自己的利益，但也要从当地政府的角度考虑问题，以实现共赢和可持续。国际惯例之所以成为国际惯例，就是全世界做了三十多年 PPP 后总结提炼出来的比较好的做法。我们可以要求对方政府提供一些担保与支持，但不是要求他们给我们担保回报率。投资者的回报有多少，不是合同里写出来的，而是自己的效率与其他投资者竞争出来的，跟政府传统投资模式比较竞争出来的，如果投资者能比政府或其他投资者做得更好，效率更高，成本更低，自己的回报率就高。

对政府风险的主要应对措施，至少要求当地政府不能有歧视，应为一些关键合同提供担保，但这个担保不是担保回报率。比如说 PPP 发电厂项目中，煤是由当地的国营企业提供的，如果它违约，我们作为投资者来不及跟它打官司，最好要让当地政府为其国营企业提供担保。这属于政府的支持，为供煤国营企业增加信用，保证国营企业会遵守合同。

还有汇率、可兑换和可汇出风险，政府得提供担保，如果有风吹草动，外汇能汇出去，要不然外汇政府一管制就麻烦了。另外，如果有争议，尽量接受国际调解和仲裁，不要在当地国家，当然在中国更好，但对方政府可能不同意。还有就是政府应给我们免除一些关税，对外商投资有一些简化的流程。还有土地的获取和配套设施都是非常复杂的东西，政府也应给以支持和担保。

三　政治风险的更多具体应对措施

一是国家层面。优先选国家，如我国企业要优先去我国政府与他国政府都有签投资保护协定的国家，法律和流程相对比较成熟和透明的国家，外汇自由或至少有一些保障的国家，投资需求大的特别是欢迎国际投资的国家，跟中国合作密切关系友好的国家等。

二是项目层面。优先去做“一带一路”框架或两国双边合作框架下的项目，我国政府有一些支持，政府对对方政府有一些影响力；尽量获得国际多边金融机构如世行、亚开行、亚投行的支持，如果对方政府违约，可能这些多边机构就会取消对其所有援助和贷款；再下来就是获得我们国家的政策性银行、政策性保险公司的支持，如政策性银行的贷款、中信保的政治风险保险、投资风险保险等。

三是额外的层面。如我们要跟当地国家的国营企业合作，因为他们对当地政府也有一点影响力，更重要是把我们的利益跟当地政府及其国营企业利益绑在一起；尽量获取国际财团的融资，他们对政府也有一定影响力；还有对于一些关键风险，必须去投保，投保多边或私营机构的保险；另外，要了解当地政府准确的信息，所以就像刚才说的，前后 300 多日本人在巴西待了两年，为了研究一个项目，了解当地信息。当然，这样前期成本就上来了，故要找到一个平衡点。有的项目政府希望你去投资，有可能会把这个项目说得非常可行，而我们一线团队成员迫于业绩考核压力，也倾向于相信对方的忽悠，因为他们都有相关利益。故国际 PPP 大项目，有时要请独立第三方，他们与项目没有直接利益，预测这个项目的需求，不是说一定准确，但相对比较客观。我们在谈好合同以后，可能额外的措施可以结合中央领导人去出访的时候见证我们的签约仪式，这是不少央企常常做的。这个见证，没有法律效力，但有的时候可以起到一定作用，但这个项目要足够大，要能引起中央重视。最后，要与当地高官沟通，也不要忘了 NGO，还有公众。我们央企现在也越来越多得在这方面承担社会责任，因为知道，如果当地老百姓反对，就算合同签得再好，可能当地政府也会因 NGO 和公众的反对而没法让这个项目顺利实施。

前面已经提到政治风险保险，除了多边机构，除了我们国家的政策性银行、信保，国际上还有一些大的私营保险机构提供。“一带一路”PPP 项目，我们还应尽量去国际上找一点钱，买一点保险，尽量获得国际上一些支持，这样把大家的利益绑在一起，就可以降低政治风险。

合同谈好以后，政治风险的分担，就可以用一个很小的工具，叫风险分担矩阵表来检查核对。根据谈判的结果，合同草案的结果，看一看每一个政治风险，到底是由谁主要承担，这就打勾，不打勾可能是次要承担，也可能不承担。这个表填好后可以从两个维度看，从列来看，可以看出谁对哪个政治风险出力了，从行来看，就必须保证如果这个风险发生，至少必须有一方在主要承担，如果没有，就说明出现风险敞口了，这是很可怕的，因为一旦这个风险发生，就会有扯皮，或者后果非常严重。

在发展中国家，对于每一个政治风险，有不同的应对措施，后来我扩展这个研究到国际 EPC 项目。这些措施我们组合采用。如果某个风险度比较大，我们就重点关注，如果这个风险的应对措施最有效，我们就优先采用。采用其实就是落实到跟对方政府、分包商、供货商、金融机构等的谈判过程中，最后写到合同里面去。

B.30
中国 PPP 改革实践与经验

焦小平*

摘　要： 财政部按照党中央、国务院部署，统筹推进 PPP 改革，把 PPP 由过去主要作为政府一种市场化投融资手段提升为一次全面系统的公共服务供给市场化、社会化改革，充分利用市场力量全面增加、优化、提升公共服务供给的数量和质量。经过三年探索实践，中国 PPP 改革推动了"五位一体"制度体系的初步建立，初步形成统一的 PPP 大市场格局，改革综合牵引作用逐步显现。今后应重点抓好以下几方面工作：一是坚持"促发展"与"防风险"并重，坚决制止"伪 PPP"；二是完善制度体系，加快立法，明确规则；三是在治理污水、垃圾领域全面实施 PPP 模式，把成熟实践经验全面推开；四是继续加大"放管服"力度，优化市场环境。

关键词： PPP 改革　公共服务供给市场化　"五位一体"制度体系

非常荣幸参加此次研讨会。感谢杨少林副行长能在繁忙的国际事务中抽出时间参加此次研讨会。感谢中信集团、中央财经大学和在座的各位朋友对此次研讨会的鼎力支持。

十八届三中全会以来，中国开启全面深化改革的新征程，坚持依法治国，在发挥市场在资源配置中的决定性作用的同时，更好地发挥政府作用，

* 焦小平，财政部 PPP 中心主任。

系统推进国家治理体系和治理能力现代化。财政部按照党中央、国务院部署，统筹推进 PPP 改革，把 PPP 由过去主要作为政府一种市场化投融资手段提升为一次全面系统的公共服务供给市场化、社会化改革，充分利用市场力量全面增加、优化、提升公共服务供给的数量和质量。经过三年探索实践，中国 PPP 改革取得预期成果，在这一进程中，世界银行在制度建设方面给予了大力支持和帮助。

今天，我主要跟和大家分享三方面内容：一是中国 PPP 改革三年成效，二是中国 PPP 改革经验，三是下一步工作。

一　中国 PPP 改革三年成效

PPP 改革三年成效主要体现在三个方面：一是“五位一体”的制度体系初步建立，二是统一的 PPP 大市场格局初步形成，三是改革综合牵引作用显现。PPP 改革在全面深化改革中发挥了先行先试的作用，促进了行政体制改革、财政体制改革和投融资体制改革。

在制度建设方面，第一，在已出台的《中华人民共和国预算法》（本文以下简称《预算法》)、《中华人民共和国政府采购法》及其实施条例中增加 PPP 管理条款，积极推动《PPP 条例》制定。第二，国务院和财政部等部委出台了一系列政策管理规定。第三，制定了 PPP 项目操作指南、物有所值评价指引、财政承受能力论证指引等，做到改革路径明确、流转顺畅、节点可控，具有可操作、可复制性。第四，制定合同管理指南，提升政府与社会资本平等合作意识，强化契约管理。第五，联合行业部门制定项目产出和绩效付费标准，加强精细化管理。PPP 改革是一个庞大的系统化工程，我们要把中央的改革宏伟蓝图具体化成一张张施工图，并要以工匠久久为功的钉钉子精神，把新理念新思想新战略落地。

在市场建设方面，要打破行业垄断和区域分割，放宽准入，鼓励竞争，顺畅生产要素流动配置，建立一个全国统一的 PPP 大市场。从 20 世纪 80 年代，我国就开始引入 PPP 模式，但因为分散碎片化管理，一直没有形成整体效应。2014 年后，除赋予 PPP 改革新内涵之外，财政部会同相关部委一直致力于市场统一化、标准化、透明化建设，改革整体系统规模化效应逐步凸显。目前，我国已成为世界最大的区域 PPP 市场，受到国际社会的广泛关注。中国 PPP 市场总体呈现八大特点。

一是广覆盖。PPP 已覆盖能源、交通、水利、环保、市政、农业、旅游、医疗卫生、教育、文化、体育等 19 个国民经济领域。PPP 在行业领域的广泛运用有助于打破传统束缚，转变思想理念和管理方式。

二是中西部地区进展更快。改革意识紧迫、市场潜力大、财政可承受能力较强的地区，PPP 改革推进力度大、项目多，地区间改革发展不平衡的问题仍存在，但是这种差距呈逐步缩小趋势。

三是绿色低碳项目受到重视。PPP 改革是供给侧结构性改革的重要内容，不是简单地刺激上项目，走粗放增长的老路。从 PPP 项目库情况来看，绿色发展理念得到很好的贯彻执行，绿色低碳项目占比将近 60%。

四是积极财政政策效应明显。PPP 改革是一项积极的财政政策，在 PPP 市场结构中，混合付费和政府付费类项目占比接近 70%。PPP 是一种按项目最终服务产出结果绩效付费机制，从机制上保证了投资的有效性和政府资金使用的效率，不是简单地事前分资金上项目。PPP 模式促进政府专项资金整合和使用绩效，达到了花钱促改革、创机制、高绩效的目的。

五是公共服务的有效供给质量和效率得到提升。PPP 是一种提质增效工具，其核心要义就是物有所值，即少花钱多办事办好事。根据财政部全国 PPP 综合信息平台统计，已通过物有所值定量评价的 335 个 PPP 示范项目，比传统投融资方式减少投资 1267 亿元，平均每个项目减少 3.8 亿元。

六是项目加速落地，民营资本参与率上升。目前民营企业参与积极性很高，但空间还很大，我们将出台更多政策支持民营企业参与 PPP 项目，未来参与率还会有很大改观。

七是催生公共服务供给新业态。首先，市场开放、全生命周期管理、绩效付费等改革措施，要求社会资本采用设计、融资、建设、运营一体化管理模式，促进了产业的整合优化。中建集团以前是一个以建设为主业的公司，

PPP 改革推动公共服务供给供应链改革后，中建集团逐步向综合服务商转型，PPP 业务占比快速增加，集团在资本市场的估值得到大大提升。其次，以结果为导向的 PPP 模式促进公共服务供给集约化、规模化整合，有效解决了过去“条块分割、分散推进”成本高、效率低、不协调等问题，市场催生出一些新的商业模式，如全区域、全流域环境综合治理、园区开发、城镇化建设等项目。第三，PPP 促进资本市场的创新和发展。PPP 入库项目金额 14.6 万亿元，落地 2.9 万亿元，存量还很大，目前资本市场中 PPP 的份额上升很快。如果没有资本市场的配合，PPP 项目融资难、融资贵的问题就难以解决。

八是示范项目“灯塔”作用显著。我们是一个转型国家，与一个成熟发达的市场还有距离，比如市场接受度不高、政府能力和市场能力建设不足等。因此 PPP 改革不能一哄而上，要稳步推进，边改革、边总结、边探索。财政部在 2014 年制定示范先导战略，就是希望通过示范项目达到教育培训和先行先试的探索目的。

在 PPP 改革综合牵引作用方面，第一，PPP 推动“放管服”改革落地生根。如果法治政府、信用政府建设不到位，社会资本不敢也不会与政府进行长达 20 ~ 30 年的投资合作。把政府在 PPP 合同中承诺的支出责任纳入年度预算和中期财政规划，与预算管理衔接，防止“新官不理旧账”，打消社会资本对政府换人换届的顾虑，在机制上让社会资本对长期投资有信心。第二，PPP 改革使市场创新活力得到释放和动能转换，让市场在资源配置中发挥了决定性作用，达到了“省时、省钱、省力”的目的。第三，PPP 通过全生命周期标准化和公开透明管理，让百姓在公共服务领域有渠道和手段行使参与权、监督权和发言权，推动形成了政府、市场和社会公众三方共商共建共赢的局面。

二　中国 PPP 改革经验

三年来中国 PPP 改革成功经验主要包括六个方面。

第一，中央政府坚定的改革决心。PPP 改革得益于全面深化改革的制度红利，没有国家治理现代化、供给侧结构性改革、《预算法》，PPP 改革就不会有今天的局面。这一条是最根本的、最重要的。

第二，统一规范大市场建设。PPP 作为市场化的供给模式，就要按照市场规律办事，建立统一大市场。首先，必须统一顶层设计，坚定不移落实中央重大改革决策部署。其次，放宽市场准入，打破地域和所有制等歧视，激励多种市场主体公平竞争。再次，加强政府和社会资本能力建设。最后，发挥第三方机构的作用，如咨询机构、律师事务所、会计师事务所等，让专业的人做专业的事。

第三，政府要建立激励约束政策机制。改革既要有激励又要有约束，扬善抑恶至关重要。国务院和财政部等部委出台了包括财税、金融、价格、土地、资产管理等一系列激励配套政策，加快了 PPP 市场发展；同时也严厉制止各种政府变相兜底的违规举债行为，防止出现系统和区域性金融风险。

第四，示范项目战略。包括项目示范、行业示范、区域示范三个层面。通过示范战略，近期发挥就近示范、就近引导、就近培训的作用，远期达到探索出可复制、可推广、可扩大改革路径的目的。

第五，国际合作互鉴。中国作为负责任的大国，不仅要借鉴国外经验，还要分享中国 PPP 改革创新和良好实践，推动“一带一路”项目落地。

第六，适合本国国情和发展阶段的创新。中国对 PPP 理论有两大贡献，一是把 PPP 由一种市场化投融资工具提升为推进国家治理体系和治理能力现代化的重要手段，二是推动政府行政、财政、投资等体制机制变革。改革开放切不可生搬硬套和沿用简单的拿来主义。

三　下一步工作

从 2014 年开始的 PPP 改革被赋予了新内涵，中国 PPP 市场呈现蓬勃发展之势，但是也碰到新的挑战。过去的三年可谓探索阶段。

如果保证 PPP 改革可持续发展，特别是在市场很热的情况下，我想规范完善和控风险至关重要，创新的油门、风险的刹车和改革的方向盘皆不可偏废。下一步工作要重点抓好以下四点：一是坚持“促发展”与“防风险”并重，坚决制止“伪 PPP”；二是完善制度体系，加快立法，明确规则；三是在治理污水、垃圾领域全面实施 PPP 模式，把成熟实践经验全面推开；四是继续加大“放管服”力度，优化市场环境。

谢谢大家！

（本报告源自作者在 2017 年 5 月 18 日“中国 PPP 良好实践”国际研讨会暨“中央财经大学政府和社会资本合作治理研究院”成立大会上的主旨发言）

B.31

坚持资本金管理、透明运作，促进 PPP 规范发展

王　毅*

摘　要：　经过四年的努力，我国 PPP 发展取得了积极成效，政策体系不断完善，市场环境不断优化，示范效应不断增强，项目落地逐步加快。在肯定成绩的同时，必须清醒看到 PPP 运行过程存在一些不规范的现象。地方政府重视融资的经济效应，轻视长效机制的塑造；重视短期投资效果，轻视长期风险防范。社会资本注重短期利益而轻视长期运营。推进 PPP 工作，要切实遵循“穿透管理、公开透明”的原则，完善顶层设计，坚持并强化对资本金的管理，规范项目库管理，加大信息披露力度。

关键词：　PPP　风险防范　穿透管理　公开透明

为什么中国要引入 PPP？为什么短短四年 PPP 在中国能够发展壮大？从供给上看，经过近 40 年改革开放，中国社会财富有了雄厚的积累，民营经济发展壮大，社会资本实力提升，具备了参与公共产品供给的能力。刚刚闭幕的党的“十九大”，描绘了第二个百年奋斗的目标和战略规划，人民收入和社会财富将得到更快、更高的积累，进一步拓展了社会资本参与公共投入

---

* 王毅，财政部金融司司长。

的空间。从需求上看，满足人民群众日益增长的对美好生活的向往，需要有更大的投入，增加高质量、高水平的公共产品供给。PPP 能将供给和需求两端有机结合起来，给社会资本提供分享未来中国经济增长与发展成果的广阔平台。

PPP 是一个好的机制。PPP 能够有效动员社会力量提供资金、人才和技术，增加公共服务供给、改善供给质量和效率，是正确处理政府和市场关系的有益探索。要用好这个机制，从四年的实践看，恐怕应注意以下五点。第一，政府方应该通过公开竞争程序，择优选择一个好的合作伙伴，让专业的人来干专业的事。第二，政府和合作伙伴一定要掏出“真金白银”，以自有资金做资本金。第三，资本金之外可以去融资，但资金结构必须合理。第四，项目公司不能是一个纯粹的、只承担融资功能的特殊目的（SPV）公司，而应该是一个实实在在、能够提供长期运营服务、有效供给公共产品的实体公司，通过提供有效的公共产品，获得合理的回报。第五，为保证项目财务可持续性，当收费不足时，政府方可以给予一定的补贴，但绝不能通过保底承诺、回购安排、固定回报等方式承担兜底责任。我们坚信，如果坚持规范运作，我国 PPP 事业一定能够实现健康发展，在完善国家治理结构、改善公共服务供给、拓展企业发展空间等方面发挥积极作用。

经过四年的努力，我国 PPP 发展取得了积极成效，政策体系不断完善，市场环境不断优化，示范效应不断增强，项目落地逐步加快。截至目前，全国 PPP 综合信息平台管理库项目约 7000 个，投资规模超过 10 万亿。其中，已签约落地项目约 2600 个，投资规模超过 4.4 万亿，在稳增长、促改革、惠民生、防风险等方面发挥了积极作用。近期在扎实推进前三批 697 个示范项目建设的基础上，我们组织开展了第四批 PPP 示范项目评审工作，预计将推出约 400 个示范项目，投资规模 7000 多亿元。需要指出的是，从 GDP 和固定资产投资规模来看，PPP 发展的市场空间仍然很大。2016 年我国 GDP 约 74 万亿元，固定资产投资约 59 万亿元；按照经济增长目标预测，2017 年我国 GDP 将超过 82 万亿元，固定资产投资将超过 65 万亿元。我国 PPP 市场发展前景广阔。

一个广阔的市场，一个好的机制，关键在于把机制用好，实现规范发展。在看到成绩的同时，我们也清醒地看到，当前存在一些不规范的现象，需要给予足够重视。

地方政府方面，过于重视融资对经济增长的拉动，而轻视长效机制的塑造；过于重视短期投资效果，而轻视长期风险防范。有些地区出现了一哄而上、大干快上的苗头。同时，相关人员的操作经验和实践能力还有待提高，“两个论证”没有扎扎实实地开展，项目实施不够规范。

社会资本方面，注重短期利益而轻视长期运营，“项目建好就拿钱、项目落地就走人”。有的社会资本通过虚增工程造价赚取短期暴利。不少社会资本自有资金实力不足，“穿透”看资本金都是借款，“小马拉大车”。这种情况下，社会资本难以分担长期的风险，PPP 这个好的机制难以发挥应有作用。

中介组织方面，PPP 刚刚起步，中介组织经验不足，对 PPP 相关法律、制度、税收等还在逐步熟悉的过程当中，“在干中学、边干边学”。中介市场缺乏行业自律和政府有效监管，服务水平还有待提高。

配套政策方面，上位法仍然缺失，社会资本方的选择方式、免于二次招标的前置程序等，目前还没有形成统一认识，缺乏更高层面法律法规依据。财政支出责任监测体系仍不健全，10% 红线硬性约束有待强化。如何完善税收政策避免重复征税，土地是实行“招拍挂”还是划拨，价格调整机制如何完善等问题，都有待在实践中进一步规范。

下一步怎么办？总体看，当前各方对 PPP 的热情比较高，参与方很多，不同地方、层级都有参与。在顶层设计上，我们将立足财政职能，做好自己的事情，切实转变发展方式和理念：一是从单纯关注项目落地数量，向关注项目规范性转变；二是从重视增量项目，向更加重视存量项目转变；三是从关注短期效益，向关注中长期效益转变；四是在力所能及的情况下，更好地推动我国企业以 PPP 模式“走出去”，支持“一带一路”发展。我们将重点做好以下工作。

第一，完善顶层设计。在抓紧推进 PPP 立法的同时，要秉承物有所值原则，强化财政承受能力论证，加强 PPP 项目财政支出责任的监测，特别是强化一般公共预算支出 10% 红线的硬性约束。在从宏观、中观层面，对财政整体承受能力进行监测和约束的基础上，要进一步强化对单个项目本身的评估。

第二，规范项目库管理。我们将组织开展项目库集中清理，对不具备条件，没有规范开展“两个论证”的项目，特别是不具备公共产品属性、资本金不到位或资本金穿透后不是自有资金、没有建立长期按效付费机制，以及过度依赖政府付费的项目，要予以剔除。

第三，适度强化奖补力度。在清理项目库的同时，我们积极鼓励支持好的、规范运作的项目。中央财政对符合条件的新建项目有“358”的奖励机制，对存量转型项目有 2% 的奖励机制。我们正在研究提高奖补强度，重点落实精准扶贫任务目标，对连片贫困区公共服务、基础设施 PPP 项目给予更多的倾斜。

需要强调的是，推进 PPP 工作，要切实遵循“穿透管理、公开透明”的原则，一是要坚持并强化对资本金的管理。任何投资项目、任何金融活动，自己要投入一定的自有资金，再进行适度的融资，不能采取无节制加大杠杆的方式，切实防范小股大债叠加的杠杆风险，这是必须守住的底线。不能假借政府投资基金名义变相融资作为项目资本金，更不要让社会资本用借款作为资本金，然后再从银行融资做运营。二是要加大信息披露力度。信息透明是最好的规范。我们已经出台了一系列制度对信息披露提出了明确要求，要狠抓落实，形成及时主动、全面公开、接受监督的良好氛围。

行稳方能致远，规范发展是关键。当前有关部门适时出台了一系列政策，短期内会对 PPP 市场产生一定影响，但这是防微杜渐、及时纠偏的举措，有利于挤出“一哄而上”的“浮华泡沫”。我们将认真贯彻落实党的“十九大”精神，以习近平新时代中国特色社会主义思想为指导，保持政策定力、坚定改革方向，平稳有序推进各项工作，做到不忽上忽下，推动 PPP 回归本源、实现健康发展。

B.32

穿透式信用监管将覆盖 PPP 项目及参与各方

陈洪宛*

摘　要： 当前，国家致力于建立以信用为核心的 PPP 领域事中事后新型监管体制，实现对 PPP 项目及其参与各方的穿透式信用监管。国家发改委财政金融司为推动 PPP 平稳健康可持续发展出台了《关于印发政府和社会资本合作（PPP）项目专项债券发行指引》并针对 PPP 项目发债政策咨询给予专业解答。与财政部等六部门联合印发的《关于进一步规范地方政府举债融资行为的通知》，着重加强对政府和社会资本方合作行为的规范管理。未来，国家发改委将大力推进 PPP 领域信用体系建设，加强政务诚信建设工作，会同有关部门明确 PPP 项目政府方责任人及其在项目各环节的诚信职责，对政府及其有关责任人的项目履约实施情况建立信用记录，并将其纳入全国信用信息共享平台。

关键词： PPP 项目发债　穿透式信用监管　信用体系建设

当前，我们正在着力推动建立以信用为核心的 PPP 领域事中事后新型监管体制，实现对 PPP 项目及其参与各方的穿透式信用监管。

---

* 陈洪宛，国家发改委财政金融司司长。

一是建立PPP领域信用记录，及时归集至全国信用信息共享平台，供有关部门共享使用。二是建立PPP领域联合惩戒机制。一方面，将有关主体在其他领域的严重违法失信信息，作为评估选择PPP项目合作伙伴的重要因素；另一方面，根据PPP领域违法失信情形，加快建立PPP领域“黑名单”及管理办法，研究制定PPP领域联合惩戒备忘录，真正实现“一处失信、处处受限”，促进各方在PPP项目实施过程中不敢失信、主动守信。三是在PPP领域引入综合实力强、信用服务经验丰富、社会信誉好的第三方信用服务机构，参与行业信用建设和监管。

国家发改委财金司为推动PPP平稳健康可持续发展开展了一系列工作。

首先，在企业债券发行方面为PPP发展增添动力。2017年4月发布的《国家发展改革委办公厅〈关于印发政府和社会资本合作（PPP）项目专项债券发行指引〉的通知》提出，重点支持能源、交通运输、水利、环境保护、农业、林业、科技、保障性安居工程、医疗、卫生、养老、教育、文化等传统基础设施和公共服务领域的项目。该专项债券品种为PPP项目建设融资及运营期再融资量身打造，旨在破解PPP项目市场化“融资难”问题。目前，已有部分项目进入债券申报筹备或材料制作阶段。

下一步，我们将组织开展针对PPP项目发债政策咨询的专业解答。鼓励PPP项目积极组织企业债券申报，支持符合条件的PPP项目以发行专项债券的方式，合理筹集市场化资金。

其次，加强对政府和社会资本方合作行为的规范管理。2017年4月国家发展改革委与财政部等六部门联合印发的《关于进一步规范地方政府举债融资行为的通知》明确，严禁地方政府利用PPP等方式违法违规变相举债，除国务院另有规定外，地方政府及其所属部门参与PPP项目时，不得以任何方式承诺回购社会资本方的投资本金，不得以任何方式承担社会资本方的投资本金损失，不得以任何方式向社会资本方承诺最低收益，不得对有限合伙制基金等任何股权投资方式额外附加条款变相举债，同时提出推进PPP项目信息公开。地方政府及其所属部门应当重点公开，PPP项目决策主体、政府方和社会资本方信息，合作项目内容和财政承受能力论证，社会资本方采购信息，项目回报机制，合同期限，绩效评价等内容。

2017 年 8 月国家发改委印发的《关于在企业债券领域进一步防范风险加强监管和服务实体经济有关工作的通知》明确规定，严禁地方政府及部门为企业发行债券提供不规范的政府和社会资本合作、政府购买服务、财政补贴等行为，旨在进一步压实举债企业主体责任，依法合规开展市场化融资。

第三，大力推进 PPP 领域信用体系建设。政府和社会资本方合作的基础是诚信，社会投资者要守信自律，政府也要兑现承诺，严格履行合同约定，保护社会资本的合法权益。

加强政务诚信建设工作，对推进 PPP 规范发展具有重要意义。经中央全面深化改革领导小组会议审议通过，国务院 2016 年年底印发的《关于加强政务诚信建设的指导意见》，明确将 PPP 领域作为政务诚信建设的重点领域。在与社会资本的合作过程中，政府应当做到守信践诺、履行合约，切实加强政府公信力。新近发布的《国家发展改革委关于鼓励民间资本参与政府和社会资本合作（PPP）项目的指导意见》也明确提出，加强政府和社会资本合作诚信体系建设，将 PPP 项目各方信用记录纳入全国信用信息共享平台，供各部门、各地区共享，并依法通过“信用中国”网站公示。将严重失信责任主体纳入黑名单，并开展联合惩戒。

下一步，国家发改委将会同有关部门，明确 PPP 项目政府方责任人及其在项目各环节的诚信职责，对政府及其有关责任人的项目履约实施情况建立信用记录，纳入全国信用信息共享平台。对在 PPP 项目实施过程中存在严重违法失信行为的政府方责任人，建立有效惩戒机制。

B.33
以共治理念推进 PPP 立法

刘尚希*

摘　要：　PPP 立法是当前中国推进 PPP 健康发展过程中十分关键的问题，应当用治理的理念来进行指导。共治理念是一种新的思维和新的范式，从微观上看，共治是多元主体之间的一种互动，是基于一种命运共同体、社会共同体的理念。政社合作，也就是政府与社会资本合作，PPP 应该突破部门法的思维，融合经济法、民法和行政法，更侧重于从行为的角度来考虑问题，而不仅仅是基于一种结果事实。

关键词：　PPP 立法　共治理念　行为主义

PPP 立法是当前中国推进 PPP 健康发展过程中十分关键的问题，我们迫切需要立法来规范政府、社会资本以及相关主体之间的行为。

从 PPP 本身来讲，它包含了民法、行政法、经济法等问题，在立法过程中，我们既要从实践出发，去总结实践当中一些好的做法，同时也要从实践上升到理论。尤其要打破一些传统的思维框架，通过融合来创新。

怎么融合？能不能找到共识和共同的基点？我觉得是能找到的。这个共同的基点就是我们一直倡导的共治。治理是一个新的概念，十八届三中全会已经明确提出，全面深化改革的目标就是国家治理体系和治理能力的现代

* 刘尚希，研究员，博士生导师，中国财政科学研究院院长，享受国务院政府特殊津贴，研究内容涉及宏观经济、收入分配、公共风险、公共财政、公共政策、PPP 等领域。

化，就是说治理已经变成了我们现在各方面改革的一个总目标。PPP 立法是整体改革里的一个重要内容，显然也应当用治理的理念来进行指导。但是，治理不能停留在一个抽象的概念上，我们要给它具体化，要搞清楚它的内涵。如果 PPP 立法是基于共治这种理念，那么具体体现到立法里，它会表现出一些什么样的东西呢？

一　共治是一种新思维和新方式

为什么这样说？因为共治的理念突破了传统的经济学、财政学的一些基本观点。在经济学界流行的一个基本的看法就是政府与市场是对立的。但实际上，政府与市场不是一个对立的关系，它们应当而且是可以融合的。尤其人类社会发展到今天，不能没有市场，也不能没有政府。正反两方面的经验教训告诉我们，政府与市场不是对立的，问题是我们的理论思维并没有随着实践的变化而做出调整，这就导致了我们的理论研究和现实之间越来越脱节。

在西方语境里，PPP 讲的是政府和私人资本形成一种伙伴关系，在中国语境里则讲的是政府和社会资本，这些实际上都是一种政府与市场的合作。所以，PPP 的这种实践已经打破了政府与市场对立的思维和传统的研究范式。

财政学原来有个基本的看法是公共服务只能由政府提供。现在看来，公共服务政府应当提供，政府和市场结合起来也可以提供，社会也可以提供。基于共治理念，提供公共服务不再仅仅是政府的责任，因为共治的内涵就是多元主体来共同治理，它们之间是互动的。既然如此，PPP 实际上是一种平等的合作关系。这个概念对立法有何意义？其实这是一个出发点，从共治的内涵可以推出 PPP 的立法应基于这个平等关系。在立法里面，平等关系一般是民法原则，也就是自主、自愿，在法律上就是自治的。

从这一点看，我认为共治理念是一种新的思维和新的范式。所以，从共治可以推导出 PPP 立法的定位应当基于民法。立法不是拍脑袋，要有一个理论的逻辑来支撑。说 PPP 是一种伙伴关系，为什么这样说？伙伴关系的内涵是什么？这些都要基于共治的核心理念，偏离了这个，我们对这种伙伴关系，对政府与市场的合作仅仅是跟着做而已，可能还没真正理解，知其然，不知其所以然。

二 共治是一个新标准和新坐标

为什么这么说？因为共治跟传统的国家观念不一样。

从微观上看，共治是多元主体之间的一种互动，是基于一种命运共同体、社会共同体的理念。放在这个坐标中来看，PPP 问题不仅是一个发展的问题，实际上也是一个改革的问题。为什么是一个改革的问题？那就需要我们从重新定义政府与市场的关系说起。

过去 30 多年，我们搞的市场化改革实际上就是政府与市场分工的改革。为什么要分工？就是要让市场在资源配置中发挥越来越大的作用，即从过去的基础性作用变为决定性作用。这种转变只有通过分工的改革才能实现。如今，改革进入新时期，我们不仅需要分工的改革，还需要合作的改革，也就是政府与市场在分工的基础上形成一种合力。怎么才能形成合力？那就要合作。这种合作是非常广泛的，具体来讲，PPP 就是政府与市场合作的一个载体，是一种具体的模式。从这点来看，PPP 问题也是一个改革的问题，即要从过去的分工改革转向合作改革。

面对这样一种新的实践，理论上我们怎样理清楚？这就要重新定义政府与市场的关系。支撑这种 PPP 实践的，实质上是一种政府合作的改革，从这个意义上看，形成了一种新的风险利益关系。法律是干什么的？就是规范和调整风险利益关系的。PPP 立法要首先抓住这个新的风险利益关系，并做出深度的分析，这样立法才是脚踏实地的，才不会落空。

新的风险利益关系跟过去我们认识的风险利益关系有什么不一样？过去我们可能把这种风险利益关系隔断了，比如说市场和政府的利益关系是不一样的。如今，我们要有一种新的融合思维，也就是我讲的共治的理念去重新理解它。

其实，PPP 的风险利益关系有两个层次，一个层次是政府和社会资本之间的风险利益关系。这种关系蕴含着各种各样的不确定性，所以需要法律来规范。但在规范之前我们要搞清楚，既然这种关系是政府与社会资本之间的，是基于民法原则的，很显然可以借鉴市场的方式。另一个层次是政府、社会资本和社会大众之间的风险利益关系，这是其他的市场领域不会有的。但在 PPP 里，这个问题非常突出。这一层风险利益关系能用市场的方式去解决吗？显然不行，这个时候只能用公共的方式去解决。对于这层风险利益关系，可能不能再限于民法原则，要以公共的方式去解决，这里就包括经济法和行政法的思维。由此可见，PPP 中的风险利益关系是混合的，或者说是一个复合的，既包含市场的方式，也包括公共的方式。

由此推出一个立法的基本原则：基于民事原则但不限于民事原则。如果基于民法原则，用合同去解决 PPP 的所有问题，若是这样的话，我们就不需要搞 PPP 立法了，直接用现有的法律就行，但问题显然并不是这么简单。

三　共治基于行为主义

我们现在的制度主义思维不能抛弃，但更多地要向行为主义思维转变。行为主义是什么，从共治里能推导出来。共治既然是多元主体之间的互动，互动就是行为。基于行为，就要考虑在这种新的风险利益关系里面，从主体出发考虑问题。要搞清楚行为，必须要搞清楚主体。PPP 里包括了多方面不同性质的主体，如经济人、社会人、行政人，他们都裹到一起了，是很难掰开的。面对一个有机的主体，按照传统的部门法思维方式，非要给他掰开，可能立法就会偏离实践，不能真正规范 PPP 模式里既有经济人又有社会人和行政人的复杂利益关系。所以我觉得，我们先要看到 PPP 不是单一的经济人和经济主体。

政府有多重身份，它既是一个民事主体，是经济人，又是公共主体和行政主体。PPP 立法怎样对其身份进行限制，这是一个大难题。因为主体有多重身份，其行为也很复杂。PPP 立法里怎么对这些行为进行相应的规范？这也是 PPP 立法必须解决的。这不仅仅是解决一个单一行为，而是解决一种复合行为，这必须纳入 PPP 立法的框架和设计。

既然我们称之为行为主体，就要看主体行为。从立法角度看，更多地要关注行为的效果。我们过去的立法和司法上更多是基于一种事实的发生，但行为能不能作为一种事实？一般来说，行为很难被直接认定为一种事实，通常要看行为造成的事实。但在如今公共风险越来越多的情况下，如果仅仅基于一种结果的事实，而不是基于一种行为的事实，等它造成了严重后果再去从法律上解决已经毫无意义，因此，PPP 立法应该引进风险思维，注重行为风险，而不是行为后果。

我认为法律本身就是从充满不确定性的世界去寻求一种确定性——秩序，出发点应当是不确定性；现在的立法、司法却把确定性当成一种前提。我认为这是有问题的，立法应当从不确定性出发来考虑问题。从不确定性出发追求的是一种确定性，而行为恰恰是具有不确定性的。过去长期来，立法和司法实践仅仅停留在过去的一种确定性基础之上，是以一种结果事实作为依据来考虑立法思路，这已经不适应当下人类社会已经到了风险社会这么一个新阶段的现实。人类社会已经进入风险社会这个时代，所以，我们现在更多地需要一种行为主义的思维，在这里面就有一种风险的理念。要把行为风险预设到法律当中，即使没有事实的发生。让法律起到直接规范行为本身的作用，而不是从行为后果再反馈到行为本身的间接规范。在现代社会，行为即权利，行为即风险；有的行为要保护，有的行为要限制。

从这个角度来看，政社合作，也就是政府与社会资本合作，PPP 应该突破部门法的思维，融合经济法、民法和行政法，更侧重于从行为的角度来考虑问题，而不仅仅是基于一种结果事实。如果说基于行为来考虑 PPP 立法，我想立法可能就具有创新性，当然这对于理论、实践而言，还面临着很多挑战。

B.34
完善中国 PPP 治理体系的思考

孟 春 王景森*

摘 要： 中国 PPP 改革已进入“深水区”，改革过程中取得了积极的成效，但目前仍面临着观念转变不到位、改革发展不平衡、民营资本参与率不高、部分项目实施不规范、法律保障和政策衔接不健全等亟待解决的问题和挑战。PPP 改革是体制机制的重大创新，要实现其独特的制度优势，规避各种困难和挑战，关键是要建立并不断完善中国 PPP 的治理体系。发挥市场在资源配置中的决定性作用，加快政府职能转变。处理好中央与地方及政府各部门间的关系，中央应根据各地情况给予地方政府发展本地 PPP 项目的一定自主权，同时要对地方的 PPP 项目特别是跨区域的项目履行必要的监管职责，对推广应用 PPP 模式规范且成效明显的地区，给予必要的奖励。协调好利益相关方的关系，发挥好财政作用，继续健全 PPP 制度体系，加快立法进程，推动信息公开，加强绩效考核，促进国际合作。

关键词： PPP 治理体系 资源配置

经过三年多的推广，中国 PPP 改革取得了巨大进展，但仍面临不少问题和挑战，需要我们在“规范”上下功夫，围绕建立和完善中国 PPP 治理体系而努力。

* 孟春，国务院发展研究中心宏观经济部副部长。王景森，任职于财政部综合司。

一　中国 PPP 改革已进入“深水区”

十八届三中全会以来，中央层面开始大力推行 PPP 模式。本次推广 PPP 模式，不仅将其当作一种融资手段，而是赋予其促进体制机制变革、提升执政能力的使命，将 PPP 改革视为推进国家治理体系和治理能力现代化的一项重大制度创新。

三年多来，PPP 改革取得了积极成效。截至目前，仅财政部统计的全国 PPP 综合信息平台入库项目就达到了 12287 个，累计投资额 14.6 万亿元，覆盖了 31 个省（自治区、直辖市）及新疆兵团和 19 个行业领域。其中，已签约落地项目 1729 个，投资额 2.9 万亿元。

但是，在看到 PPP 改革取得明显进展的同时，我们也要清醒认识到 PPP 改革已进入“深水区”，目前仍面临着观念转变不到位、改革发展不平衡、民营资本参与率不高、部分项目实施不规范、法律保障和政策衔接不健全等亟待解决的问题和挑战。PPP 改革是体制机制的重大创新，要实现其独特的制度优势，规避各种困难和挑战，关键是要建立并不断完善中国 PPP 的治理体系。

二　PPP 治理的内涵

要正确理解 PPP 治理的内涵，首先要明白“治理”这一概念的由来。“治理”源于企业（公司），是把市场领域的概念借用到公共领域。伴随着市场经济的发展，股份制公司开始出现，所有者与经营者逐步分离，委托代理关系亦随之产生。如何协调股东、董事会、管理层和员工之间的权、责、利关系，以及信息和契约不完备条件下的委托代理关系，就超越了原有的公司管理范畴，催生了公司治理的理念。可以说，公司治理的核心问题就是包容多元主体和多元利益的关系。

目前，关于“治理”的概念尚无统一明确的定义，不过学界普遍认为，治理超越了传统的管理理论，强调的是多元主体间的互信互利、相互依赖、平等协商和联合绩效。将治理的概念借用到 PPP 改革中，PPP 治理的目标是减少不确定性，防范和化解 PPP 风险。PPP 治理的主体具有平等性和合作性，即在 PPP 项目中，政府和社会资本是平等的治理主体。PPP 治理的核心是，通过规范治理主体的权、责、利关系，在平等互利关系基础上建立共治关系，从而真正实现风险共担、利益共享，最终指向激励相容、系统共赢。

三　如何构建中国 PPP 治理体系

构建 PPP 治理体系是一个系统工程，需要社会各方的参与和努力。大致而言，我们可从宏观、中观和微观这三个角度来探讨。

（一）宏观上，处理好政府和市场关系

深化 PPP 改革，核心是处理好政府和市场的关系，使市场在资源配置中起决定性作用和更好发挥政府作用；关键是加快转变政府职能，“不越位、不缺位”，该放给市场和社会的权要放足、放到位，该政府管的事要管好、管到位。

具体来说，PPP 改革是一项综合性改革，具有很强的牵引性，需要行政体制、财政体制和投融资体制等改革配套推进。只有进一步深化行政体制改革，加大“放管服”力度，打破垄断，降低准入门槛，政府和市场平等合作，社会资本特别是民营资本才有信心长期投资基础设施和公共服务领域；只有深化财政体制改革，把政府在项目合同中承担的支出责任纳入政府财政预算和中长期财政规划，才能消除社会资本投资后顾之忧；只有深化投融资体制改革，推进投融资多元化，加快融资便利性，提高资金流动性，社会资本才有展示的舞台，公共投资的有效性才能在体制上、机制上得到保障。

PPP 模式不是政府的“甩包袱”，而是政府行政能力的升级。一方面，政府要加强发展战略、规划、政策、标准等的制定和实施，提高自身规划能力；另一方面，政府还要加强市场活动监管，以确保公共服务提供的公平。

（二）中观上，处理好中央与地方及政府各部门间的关系

纵观中国历史，中央与地方的关系始终是关乎国家统一、社会稳定、经济发展的重大命题。中国特殊的历史现实和文明传统要求中国建立并维持一个强有力的中央政府，以利于中国文明有效应对各类大规模挑战。但与此同时，在政令统一的前提下，中国的治理必须兼顾各地现实，因地因时制宜，降低治理成本，以利于各地的经济发展与文化繁盛。在现阶段，处理好中央与地方关系的核心是合理划分中央与地方财政事权和支出责任，这是政府有效提供基本公共服务的前提和保障，也是构建 PPP 治理体系进而完善国家治理体系的客观需要。一方面，按照建立事权和支出责任相适应制度的要求，落实基本公共服务提供责任，中央应根据各地情况给予地方政府发展本地 PPP 项目的一定自主权；另一方面，中央也要对地方的 PPP 项目特别是跨区域的项目发挥必要的监管作用，对推广应用 PPP 模式规范且成效明显的地区，给予必要的奖励，体现激励相容，促进全国公共服务均等化。

构建中国 PPP 治理体系，还需协调好政府各部门间的关系。在中央层面，国务院已经明确财政部和国家发改委分工负责推进 PPP 模式，近年来两部委也分别出台了大量规范性政策文件。但实际上，公共服务和基础设施存在着大量交叉重叠，涉及具体项目时，地方政府仍感觉无所适从。因此，中央有必要组建跨部门的 PPP 协调机构，统筹各相关部门权力、责任和利益；地方政府更应建立由主要领导牵头、财政和发改等相关部门参加的 PPP 领导机构，以大幅降低制度性交易成本，提高 PPP 推广应用效率，完善 PPP 治理体系。

（三）微观上，协调好利益相关方的关系

PPP 项目大多具有公益性、准公益性，需要协调好政府、社会资本、融资机构、社会公众等多方面的关系，发挥好这些直接利益相关方在 PPP 治理中的积极作用。

第一，政府在 PPP 项目中发挥着重要作用，并可能承担着主导方、委

托方、投资方、服务方、监督方和付费方（如有）等非常复杂的多重角色。为完善 PPP 治理，政府既要规范运作好 PPP 项目，通过公开竞争等方式公平、择优选定社会投资方，又要增强契约意识，不能“新官不理旧账”，还要加大信息公开力度并承担监管职责，切实维护好公共利益。

第二，社会资本方的规范高效运作是完善 PPP 项目治理的关键。社会资本方投资 PPP 项目是为了获取利益，但在 PPP 项目实施过程中，也应承担监督政府履约行为的必要职责。一方面，社会资本应该加强项目管理，通过设计、采购、施工和运营等全生命周期的各环节努力，来降低成本、提高效率；另一方面，社会资本各方也要完善公司治理，处理好特殊目的公司（SPV）的股东与管理层以及控制性大股东与其他股东之间的关系。完善的公司治理是发挥好社会资本投资各方积极作用的关键。公司治理的主要机制包括信息披露、股东会、董事会、执行机构和公司控制权市场等，核心是健全董事会治理机制，而在 PPP 治理中，还涉及社会资本方与政府股权投资方的互相监督和共同治理。

第三，为 PPP 项目提供主要资金来源的融资机构，可以有效推动 PPP 治理机制的改善。无论是基金、信托等股权方，还是银团贷款等债权方，除了要推动融资创新和为民间资本融资创造更好的环境外，还可以通过必要的资金监督，减少企业管理的决策失误，监控项目公司的重大风险，有效提升治理的效率。

第四，作为 PPP 项目直接受益者的社会公众，也能够促进 PPP 治理机制的完善。当 PPP 项目进入运营期后，社会公众有能力也有必要对项目提供公共服务的质量发挥直接监督作用。社会公众对项目质量的监督和反馈，有利于提升项目质量、改进项目绩效、完善 PPP 治理。

四　完善中国 PPP 治理体系，应发挥好财政作用

关于中国的 PPP 治理，目前社会上最关心的就是在 PPP 项目运作中如何处理发改和财政的关系。参照国内实践和国际经验，笔者建议构建并完善

由财政部门主导的 PPP 发展和治理机制，主要理由如下。第一，在十八届三中全会明确提出“财政是国家治理的基础和重要支柱”之后，财政部率先推广 PPP 模式，以期为地方政府债务去杠杆，并使得地方融资平台的迷途暗道转化为 PPP 的光明大道。本轮 PPP 改革得以大力推进和规范发展，离不开各级财政部门的努力，这一点已基本成为全社会的共识。第二，PPP 项目涉及公众利益，大多离不开财政资金的支持，因此很多项目的长期支付资金可能会给地方政府带来一定的隐性债务。国际货币基金组织（IMF）也一直担忧：作为一种创新型政企合作模式，传统的政府会计准则难以对其进行清晰准确的统计处理，导致 PPP 项目相关的债务可以从政府的表内剥离到表外，转化为隐性债务。而建立由财政部门主导的 PPP 治理机制，有利于抑制地方政府不顾自身实力盲目上马 PPP 项目的冲动，控制地方政府隐性负债规模，推动各级财政安全、可持续发展。第三，从英国、加拿大、澳大利亚等 PPP 发展较为成熟的发达国家来看，大多是在财政系统组建专门的权威机构，负责 PPP 模式的规制和管理，这对推动 PPP 的发展完善起到了至关重要的作用。

2013 年年底以来，随着 PPP 制度体系的建立和完善，特别是财政部入库 PPP 项目信息的逐步公开，以及地方政府举债融资等行为的进一步规范，中国 PPP 治理体系的根基正在不断夯实。下一步，财政部门还应继续健全 PPP 制度体系，进一步优化发展环境，规范 PPP 治理体系。

一是加快立法进程，破除政策障碍。应积极推动做好 PPP 立法工作，强化顶层制度规则的统领作用，并协调解决土地、税收、融资、价格等方面的政策障碍。

二是推动信息公开，完善反馈机制。要加大信息公开披露力度，确保项目实施公开透明，以提高项目全生命周期线上监管能力，防范政府变相举债、过度承诺、支付违约等行为。同时，还要加快信息平台和反馈机制建设，拓宽公众监督渠道和手段，保证项目实施质量。

三是优化两个“论证”，规范项目筛查。发挥财政承受能力论证和物有所值评价对 PPP 项目的筛选审查作用，让政府和社会资本理性参与 PPP 项目。中央层面应细化两个“论证”的实操步骤，地方政府应认真做好前期论证工作，合理分配项目风险，强化绩效导向与监控，降低社会资本参与 PPP 项目的“盲目性”和“侥幸”心理。

四是加强绩效考核，强化外部监督。要建立预算绩效考核和第三方绩效考核体系，按照“激励相容、提质增效”的目标，探索制定明确细化的分行业项目验收绩效指标体系，覆盖 PPP 项目全生命周期，确保全程有监督、有考核、有验收。

五是促进国际合作，借鉴治理经验。应加大与国际多边组织和发达国家双边专业机构的合作力度，学习借鉴吸收先进的治理理念，并积极推动中国企业“走出去”，落实“一带一路”战略。

PPP 模式潜力巨大，是供给侧结构性改革的重要内容，对于推动市场准入放宽、发挥财政杠杆作用、释放社会创新活力、优化公共服务供给、提高公共服务质量和效率等都具有重要而深远的意义。完善的 PPP 治理体系是发挥好 PPP 模式积极作用的重要保障和必备前提。期待在深化 PPP 改革的进程中，政府各部门和社会各方都能积极参与进来，携手并进，为完善 PPP 治理添砖加瓦，为不断满足人民日益增长的多样化公共服务需求而不懈努力。

附　　录

Appendix

B.35

政策目录汇编

法律

序号	公告日期	标题	内容简介	文号
1	2014 年 8 月 31 日	中华人民共和国预算法(2014 修正)	为了规范政府收支行为,强化预算约束,加强对预算的管理和监督,建立健全全面规范、公开透明的预算制度,保障经济社会的健康发展,根据宪法,制定本法。预算、决算的编制、审查、批准、监督,以及预算的执行和调整,依照本法规定执行	主席令第 12 号
2	2017 年 12 月 28 日	中华人民共和国招标投标法	为了规范招标投标活动,保护国家利益、社会公共利益和招标投标活动当事人的合法权益,提高经济效益,保证项目质量,制定本法。在中华人民共和国境内进行大型基础设施、公用事业等关系社会公共利益、公众安全的项目,全部或者部分使用国有资金投资或者国家融资的项目,使用国际组织或者外国政府贷款、援助资金的项目包括项目的勘察、设计、施工、监理以及与工程建设有关的重要设备、材料等的采购,必须进行招标.	主席令第 21 号

续表

序号	公告日期	标题	内容简介	文号
3	2014 年 8 月 31 日	中华人民共和国政府采购法（2014 修正）	为了规范政府采购行为，提高政府采购资金的使用效益，维护国家利益和社会公共利益，保护政府采购当事人的合法权益，促进廉政建设，制定本法。在中华人民共和国境内进行的政府采购适用本法。政府集中采购目录和采购限额标准依照本法规定的权限制定	主席令第 14 号
4	2011 年 12 月 20 日	中华人民共和国招标投标法实施条例	《条例》将《招标投标法》的原则规定进一步细化、明确和充实完善，进一步明确应当公开招标的项目范围，充实细化防止虚假招标的规定，进一步筑牢工程建设和其他公共采购领域预防和惩治腐败的制度屏障，维护招标投标活动的正常秩序	国务院令第 613 号
5	2014 年 12 月 31 日	中华人民共和国政府采购法实施条例	《条例》将《政府采购法》的原则规定进一步细化、明确和充实完善，给出操作层面权威性的规则细则，有力推进规范透明、公平竞争、监督到位、严格问责的政府采购工作机制的构建；加快依法推进政府采购管理体系建设、采购监督机制的完善	国务院令第 658 号

国务院

序号	公告日期	标题	内容简介	文号
1	2014 年 6 月 14 日	国务院办公厅关于加强城市地下管线建设管理的指导意见	地方政府和管线单位要落实资金，加快城市地下管网建设改造。要加快城市建设投融资体制改革，分清政府与企业边界，确需政府举债的，应通过发行政府一般债券或专项债券融资。开展城市基础设施和综合管廊建设等政府和社会资本合作机制（PPP）试点	国办发〔2014〕27 号
2	2014 年 8 月 19 日	国务院关于近期支持东北振兴若干重大政策举措的意见	在东北地区开展民营经济发展改革试点，创新扶持模式与政策。在城市基础设施建设、环境治理等领域，积极推广政府与社会资本合作机制（PPP）等模式	国发〔2014〕28 号

续表

序号	公告日期	标题	内容简介	文号
3	2014 年 11 月 26 日	国务院关于创新重点领域投融资机制鼓励社会投资的指导意见	实行统一市场准入,创造平等投资机会;创新投资运营机制,扩大社会资本投资途径;优化政府投资使用方向和方式,发挥引导带动作用;创新融资方式,拓宽融资渠道;完善价格形成机制,发挥价格杠杆作用	国发〔2014〕60 号
4	2015 年 5 月 18 日	国务院批转发展改革委关于 2015 年深化经济体制改革重点工作意见的通知	主动适应和引领经济发展新常态,进一步解放思想,大胆探索,加快推出既具有年度特点、又有利于长远制度安排的改革,进一步解放和发展社会生产力。以处理好政府和市场关系为核心,以政府自身革命带动重要领域改革,着力抓好已出台改革方案的落地实施,抓紧推出一批激活市场、释放活力、有利于稳增长保就业增效益的改革新举措,使改革新红利转化为发展新动力	国发〔2015〕26 号
5	2015 年 6 月 30 日	国务院关于进一步做好城镇棚户区和城乡危房改造及配套基础设施建设有关工作的意见	坚持走以人为核心的新型城镇化道路,以改善群众住房条件为出发点和落脚点,突出稳增长、惠民生,明确工作责任,创新体制机制,强化政策落实,加大城镇棚户区和城乡危房改造力度,加快配套基础设施建设,扩大有效投资,推动经济社会和谐发展	国发〔2015〕37 号
6	2015 年 8 月 10 日	国务院办公厅关于推进城市地下综合管廊建设的指导意见	适应新型城镇化和现代化城市建设的要求,把地下综合管廊建设作为履行政府职能、完善城市基础设施的重要内容,在继续做好试点工程的基础上,总结国内外先进经验和有效做法,逐步提高城市道路配建地下综合管廊的比例,全面推动地下综合管廊建设	国办发〔2015〕61 号
7	2015 年 9 月 7 日	国务院办公厅关于加快融资租赁业发展的指导意见	坚持市场主导与政府支持相结合,着力完善发展环境,充分激发市场主体活力;坚持发展与规范相结合,引导企业依法合规、有序发展;坚持融资与融物相结合,提高专业化水平,服务实体经济发展;坚持国内与国外相结合,在服务国内市场的同时,大力拓展海外市场	国办发〔2015〕68 号

续表

序号	公告日期	标题	内容简介	文号
8	2015 年 10 月 16 日	国务院办公厅关于推进海绵城市建设的指导意见	坚持生态为本、自然循环；坚持规划引领、统筹推进；坚持政府引导、社会参与	国办发〔2015〕75 号
9	2015 年 11 月 20 日	国务院办公厅转发卫生计生委等部门关于推进医疗卫生与养老服务相结合指导意见的通知	1. 保障基本，统筹发展。通过医养有机融合，确保人人享有基本健康养老服务。2. 政府引导，市场驱动。统筹各方资源，推动形成互利共赢的发展格局。3. 深化改革，创新机制。加快政府职能转变，创新服务供给和资金保障方式，积极推进政府购买服务，激发各类服务主体潜力和活力，提高医养结合服务水平和效率	国办发〔2015〕84 号
10	2016 年 11 月 4 日	国务院关于印发“十三五”控制温室气体排放工作方案的通知	加快科技创新和制度创新，健全激励和约束机制，发挥市场配置资源的决定性作用和更好发挥政府作用，加强碳排放和大气污染物排放协同控制，强化低碳引领，推动能源革命和产业革命，推动供给侧结构性改革和消费端转型，推动区域协调发展，深度参与全球气候治理，为促进我国经济社会可持续发展和维护全球生态安全做出新贡献	国发〔2016〕61 号
11	2017 年 1 月 18 日	国务院关于鼓励社会力量兴办教育促进民办教育健康发展的若干意见	以实行分类管理为突破口，创新体制机制，完善扶持政策，加强规范管理，提高办学质量，进一步调动社会力量兴办教育的积极性，促进民办教育持续健康发展，培养德智体美全面发展的社会主义建设者和接班人	国发〔2016〕81 号
12	2017 年 3 月 16 日	国务院办公厅关于进一步激发社会领域投资活力的意见	以供给侧结构性改革为主线，坚持社会效益和经济效益相统一，不断增进人民福祉；坚持营利和非营利分类管理，深化事业单位改革，在政府切实履行好基本公共服务职责的同时，把非基本公共服务更多地交给市场；坚持“放管服”改革方向，注重调动社会力量，降低制度性交易成本，吸引各类投资进入社会领域，更好满足多层次多样化需求	国办发〔2017〕21 号

续表

序号	公告日期	标题	内容简介	文号
13	2017 年 3 月 17 日	国务院办公厅关于印发东北地区与东部地区部分省市对口合作工作方案的通知	组织东北地区与东部地区部分省市建立对口合作机制，通过市场化合作促进要素合理流动、资源共享、园区共建，开展干部交流培训，支持东北地区进一步转变观念，增强市场意识和竞争意识，激发内生活力和动力，促进东部地区与东北地区在合作中相互借鉴、优势互补、互利共赢、共谋发展	国办发〔2017〕22 号
14	2017 年 4 月 18 日	国务院批转国家发展改革委关于2017 年深化经济体制改革重点工作意见的通知	坚持以推进供给侧结构性改革为主线，持续深化经济体制改革。要坚持基本经济制度，坚持社会主义市场经济改革方向，坚持扩大开放，增强内生发展动力，促进经济平稳健康发展和社会和谐稳定	国发〔2017〕27 号
15	2017 年 9 月 15 日	国务院办公厅关于进一步激发民间有效投资活力促进经济持续健康发展的指导意见	以供给侧结构性改革为主线，坚持社会效益和经济效益相统一，不断增进人民福祉；坚持营利和非营利分类管理，深化事业单位改革，在政府切实履行好基本公共服务职责的同时，把非基本公共服务更多地交给市场；坚持“放管服”改革方向，注重调动社会力量，降低制度性交易成本，吸引各类投资进入社会领域，更好满足多层次多样化需求	国办发〔2017〕79 号

国家发改委

序号	公告日期	标题	内容简介	文号
1	2014 年 12 月 2 日	国家发展改革委关于开展政府和社会资本合作的指导意见	充分认识政府和社会资本合作的重要意义、准确把握政府和社会资本合作的主要原则、合理确定政府和社会资本合作的项目范围及模式、建立健全政府和社会资本合作的工作机制、加强政府和社会资本合作项目的规范管理、强化政府和社会资本合作的政策保障和扎实有序开展政府和社会资本合作	发改投资〔2014〕2724 号

续表

序号	公告日期	标题	内容简介	文号
2	2015年3月17日	关于鼓励和引导社会资本参与重大水利工程建设运营的实施意见	对具备一定条件的重大水利工程,通过深化改革向社会投资敞开大门,建立权利平等、机会平等、规则平等的投资环境和合理的投资收益机制,放开增量,盘活存量,加强试点示范,鼓励和引导社会资本参与工程建设和运营,有利于优化投资结构,建立健全水利投入资金多渠道筹措机制;有利于引入市场竞争机制,提高水利管理效率和服务水平;有利于转变政府职能,促进政府与市场有机结合、两手发力;有利于加快完善水安全保障体系,支撑经济社会可持续发展	发改农经〔2015〕488号
3	2015年5月25日	国家发展改革委办公厅关于充分发挥企业债券融资功能支持重点项目建设促进经济平稳较快发展的通知	科学设置发债条件,简化发债审核审批程序,扩大企业债券融资规模,大力支持市场化运营、资产真实有效的企业以自身信用为基础发行企业债券融资,支持企业加快结构调整和转型升级,支持企业以各种形式参与基础设施投资建设	发改办财金〔2015〕1327号
4	2015年7月10日	关于进一步鼓励和扩大社会资本投资建设铁路的实施意见	吸引社会资本进入是深化铁路投融资体制改革、加快铁路建设的重要举措。应进一步鼓励和扩大社会资本对铁路的投资,拓宽投融资渠道,完善投资环境,合理配置资源,促进市场竞争,推动体制机制创新,促进铁路事业加快发展	发改基础〔2015〕1610号
5	2015年11月30日	关于结合新型城镇化开展支持农民工等人员返乡创业试点工作的通知	按照打造良好创业生态系统的要求,破解影响返乡创业的政策壁垒,优化鼓励返乡创业的体制机制环境,加速经济资本、人力资本、社会资本的提升、扩散、共享,建立多层次多样化的返乡创业就业格局,全面提升劳务输出地返乡创业参与率、成功率,探索可复制、可推广的实践经验	发改就业〔2015〕2811号
6	2016年3月24日	关于推进东北地区民营经济发展改革的指导意见	紧扣东北发展基础和发展特色,围绕充分发挥市场在资源配置中的决定性作用,更好发挥政府作用,强化制度创新、领域拓展和发展方式转变,着力转变政府职能,形成推动民营经济发展的政策合力;着力保障民营企业平等获得生产要素,营造公平竞争的市场环境;着力支持民营企业提升核心竞争力,培育新的增长点	发改振兴〔2016〕623号

续表

序号	公告日期	标题	内容简介	文号
7	2016 年 3 月 31 日	国家能源局关于在能源领域积极推广政府和社会资本合作模式的通知	通过运用政府和社会资本合作模式,改革创新能源领域公共服务供给机制,拓宽投融资渠道,充分调动社会资本参与能源领域项目建设的积极性,有效提高能源领域公共服务水平,满足人民群众对能源安全、可靠、清洁供应的要求	国能法改〔2016〕96 号
8	2016 年 8 月 10 日	国家发展改革委关于切实做好传统基础设施领域政府和社会资本合作有关工作的通知	就进一步做好传统基础设施领域政府和社会资本合作(PPP)相关工作、积极鼓励和引导民间投资提出以下要求。一、充分认识做好基础设施领域 PPP 工作的重要意义;二、加强项目储备;三、推行项目联审;四、做好项目决策;五、建立合理投资回报机制;六、规范项目实施;七、构建多元化退出机制;八、积极发挥金融机构作用;九、鼓励引导民间投资和外商投资;十、优化信用环境	发改投资〔2016〕1744 号
9	2016 年 9 月 13 日	关于支持老工业城市和资源型城市产业转型升级的实施意见	全力推进供给侧结构性改革,以深化改革开放,优化发展环境,激发创新活力为重点,着力优化产业结构,改造升级"老字号",深度开发"原字号",培育壮大"新字号",探索推进产业转型升级的有效途径,再造产业竞争新优势,为推进我国产业迈向中高端做出更大贡献	发改振兴规〔2016〕1966 号
10	2017 年 1 月 6 日	国家发展改革委关于加强分类引导培育资源型城市转型发展新动能的指导意见	着力优化发展环境,夯实转型基础,着力加快新旧动能转换,增强可持续发展活力,着力深化改革创新,健全可持续发展长效机制,坚持分类指导、特色发展,努力推动资源型城市在经济发展新常态下发展新经济、培育新动能,加快实现转型升级	发改振兴〔2017〕52 号
11	2017 年 4 月 25 日	国家发展改革委办公厅关于印发《政府和社会资本合作(PPP)项目专项债券发行指引》的通知	创新融资机制,拓宽政府和社会资本合作(PPP)项目融资渠道,引导社会资本投资于 PPP 项目建设,扩大公共产品和服务供给,积极发挥企业债券融资对 PPP 项目建设的支持作用	发改办财金〔2017〕730 号

续表

序号	公告日期	标题	内容简介	文号
12	2017 年 7 月 3 日	国家发展改革委关于加快运用 PPP 模式盘活基础设施存量资产有关工作的通知	各地要根据当地实际情况和项目特点，积极探索、大胆创新，灵活运用 PPP 模式，规范有序盘活基础设施存量资产。运用 PPP 模式盘活基础设施存量资产回收的资金，除按规定用于必要的职工安置、债权债务处置等支出外，应主要用于新的基础设施和公用事业建设，重点支持补短板项目，形成新的优质资产	发改投资〔2017〕1266 号

财政部

序号	公告日期	标题	内容简介	文号
1	2014 年 9 月 23 日	关于推广运用政府和社会资本合作模式有关问题的通知	着力提高财政管理能力，认真做好项目评估论证，规范选择项目合作伙伴，细化完善项目合同文本，完善项目财政补贴管理，健全债务风险管理机制，稳步开展项目绩效评价；加强组织和能力建设：推动设立专门机构，持续开展能力建设，强化工作组织领导	财金〔2014〕76 号
2	2014 年 11 月 30 日	财政部关于政府和社会资本合作示范项目实施有关问题的通知	根据《国务院关于加强地方政府性债务管理的意见》（国发〔2014〕43 号），各级财政部门要鼓励和引导地方融资平台公司存量项目，以 TOT（移交—运营—移交）等方式转型为 PPP 项目，积极引入社会资本参与存量项目的改造和运营，切实有效化解地方政府融资平台债务风险	财金〔2014〕112 号
3	2014 年 11 月 29 日	关于印发政府和社会资本合作模式操作指南（试行）的通知	各省、自治区、直辖市、计划单列市和新疆生产建设兵团财政部门应积极设立政府和社会资本合作中心或指定专门机构，履行规划指导、融资支持、识别评估、咨询服务、宣传培训、绩效评价、信息统计、专家库和项目库建设等职责。投资规模较大、需求长期稳定、价格调整机制灵活、市场化程度较高的基础设施及公共服务类项目，适宜采用政府和社会资本合作模式	财金〔2014〕113 号
4	2014 年 12 月 30 日	关于规范政府和社会资本合作合同管理工作的通知	高度重视 PPP 合同管理工作；切实遵循 PPP 合同管理的核心原则：依法治理，平等合作，维护公益，诚实守信，公平效率，兼顾灵活；有效推进 PPP 合同管理工作：加强组织协调，保障合同效力，加强能力建设，防控项目风险，总结项目经验，规范合同条款	财金〔2014〕156 号

续表

序号	公告日期	标题	内容简介	文号
5	2014 年 12 月 31 日	关于印发《政府和社会资本合作项目政府采购管理办法》的通知	PPP 项目实施机构可以委托政府采购代理机构办理 PPP 项目采购事宜。项目实施机构应当根据 PPP 项目的采购需求特点，依法选择适当的采购方式。PPP 项目采购应当实行资格预审	财库〔2014〕215 号
6	2015 年 2 月 13 日	关于市政公用领域开展政府和社会资本合作项目推介工作的通知	完善制度机制：通过市政公用领域开展 PPP 项目推介，推动建立健全费价机制、运营补贴、合同约束等一系列改革配套制度机制。转变供给方式。创新政府投融资模式	财建〔2015〕29 号
7	2015 年 4 月 7 日	财政部关于印发《政府和社会资本合作项目财政承受能力论证指引》的通知	财政承受能力论证采用定量和定性分析方法，坚持合理预测、公开透明、从严把关，统筹处理好当期与长远关系，严格控制 PPP 项目财政支出规模	财金〔2015〕21 号
8	2015 年 4 月 21 日	关于运用政府和社会资本合作模式推进公共租赁住房投资建设和运营管理的通知	运用政府和社会资本合作模式推进公共租赁住房投资建设和运营管理的基本目标和原则公共租赁住房项目政府和社会资本合作模式和条件；公共租赁住房政府和社会资本合作项目的适用范围；规范运用政府和社会资本合作模式推进公共租赁住房投资建设和运营管理；构建政府支持政府和社会资本合作模式公共租赁住房的政策体系	财综〔2015〕15 号
9	2015 年 6 月 25 日	关于进一步做好政府和社会资本合作项目示范工作的通知	加快推进首批示范项目实施：高度重视 PPP 项目示范工作；确保示范项目实施质量；切实履行财政监督管理职责；及时上报示范项目实施信息	财金〔2015〕57 号
10	2015 年 6 月 30 日	财政部关于政府采购竞争性磋商采购	采用竞争性磋商采购方式采购的政府购买服务项目（含政府和社会资本合作项目），在采购过程中符合要求的供应商（社会资本）只有两家的，竞争性磋商采购活动可以继续进行	财库〔2015〕124 号

续表

序号	公告日期	标题	内容简介	文号
10	2015 年 6 月 30 日	方式管理暂行办法有关问题的补充通知	采购过程中符合要求的供应商(社会资本)只有1家的,采购人(项目实施机构)或者采购代理机构应当终止竞争性磋商采购活动,发布项目终止公告并说明原因,重新开展采购活动	财库〔2015〕124 号
11	2015 年 12 月 8 日	财政部关于实施政府和社会资本合作项目以奖代补政策的通知	财政部根据全国 PPP 工作进展情况、项目实施情况和规定的奖励标准,按年确定 PPP 项目以奖代补工作计划,在普惠金融发展专项资金中安排以奖代补资金,列入下一年度中央财政预算	财金〔2015〕158 号
12	2015 年 12 月 18 日	关于规范政府和社会资本合作(PPP)综合信息平台运行的通知	中央、省、市、县级财政部门参与 PPP 综合信息平台进行的系统运行、维护和管理,适用本规程	财金〔2015〕166 号
13	2015 年 12 月 18 日	关于印发《PPP 物有所值评价指引(试行)》的通知	物有所值评价包括定性评价和定量评价。现阶段以定性评价为主,鼓励开展定量评价。应统筹定性评价和定量评价结论,做出物有所值评价结论	财金〔2015〕167 号
14	2016 年 5 月 28 日	关于进一步共同做好政府和社会资本合作(PPP)有关工作的通知	稳妥有序推进 PPP 工作;进一步加强协调配合扎实做好 PPP 项目前期工作;建立完善合理的投资回报机制;着力提高 PPP 项目融资效率;强化监督管理加强 PPP 项目信息公开	财金〔2016〕32 号
15	2016 年 9 月 24 日	财政部关于印发《政府和社会资本合作项目财政管理暂行办法》的通知	各级财政部门应当会同相关部门,统筹安排财政资金、国有资产等各类公共资产和资源与社会资本开展平等互惠的 PPP 项目合作,切实履行项目识别论证、政府采购、预算收支与绩效管理、资产负债管理、信息披露与监督检查等职责,保证项目全生命周期规范实施、高效运营	财金〔2016〕92 号

续表

序号	公告日期	标题	内容简介	文号
16	2016 年 10 月 11 日	关于在公共服务领域深入推进政府和社会资本合作工作的通知	大力践行公共服务领域供给侧结构性改革；进一步加大 PPP 模式推广应用力度；积极引导各类社会资本参与；扎实做好项目前期论证；着力规范推进项目实施；充分发挥示范项目引领作用；因地制宜完善管理制度机制；切实有效履行财政管理职能；简政放权释放市场主体潜力；进一步加大财政扶持力度；充分发挥 PPP 综合信息平台作用	财金〔2016〕90 号
17	2016 年 10 月 27 日	国务院办公厅关于印发地方政府性债务风险应急处置预案的通知	建立健全地方政府性债务风险应急处置工作机制，坚持快速响应、分类施策、各司其职、协同联动、稳妥处置，牢牢守住不发生区域性系统性风险的底线，切实防范和化解财政金融风险，维护经济安全和社会稳定	国办函〔2016〕88 号
18	2017 年 3 月 1 日	关于印发《政府和社会资本合作(PPP)综合信息平台信息公开管理暂行办法》的通知	PPP 项目信息公开遵循客观、公正、及时、便利的原则。政府有关部门、项目实施机构、社会资本或 PPP 项目公司等 PPP 项目参与主体应真实、完整、准确、及时地提供 PPP 项目信息	财金〔2017〕1 号
19	2017 年 5 月 1 日	财政部关于印发《政府和社会资本合作（PPP）咨询机构库管理暂行办法》的通知	机构库依托全国 PPP 综合信息平台建立，为 PPP 项目政府方提供咨询服务的咨询机构信息集合，包括但不限于咨询机构的名称、简介、主要人员、资质、业绩等。财政部政府和社会资本合作中心负责机构库的建立、维护和管理，并通过全国 PPP 综合信息平台等指定渠道发布机构库信息	财金〔2017〕8 号
20	2017 年 5 月 31 日	关于深入推进农业领域政府和社会资本合作的实施意见	引导社会资本积极参与农业领域政府和社会资本合作项目投资、建设、运营，改善农业农村公共服务供给，严格贯彻总体要求，聚焦重点领域，规范项目实施，加大政策保障	财金〔2017〕50 号

续表

序号	公告日期	标题	内容简介	文号
21	2017 年 6 月 7 日	关于规范开展政府和社会资本合作项目资产证券化有关事宜的通知	规范推进政府和社会资本合作项目资产证券化工作:分类稳妥地推动 PPP 项目资产证券化;严格筛选开展资产证券化的 PPP 项目;完善 PPP 项目资产证券化工作程序;着力加强 PPP 项目资产证券化监督管理	财金〔2017〕55 号
22	2017 年 11 月 10 日	关于规范政府和社会资本合作(PPP)综合信息平台项目库管理的通知	规范全国 PPP 综合信息平台项目库。一、总体要求:统一认识;分类施策;严格管理。二、严格新项目入库标准。三、集中清理已入库项目	财办金〔2017〕92 号

住房城乡建设部

序号	公告日期	标题	内容简介	文号
1	2016 年 9 月 22 日	住房城乡建设部等部门关于进一步鼓励和引导民间资本进入城市供水、燃气、供热、污水和垃圾处理行业的意见	鼓励和引导民间资本进入城市供水、燃气、供热、污水和垃圾处理等市政公用行业,拓宽民间资本投资渠道,改善民间资本投资环境	建城〔2016〕208 号
2	2017 年 3 月 6 日	住房城乡建设部关于加强生态修复城市修补工作的指导意见	坚持以人民为中心的发展思想,进一步加强城市规划建设管理工作,将"城市双修"作为推动供给侧结构性改革的重要任务,以改善生态环境质量、补足城市基础设施短板、提高公共服务水平为重点,转变城市发展方式,治理"城市病",提升城市治理能力,打造和谐宜居、富有活力、各具特色的现代化城市	建规〔2017〕59 号

部委联合发布

序号	公告日期	标题	内容简介	文号
1	2015 年 3 月 10 日	国家发展改革委、国家开发银行关于推进开发性金融支持政府和社会资本合作有关工作的通知	各省发展改革部门要高度重视推进 PPP 工作，要加强与开发银行等金融机构的沟通合作，及时共享 PPP 项目信息及调度情况，协调解决项目融资、建设中存在的问题和困难	发改投资〔2015〕445 号
2	2015 年 3 月 17 日	发展改革委、财政部、水利部关于鼓励和引导社会资本参与重大水利工程建设运营的实施意见	对具备一定条件的重大水利工程，通过深化改革向社会投资敞开大门，建立权利平等、机会平等、规则平等的投资环境和合理的投资收益机制，放开增量，盘活存量，加强试点示范，鼓励和引导社会资本参与工程建设和运营	发改农经〔2015〕488 号
3	2015 年 5 月 22 日	国务院办公厅转发财政部发展改革委人民银行关于在公共服务领域推广政府和社会资本合作模式指导意见的通知	各地区、各部门要按照简政放权、放管结合、优化服务的要求，简化行政审批程序，推进立法工作，进一步完善制度，规范流程，加强监管，多措并举，在财税、价格、土地、金融等方面加大支持力度，保证社会资本和公众共同受益，通过资本市场和开发性、政策性金融等多元融资渠道，吸引社会资本参与公共产品和公共服务项目的投资、运营管理，提高公共产品和公共服务供给能力与效率	国办发〔2015〕42 号
4	2015 年 8 月 10 日	中国银监会、国家发展和改革委员会关于银行业支持重点领域重大工程建设的指导意见	立足银行业金融机构定位和自身优势，主动对接、积极支持重大工程项目建设，确保重大政策有效落地、金融风险有效防范，推动经济发展提质增效	银监发〔2015〕43 号

续表

序号	公告日期	标题	内容简介	文号
5	2015 年 11 月 26 日	国家发展改革委、住房和城乡建设部关于城市地下综合管廊实行有偿使用制度的指导意见	使市场在资源配置中起决定性作用和更好发挥政府作用,形成合理收费机制,调动社会资本投入积极性,促进城市地下综合管廊建设发展,提高新型城镇化发展质量	发改价格〔2015〕2754 号
6	2015 年 12 月 10 日	住房城乡建设部、国家开发银行关于推进开发性金融支持海绵城市建设的通知	国家开发银行作为开发性金融机构,要充分发挥在重点领域、薄弱环节、关键时期对重大建设项目的金融支持作用,把海绵城市建设作为信贷支持的重点领域,更好地服务国家经济社会发展战略。各级住房城乡建设部门要把国家开发银行作为重点合作银行,加强合作,增强海绵城市建设项目资金保障,用好用足信贷资金,为海绵城市建设助力	建城〔2015〕208 号
7	2015 年 12 月 20 日	住房城乡建设部、中国农业发展银行关于推进政策性金融支持海绵城市建设的通知	农发行各分行要把海绵城市建设作为信贷支持的重点领域,积极统筹调配信贷规模,积极创新运用政府购买服务、政府与社会资本合作,为海绵城市建设提供综合性金融服务,并联合其他银行、保险公司等金融机构以银团贷款、委托贷款等方式,努力拓宽海绵城市建设的融资渠道	建城〔2015〕240 号
8	2016 年 5 月 28 日	财政部、发展改革委关于进一步共同做好政府和社会资本合作(PPP)有关工作的通知	一、稳妥有序推进 PPP 工作;二、进一步加强协调配合;三、扎实做好 PPP 项目前期工作;四、建立完善合理的投资回报机制;五、着力提高 PPP 项目融资效率;六、强化监督管理;七、加强 PPP 项目信息公开	财金〔2016〕32 号
9	2016 年 9 月 28 日	国家发展改革委住房城乡建设部关于开展重大市政工程领域政府和社会资本合作(PPP)创新工作的通知	为更好推动 PPP 模式在新型城镇化中的运用,加大城市基础设施建设力度,应深化中小城市 PPP 创新工作和深化市政领域相关行业 PPP 创新工作	发改投资〔2016〕2068 号

续表

序号	公告日期	标题	内容简介	文号
10	2016年11月21日	国家发展改革委、国家林业局关于运用政府和社会资本合作模式推进林业建设的指导意见	借鉴国内外成熟经验，立足林业发展实际，充分发挥市场在资源配置中的决定性作用和更好发挥政府作用，创新林业产权模式和投融资机制，引导鼓励社会资本积极参与林业建设，为广大人民群众提供优质高效的林业生态产品和服务，不断提升林业现代化水平	发改农经〔2016〕2455号
11	2016年12月6日	国家发展改革委、农业部关于推进农业领域政府和社会资本合作的指导意见	充分发挥市场在资源配置中的决定性作用和更好地发挥政府作用，健全配套政策体系，创新农业基础设施建设投入体制机制，大力推进农业领域政府和社会资本合作（PPP），提升农业投资整体效率与效益，为加快农业现代化提供有力支撑	发改农经〔2016〕2574号
12	2016年12月21日	国家发展改革委、中国证监会关于推进传统基础设施领域政府和社会资本合作(PPP)项目资产证券化相关工作的通知	推动政府和社会资本合作（PPP）项目融资方式创新，更好地吸引社会资本参与，各省级发展改革部门应大力推动传统基础设施领域PPP项目资产证券化，证券监管部门及自律组织应积极支持PPP项目资产证券化	发改投资〔2016〕2698号
13	2016年12月30日	国家发展改革委办公厅、交通运输部办公厅关于进一步做好收费公路政府和社会资本合作项目前期工作的通知	进一步规范传统基础设施领域PPP项目操作流程。为做好收费公路PPP项目前期工作，优化工作流程，加强行业管理，国家发展改革委和交通运输部将对收费公路PPP项目的前期工作管理作相应调整	发改办基础〔2016〕2851号

续表

序号	公告日期	标题	内容简介	文号
14	2017 年 2 月 20 日	国家发展改革委、住房城乡建设部关于进一步做好重大市政工程领域政府和社会资本合作(PPP)创新工作的通知	根据《国家发展改革委住房城乡建设部关于开展重大市政工程领域政府和社会资本合作(PPP)创新工作的通知》(发改投资〔2016〕2068 号),在各地申报的基础上,研究确定了开展 PPP 创新工作的重点中小城市名单	发改投资〔2017〕328 号
15	2017 年 5 月 16 日	财政部、住房城乡建设部、环境保护部、国家能源局关于开展中央财政支持北方地区冬季清洁取暖试点工作的通知	中央财政支持试点城市推进清洁方式取暖替代散煤燃烧取暖,并同步开展既有建筑节能改造,鼓励地方政府创新体制机制、完善政策措施,引导企业和社会加大资金投入,实现试点地区散烧煤供暖全部"销号"和清洁替代,形成示范带动效应	财建〔2017〕238 号
16	2017 年 7 月 1 日	财政部、住房城乡建设部、农业部、环境保护部关于政府参与的污水、垃圾处理项目全面实施 PPP 模式的通知	建立吸引社会资本投入生态环境保护的市场化机制有关要求,发挥市场机制决定性作用和更好发挥政府作用,提高政府参与效率,充分吸引社会资本投资参与,提升环境公共服务质量,深入推进供给侧改革	财建〔2017〕455 号
17	2017 年 8 月 14 日	财政部、民政部、人力资源社会保障部关于运用政府和社会资本合作模式支持养老服务业发展的实施意见	着力推动政府和社会资本合作促进养老服务领域供给侧结构性改革,优化养老服务领域资金资源投入使用方式,发挥社会力量的主体作用,激发社会活力,提高养老服务供给效率和能力,促进多层次、多渠道、多样化的养老服务更加方便可及,努力使养老服务业成为扩大内需、增加就业、保障和改善民生、推动经济转型升级的重要力量	财金〔2017〕86 号

续表

序号	公告日期	标题	内容简介	文号
18	2017 年 9 月 6 日	住房城乡建设部、国家发展改革委、财政部、能源局关于推进北方采暖地区城镇清洁供暖的指导意见	科学编制北方采暖地区城镇供热专项规划，制定规划目标，明确技术路线，完善保障措施，统筹安排热源、热网、热用户等各环节的规划内容，合理布局设施建设。发挥企业主体作用，引入市场机制，鼓励和引导社会资本投资建设运营供暖设施	建城〔2017〕196 号

B.36

2017年 PPP 行业发展大事记

2017年1月

1. 国家发展改革委会同13个部门、单位建立“一带一路”PPP 工作机制

1 月 6 日，国家发展改革委会同外交部、环境保护部、交通运输部、水利部、农业部、中国人民银行、国资委、林业局、银监会、能源局、外汇局以及全国工商联、中国铁路总公司 13 个部门和单位，共同建立“一带一路”PPP 工作机制，意在与沿线国家在基础设施等领域加强合作，积极推广 PPP 模式，鼓励和帮助中国企业走出去，推动相关基础设施项目尽快落地。

2. 国家发展改革委召开 PPP 项目资产证券化座谈会

1 月 9 日，国家发展改革委投资司、中国证监会债券部、中国证券投资基金业协会与有关企业召开了 PPP 项目资产证券化座谈会，推动传统基础设施领域 PPP 项目进行证券化融资。这是国家发展改革委、中国证监会联合发文后首次召开座谈会，标志着 PPP 项目资产证券化工作正式启动。

3.《政府和社会资本合作（PPP）综合信息平台信息公开管理暂行办法》印发

1 月 23 日，财政部印发《政府和社会资本合作（PPP）综合信息平台信息公开管理暂行办法》，加强和规范政府和社会资本合作（PPP）项目信息公开工作，促进 PPP 项目各参与方诚实守信、严格履约，保障公众知情权，推动 PPP 市场公平竞争、规范发展。

2017年2月

1. 国内首单 PPP 资产证券化项目发行

2 月 4 日，“太平洋证券新水源污水处理服务收费收益权资产支持专项

计划”在机构间私募产品报价与服务系统成功发行，这也是市场首单落地的PPP资产证券化项目。资产证券化是基础设施领域重要融资方式之一，对盘活PPP项目存量资产、加快社会投资者的资金回收、吸收更多社会资本参与PPP项目建设具有重要意义。

2. 国家发展改革委、住房城乡建设部关于进一步做好重大市政工程领域政府和社会资本合作（PPP）创新工作的通知

2月20日，国家发展改革委、住房城乡建设部公布关于进一步做好重大市政工程领域政府和社会资本合作（PPP）创新工作的通知。确定了开展PPP创新工作的重点中小城市名单，其中，为了更好地支持中西部地区推广PPP模式，统筹考虑PPP工作基础、项目储备及发展空间等多种因素，经严格遴选，部分省份选择了两个城市开展PPP创新工作。同时，在安徽省与湖南省开展城市黑臭水体治理，重庆市开展城市地下综合管廊和公共停车场领域的PPP创新工作。

3. 我国首家全国性PPP资产交易平台在天津成立

2月28日，我国首家全国性PPP资产交易平台——由财政部政府和社会资本合作中心与天津金融资产交易所合作共建的天金所“PPP资产交易和管理平台”28日在天津成立。天金所“PPP资产交易和管理平台”是对PPP项目从发起、融资、建设、运营到退出整个生态链的充实和完善，有助于解决当前PPP项目普遍面临的社会资本准入门槛高、信息不对称、资产流动性差等问题，将对今后各地的PPP交易平台建设产生引领和示范意义。

2017年3月

1. 上海建立PPP资产交易流转平台

3月2日，由国家财政部PPP中心与上海联合产权交易所（以下简称上海联交所）合作共建的PPP资产交易流转平台——上海联交所“PPP资产交易中心”正式揭牌。上海联交所“PPP资产交易中心”平台的主要功能

是为社会资本资产流转提供便利，也为新的社会资本进入存量项目提供通道，为项目落地提供包括交易信息发布、寻找社会资本、融资配套等一站式服务，降低交易成本、扩大业务范围、提升交易效率，为 PPP 项目在其不同阶段找寻更加合适的投资方。

2. 关于印发《政府和社会资本合作（PPP）咨询机构库管理暂行办法》的通知

3 月 22 日，财政部印发《政府和社会资本合作（PPP）咨询机构库管理暂行办法》，进一步规范政府和社会资本合作咨询机构库的建立、维护与管理，促进 PPP 咨询服务信息公开和供需有效对接，推动 PPP 咨询服务市场规范有序发展。

2017年4月

1. 首批 PPP 项目资产支持证券在上海证券交易所挂牌

4 月 11 日，首批三只 PPP 项目资产支持证券在上交所挂牌。这三只 PPP 项目资产支持证券分别属于污水处理、供热收费的公用事业以及基础设施建设领域，均为传统基础设施领域 PPP 项目。推行 PPP 项目资产证券化，有利于提高 PPP 项目的资产流动性，拓宽项目融资渠道，促进 PPP 项目规范发展，也为资产证券化市场提供了丰富的基础设施资产。

2. 国家发展改革委印发《政府和社会资本合作（PPP）项目专项债券发行指引》

4 月 25 日，国家发展改革委办公厅印发《政府和社会资本合作（PPP）项目专项债券发行指引》，主要是为了创新融资机制，拓宽政府和社会资本合作项目融资渠道，引导社会资本投资于 PPP 项目建设，扩大公共产品和服务供给，积极发挥企业债券融资对 PPP 项目建设的支持作用。

3. 六部门联合发文严禁地方政府利用 PPP 等方式违法违规变相举债

4 月 26 日，财政部、国家发展改革委、司法部、中国人民银行、银监会、证监会日前联合发布通知，要求加强融资平台公司融资管理，规范政府与社会资本方的合作行为，并将建立跨部门联合监测和防控机制，进一步规范地方政府举债融资行为。

2017年5月

1. 保监会发布《关于保险业支持实体经济发展的指导意见》

5月4日，保监会发布《关于保险业支持实体经济发展的指导意见》，将从构筑实体经济风险保障体系、引导保险资金服务国家发展战略、创新保险服务实体经济形式、持续改进保险监管四方面重点发力支持实体经济发展。意见提出，支持保险资金通过各种形式参与PPP项目和重大工程建设。

2. 保监会发布《关于保险资金投资政府和社会资本合作项目有关事项的通知》

5月5日，保监会发布《关于保险资金投资政府和社会资本合作项目有关事项的通知》，支持保险资金通过基础设施投资计划，投资符合条件的PPP项目。

3. 国家发展改革委与联合国欧洲经济委员会就“一带一路”PPP合作签署《谅解备忘录》

5月14日，国家发展改革委与联合国欧洲经济委员会就“一带一路”PPP合作签署《谅解备忘录》。《谅解备忘录》就推进“一带一路”PPP合作，做了一些约定。

2017年6月

1. 2017年第二次金砖国家财长和央行行长会议提出加强PPP合作

6月19日，在上海成功举行第二次金砖国家财长和央行行长会议。会上，各方认为应建立政府和社会资本合作领域合作框架，为金砖国家开展PPP合作打下坚实基础。

2. 财政部、中国人民银行、中国证监会印发《关于规范开展政府和社会资本合作项目资产证券化有关事宜的通知》

6 月 20 日，财政部、中国人民银行、中国证监会印发《关于规范开展政府和社会资本合作项目资产证券化有关事宜的通知》，决定规范推进政府和社会资本合作项目资产证券化。通知要求，鼓励项目公司开展资产证券化优化融资安排，要完善 PPP 项目资产证券化工作程序。

2017年7月

1. 国家发展改革委积极推动运用 PPP 模式盘活存量资产形成良性投资循环

7 月 3 日，国家发展改革委印发了《关于加快运用 PPP 模式盘活基础设施存量资产有关工作的通知》，指导地方加快运用 PPP 模式、规范有序盘活基础设施存量资产，形成投资良性循环。

2. 上交所支持 PPP 资产证券化优质项目“即报即审”

7 月 22 日，上海证券交易所宣布，鼓励支持 PPP 资产证券化业务，优质项目“即报即审、专人专岗负责”。上交所将根据《证券公司及基金管理公司子公司资产证券化业务管理规定》《上海证券交易所资产证券化业务指引》《上海证券交易所资产支持证券挂牌条件确认业务指引》等相关规定，对 PPP 项目资产证券化业务进行相关安排。

3. 全国首单停车场 PPP 资产证券化项目获批

7 月 27 日，“华西证券—川投 PPP 项目资产支持专项计划”获得深交所资产支持证券挂牌条件确认的无异议函。这标志着四川省资阳市雁江区停车场 PPP 项目资产证券化成功落地，这也是全国首单获得批准的停车场 PPP 资产证券化项目。

2017年8月

1. 国家发展改革委和农业部两部门推出首批20个农业领域 PPP 试点项目

8 月 4 日，国家发展改革委和农业部共同组织筛选了农业领域第一批政府和社会资本合作试点项目，河北、江苏、安徽等省份的20个项目入围。

2. 农业部、财政部联合举办全国农业领域PPP培训班

8月11日，农业部、财政部在河北省石家庄市联合举办首期全国农业领域PPP培训班，共同推动PPP模式在农业领域的推广应用，促进财政支农模式和投融资机制创新，助推农业供给侧结构性改革。

3. 养老服务领域PPP优先支持三大板块

8月14号，财政部、民政部、人社部印发《关于运用政府和社会资本合作模式支持养老服务业发展的实施意见》，鼓励运用政府和社会资本合作模式推进养老服务业供给侧结构性改革，加快养老服务业培育与发展，形成多层次、多渠道、多样化的养老服务市场。

4. 中国PPP基金与农业部商谈合作

8月18日，中国PPP基金与农业部商谈在农业领域推广PPP模式等合作事宜。中国PPP基金是国内唯一国家级PPP引导基金，由财政部联合10家金融机构共同出资成立，注册资本1800亿元。双方商定将建立稳定合作关系，加强信息交流，并以畜禽粪污资源化利用和国家现代农业产业园等重点领域为切入点，共同打造一批农业领域应用PPP模式的示范典型项目，引导和带动更多社会资本投资农业。

2017年9月

1. 全国政府和社会资本合作（PPP）入库项目达14220个——PPP落地速度加快，环保养老受资本青睐

截至2017年9月末，财政部日前公布的全国PPP综合信息平台项目库第8期季报显示，全国入库项目14220个，累计投资额为17.8万亿元，覆盖31个省（自治区、直辖市）及新疆生产建设兵团和19个行业领域。其中，6778个项目处于准备、采购、执行和移交阶段，均已完成物有所值评价和财政承受能力论证的审核，纳入管理库，投资额10.1万亿元。国家示

范项目共三批合计 697 个，总投资 1.8 万亿元，落地率 82.1%，比 2016 年落地率提高 32.3 个百分点。

2017年10月

政府和社会资本合作综合信息平台 6800 余项目进入开发阶段。

截至 2017 年 10 月底，全国政府和社会资本合作综合信息平台项目库已进入开发阶段的项目达 6806 个，计划投资额 10.2 万亿元，覆盖全国 31 个省区市，涉及市政、交通、环保、教育、文化、养老等 19 个行业领域。

2017年11月

1. 财政部副部长史耀斌：努力开创 PPP 改革事业新局面

11 月 1 日，在举办的 2017 第三届中国 PPP 融资论坛上，财政部副部长、PPP 工作领导小组组长史耀斌表示，将从五个方面努力开创 PPP 改革事业新局面。一是贯彻新发展理念，创新发展动力。二是完善法规政策体系，加强市场能力建设。三是规范创新并重，坚持可持续发展。四是创造公平有序的营商环境，提高民营企业参与度。五是统筹国内国际两种资源。

2. 财政部印发通知规范政府和社会资本合作（PPP）综合信息平台项目库管理

11 月 10 日，财政部印发关于规范政府和社会资本合作综合信息项目库管理通知。包括总体要求；严格新项目入库标准；集中清理已入库项目；组织实施四项内容。

3. 国家发展改革委有关部门召开促进民间投资推广 PPP 模式等工作座谈会

11 月 15 ~ 16 日国家发展改革委投资司在山西省太原市组织召开了专题座谈会。会上，各地围绕促进民间投资快速增长、规范有序推进 PPP 模式、落实国务院第四次大督查第三方评估报告，以及加强投资项目事中事后监管等工作进行了深入交流。

4. 亚行发布首份PPP监测报告

11月27日，亚行撰写并发布了第一份成员国政府和社会资本合作监测报告。这份年度报告名为《PPP监测》，涉及中国、哈萨克斯坦、越南、泰国、菲律宾、印度、孟加拉国、印度尼西亚和巴布亚新几内亚9个亚行成员国。

2017年12月

国家发展改革委投资司举办全国发展改革系统规范有序推广PPP模式业务培训班。

12月7~8日，投资司在北京国宏宾馆举办了全国发展改革系统规范有序推广PPP模式业务培训班。各省、自治区、直辖市、计划单列市、新疆生产建设兵团发展改革委，以及农经司、基础司、社会司、财金司、价格司、法规司、能源局等司局约100人参加了培训。

皮书起源

“皮书”起源于十七、十八世纪的英国，主要指官方或社会组织正式发表的重要文件或报告，多以“白皮书”命名。在中国，“皮书”这一概念被社会广泛接受，并被成功运作、发展成为一种全新的出版形态，则源于中国社会科学院社会科学文献出版社。

皮书定义

皮书是对中国与世界发展状况和热点问题进行年度监测，以专业的角度、专家的视野和实证研究方法，针对某一领域或区域现状与发展态势展开分析和预测，具备原创性、实证性、专业性、连续性、前沿性、时效性等特点的公开出版物，由一系列权威研究报告组成。

皮书作者

皮书系列的作者以中国社会科学院、著名高校、地方社会科学院的研究人员为主，多为国内一流研究机构的权威专家学者，他们的看法和观点代表了学界对中国与世界的现实和未来最高水平的解读与分析。

皮书荣誉

皮书系列已成为社会科学文献出版社的著名图书品牌和中国社会科学院的知名学术品牌。2016 年，皮书系列正式列入“十三五”国家重点出版规划项目；2013~2018 年，重点皮书列入中国社会科学院承担的国家哲学社会科学创新工程项目；2018 年，59 种院外皮书使用“中国社会科学院创新工程学术出版项目”标识。

中国皮书网

（网址：www.pishu.cn）

发布皮书研创资讯，传播皮书精彩内容
引领皮书出版潮流，打造皮书服务平台

栏目设置

关于皮书：何谓皮书、皮书分类、皮书大事记、皮书荣誉、
皮书出版第一人、皮书编辑部

最新资讯：通知公告、新闻动态、媒体聚焦、网站专题、视频直播、下载专区

皮书研创：皮书规范、皮书选题、皮书出版、皮书研究、研创团队

皮书评奖评价：指标体系、皮书评价、皮书评奖

互动专区：皮书说、社科数托邦、皮书微博、留言板

所获荣誉

2008 年、2011 年，中国皮书网均在全国新闻出版业网站荣誉评选中获得“最具商业价值网站”称号；

2012 年，获得“出版业网站百强”称号。

网库合一

2014 年，中国皮书网与皮书数据库端口合一，实现资源共享。

S 基本子库
SUB DATABASE

中国社会发展数据库（下设 12 个子库）

全面整合国内外中国社会发展研究成果，汇聚独家统计数据、深度分析报告，涉及社会、人口、政治、教育、法律等 12 个领域，为了解中国社会发展动态、跟踪社会核心热点、分析社会发展趋势提供一站式资源搜索和数据分析与挖掘服务。

中国经济发展数据库（下设 12 个子库）

基于"皮书系列"中涉及中国经济发展的研究资料构建，内容涵盖宏观经济、农业经济、工业经济、产业经济等 12 个重点经济领域，为实时掌控经济运行态势、把握经济发展规律、洞察经济形势、进行经济决策提供参考和依据。

中国行业发展数据库（下设 17 个子库）

以中国国民经济行业分类为依据，覆盖金融业、旅游、医疗卫生、交通运输、能源矿产等 100 多个行业，跟踪分析国民经济相关行业市场运行状况和政策导向，汇集行业发展前沿资讯，为投资、从业及各种经济决策提供理论基础和实践指导。

中国区域发展数据库（下设 6 个子库）

对中国特定区域内的经济、社会、文化等领域现状与发展情况进行深度分析和预测，研究层级至县及县以下行政区，涉及地区、区域经济体、城市、农村等不同维度。为地方经济社会宏观态势研究、发展经验研究、案例分析提供数据服务。

中国文化传媒数据库（下设 18 个子库）

汇聚文化传媒领域专家观点、热点资讯，梳理国内外中国文化发展相关学术研究成果、一手统计数据，涵盖文化产业、新闻传播、电影娱乐、文学艺术、群众文化等 18 个重点研究领域。为文化传媒研究提供相关数据、研究报告和综合分析服务。

世界经济与国际关系数据库（下设 6 个子库）

立足"皮书系列"世界经济、国际关系相关学术资源，整合世界经济、国际政治、世界文化与科技、全球性问题、国际组织与国际法、区域研究 6 大领域研究成果，为世界经济与国际关系研究提供全方位数据分析，为决策和形势研判提供参考。

法律声明